PRÉCIS POLITIQUE ET MILITAIRE

DES

CAMPAGNES DE 1812 à 1814

EXTRAIT DES SOUVENIRS INÉDITS

DU

GÉNÉRAL JOMINI

AVEC UNE

NOTICE BIOGRAPHIQUE

ET DES

CARTES, PLANS ET LÉGENDES

PUBLIÉS PAR

F. LECOMTE

colonel fédéral suisse.

TOME II

LAUSANNE

B. BENDA

LIBRAIRE-ÉDITEUR

1886

PRÉCIS POLITIQUE ET MILITAIRE

DES

CAMPAGNES DE 1812 à 1814

TOME II

PRÉCIS POLITIQUE ET MILITAIRE

DES

CAMPAGNES DE 1812 à 1814

EXTRAIT DES SOUVENIRS INÉDITS

DU

GÉNÉRAL JOMINI

AVEC UNE

NOTICE BIOGRAPHIQUE

ET DES

CARTES, PLANS ET LÉGENDES

PUBLIÉS PAR

F. LECOMTE

colonel fédéral suisse.

TOME II

LAUSANNE

B. BENDA

LIBRAIRE-ÉDITEUR

1886

Droits de reproduction et de traduction réservés.

TABLE DES MATIÈRES

DU

TOME II

CAMPAGNE DE 1813, 2ᵉ PÉRIODE

PLANS.

PRÉCIS POLITIQUE ET MILITAIRE

DE LA CAMPAGNE DE 1813.

DEUXIÈME PÉRIODE (depuis l'armistice de Parschwitz).

CHAPITRE PREMIER.

Inutilité des négociations de Prague. Plans de campagne. Marche des alliés sur Dresde. Premières opérations des Français.

Après l'importante bataille de Bautzen, au début de laquelle Napoléon avait tenu un instant le sort de l'Europe entre ses mains, puisqu'il avait débordé, tourné et presqu'entièrement coupé la moitié de l'armée alliée, on se rappelle qu'il n'avait obtenu d'autres résultats que le stérile honneur du champ de bataille, et qu'il renonça même à tous les avantages de la poursuite en signant, à Parschwitz, un armistice plus funeste peut-être que les demi-victoires achetées si chèrement.

En effet, cette trève, que beaucoup de censeurs ont blâmée, laissa en définitive à la coalition le temps de se nouer et à l'Autriche celui de compléter ses armements. On regardait comme une faute de la part de Napoléon d'y avoir consenti, lorsqu'il ne lui fallait qu'un dernier coup de collier pour refouler l'armée combinée russo-prussienne dans les montagnes de la Bohême et fixer ainsi la politique chancelante du cabinet de Vienne. Tout ce que l'Empereur pouvait gagner à cet armistice était le temps de recevoir les nombreux renforts qu'il attendait de France; mais ces 100 mille conscrits, levés de la veille, n'équivalaient pas aux 250 mille hommes que l'Autriche allait jeter dans la balance en Bohême, en Bavière et en Italie, sans compter l'effet moral que son adhésion devait produire sur les petits états et sur les peuples en les entraînant dans la même voie.

Sans doute il eût mieux valu pour les Français de continuer à combattre, s'ils avaient eu de grandes chances de remporter une victoire un peu décisive; toutefois cet espoir était peu probable, car les alliés, protégés par les places de Neisse et Schweidnitz, ainsi que par les fortes positions qui abondent dans ces montagnes de la Haute-Silésie, eussent été difficilement entamés. Outre cela, il était à présumer que les négociations entre les souverains alliés et le cabinet de Vienne étaient déjà assez avancées et d'un succès assez certain pour déterminer l'armée russo-prussienne à refuser tout engagement, et à chercher, en Bohême, non un refuge, mais un puissant appui, car dans l'état de fermentation où se trouvaient toutes les têtes en Autriche ainsi que dans le reste de l'Allemagne, on est fondé à croire que le parti de l'empereur d'Autriche était déjà pris.

Quoi qu'il en soit, Napoléon préféra remettre pour un instant l'épée dans le fourreau, et tenter la voie diplomatique, en se reposant peut-être trop sur son beau-père et sur l'espoir un peu chimérique de le maintenir, sinon dans son alliance, du moins dans une absolue neutralité ; illusion funeste, dont il aurait fallu acheter la réalisation par d'immenses concessions auxquelles il n'était point disposé.

On sait quelles furent les négociations de Prague ; chacun des partis y arriva avec des intentions hostiles, et il faut l'avouer, Napoléon était le seul qui aurait eu intérêt à faire la paix, si on ne la lui avait pas présentée un peu dure pour un homme gâté par la victoire et habitué à dicter les lois à l'Europe. Toutes les autres puissances, certaines que le moindre succès obtenu leur rendrait ce qu'elles avaient perdu par dix années de revers, n'hésitèrent point à lui tracer le cercle de Popilius ; et le vainqueur de Bautzen, trop fier pour abandonner d'un trait de plume tant de glorieuses conquêtes, ne pouvait passer ainsi sous le joug le lendemain d'une victoire ; il dut s'en remettre encore une fois à son génie et à son épée : l'armistice fut donc dénoncé et les hostilités recommencèrent le 16 août.

L'Autriche apporta à la coalition, non-seulement le renfort de trois armées, mais encore la ligne avantageuse des montagnes de la Bohème, qui, s'étendant de Glatz jusqu'aux environs d'Egra, prenait ainsi à revers toute la ligne d'opérations des Français, depuis les portes de Breslau, jusqu'à celles de Wurtzbourg ou d'Erfurth.

Outre cela, Bernadotte, animé essentiellement par l'espoir de justifier l'amour des Suédois, en leur assurant la Norwége en échange de la Finlande qu'ils avaient perdue, jeta le cabinet de Stockholm dans les rangs de la coalition avec un renfort de 25 mille vieux soldats qui n'était pas à dédaigner.

Plans de campagne.

Pour mieux juger ce qui devait arriver, examinons es chances et les plans des deux partis.

Napoléon a une première base d'opérations sur l'Elbe, sa seconde sur le Rhin; il a réuni au delà de l'Elbe 300 mille combattants conduits avec habileté, impétuosité et vigueur; il possède sur le fleuve six places fortes avec autant de têtes de ponts, Kœnigstein, Dresde, Torgau, Wittemberg, Magdebourg et Hambourg, tandis que les alliés n'ont pas un seul pont. Son échiquier stratégique présente un triple front d'opérations : au nord, sur Berlin; à l'est, en Silésie; au sud, en Lusace ou en Bohême : mais cet échiquier forme une zone centrale inférieure où ses trois armées peuvent se réunir sans obstacles en peu de marches, tandis que les forces alliées, placées en dehors de cette zone, forment des lignes extérieures qui ne sauraient opérer de concert et se réunir sans passer sur le corps des armées françaises, et qui auraient d'ailleurs beaucoup plus de chemin à parcourir pour opérer leur jonction.

Le seul inconvénient de ce théâtre de guerre, c'est que la chaîne des montagnes de la Bohême, se prolongeant bien loin à l'ouest jusque vers Egra, déborde ainsi et prend à revers toute la ligne de l'Elbe dès que les alliés déboucheraient en grandes forces sur la Saxe par la rive gauche du fleuve; mais tel est le coup d'œil profondément stratégique de Napoléon qu'il compte même sur ce désavantage pour en faire une chance de victoire.

Voyons, en effet, ce que pourraient entreprendre les alliés.

Décidés à prendre l'offensive contre cette zone centrale, ils le pouvaient de trois manières :

1° En adoptant le système fondamental de renforcer de cent mille Russes et Prussiens l'armée autrichienne de Bohème, soit pour déboucher avec 220 mille hommes sur la gauche de l'Elbe, soit pour agir avec cette masse par la rive droite en débouchant par Zittau sur Bautzen et la Lusace ;

2° En laissant le front d'opérations de l'Est, c'est-à-dire de la Silésie et de l'Oder, à la garde de Beningsen qui s'avancerait sur Breslau, et serait basé sur Schweidnitz et Neisse ; tandis que l'armée de Blücher marcherait par sa gauche en Bohème, et viendrait se réunir vers Dresde à la grande armée des souverains dont elle couvrirait la base et la ligne de retraite pendant sa marche sur Leipzig ;

3° On pouvait, au contraire, porter dès le principe cette armée de Blücher par sa droite sur Lubben et Wittemberg, afin de se réunir à Bernadotte et de former avec lui une masse de 200 mille hommes, qui agirait au Nord dans le but de forcer Napoléon à évacuer la Silésie et la Lusace et à se replier derrière l'Elbe, en sorte qu'au lieu de trois armées la coalition n'en aurait plus que deux ;

4° Enfin, il y aurait eu un quatrième parti, celui de laisser la zone de Berlin entièrement à découvert, en amenant l'armée de Bernadotte sur le Bober et celle de Blücher en Bohème. Stratégiquement parlant, c'était certainement le plus habile, car si Napoléon s'aventurait à porter ses opérations dans la marche de Brandebourg pour le plaisir d'occuper momentanément Berlin, il se fût trouvé placé dans la position de l'armée prussienne après Iéna : le moindre échec pouvait le faire passer sous les Fourches Caudines. puisque les trois armées se fussent trouvées réunies sur ses communications, en conservant leur double base de la Silésie et de la Bohême.

Toutefois il en coûtait naturellement trop de laisser la capitale de la Prusse à la discrétion de l'ennemi ; sous le rapport politique et administratif, il devenait donc indispensable de laisser l'armée de Bernadotte pour couvrir cette capitale, puisqu'elle serait assez forte par elle-même pour agir offensivement et donner toujours de l'occupation à une armée de 70 à 80 mille Français.

Il paraîtra évident à chaque militaire expérimenté, que les alliés n'avaient aucun intérêt réel à empêcher Napoléon à s'aventurer sur l'Oder dont la ligne eût été suffisamment protégée par Beningsen ; dès lors l'armée de Blücher eût été plus utilement employée à couvrir les montagnes de Bohème ou à se joindre à Bernadotte. On en avait décidé autrement à Trachenberg, ainsi que nous le verrons plus loin.

Quoi qu'il en fût, Napoléon devait penser que les alliés ne manqueraient pas de profiter de la position de la Bohème, et que leurs forces principales se trouveraient là, soit pour agir en Lusace, soit pour descendre de l'Erzge-birge en Saxe.

Laissant donc Ney en Silésie, et Oudinot vers Berlin, avec 80 mille hommes chacun, il lui restait une masse centrale de 150 mille hommes à conduire lui-même partout où besoin

COMPOSITION DES ARMÉES COALISÉES AU MOIS DE SEPTEMBRE 1813.

ARMÉES.	NATIONS.	CORPS D'ARMÉE.		NOMBRE DE DIVISIONS.	BATAILLONS.	ESCADRONS.	PULKS DE COSAQUES.	CANONS.	FORCE.	OBSERVATIONS.
Barclay	Russes	Wittgenstein		5	39	36	4	60	23,000	Corps Gortschakof et prince Eugène.
	Prussiens	Kleist		6	41	44	...	128	48,500	Division Thielen, Pisch, Klux, prince Auguste.
Grand-duc Constantin	Russes	Rajewsky (gren.)		2	24	..	...			
		Yermolof (garde)		3	30	..	...	250	36,000	
		Galitzin (cavaler.)		4	...	80	...			
		Platoff		......	...	..	12	12	6,000	
				134	160	16	438	108,500		
Schwartzenberg	Autrichiens	Lichtenstein (Maur.)		1	4	18	...	12		
		Bubna		1	7	18	...	12		
		Colloredo		3	20	12	...	48		
		Meerfeld		2	14	12	...	49		
		Giulay		3	18	12	...	48		
		Klénau		3	24	18	...	48		
		Hesse-Hombourg. Nostitz		5	20	36	...	48		
				102	126	...	258	130.860		
Blücher	Russes	Sacken		3	24	20	11	60	16,200	Corps Scherbatof, Alsoufief, Kaseewicz.
	Idem	Langeron		6	48	14	8	156	29,000	
	Idem	St-Priest		2	20	26	4	36	13.800	
	Prussiens	Yorck		4	40	44	...	104	37,700	
				187	104	23	356	96.700		
Prince royal de Suède	Prussiens	Bulow		5	40	45	4	104	44.300	
	Idem	Tauenzien		4	55	52	...	56	38.900	
	Russes	Winzingerode		2	11	8	8	56	9,100	
	Idem	Woronzof		2	8	24	13	56	12.250	
	Suédois	Stedingk		4	35	32	...	62	24.010	
	Russes, Allemands, Suédois, et Anglais.	Walmoden		4	37	33	4	53	28,500	
				186	194	29	387	154.060		
Beningsen	Russes	Markof		2	14	25	9	38	16.500	
	Idem	Doctorof		3	29	25	...	120	26,500	
	Idem	Paskiewitz								
	Idem	Tolstoy		3	30	17	2	40	17,000	
				73	67	11	198	60,000		
Corps devant les places	Russes et Prussiens.	Dᵉ de Wurtemberg	Dantzig.	70	47	8	80	35,000		
	Idem	Ploetz	Stettin.	49	4	..	25	35,000		
	Idem	Hinrichs	Custrin.	10	2	...	8	14.600		
	Idem	Rosen	Glogau.	44	4	...	30	8,500		
	Russes	....	Zamosc.	21	5	3	36	29,000		
				164	32	11	179	102,200		

RÉCAPITULATION.

	FORCE.	ARTILLERIE.
	Hommes.	Pièces.
Grande armée de Bohême	239,360	696
Armée de Blücher	96,000	356
Armée du prince royal de Suède	154,060	387
Armée de Beningsen	60,000	408
On peut ajouter encore à ce tableau l'armée autrichienne qui se réunit aux Bavarois sous les ordres du général de Wrède; ensemble	55,000	120
L'armée du général Hill en Italie	50,000	120
	655,420	1,877
Devant les places	102,200	479
La réserve des *landwehr* dans l'intérieur de l'Autriche	60,000	»
Réserve et garnisons prussiennes	32,000	»
Réserve du prince Labanof de 60 mille hommes, dont une partie figure dans les corps de blocus, et le reste remplace Beningsen à Varsovie, ci	40,000	»
TOTAL	879,320	2,056

Au mois de décembre, la Confédération germanique décida en outre la levée de 145 mille hommes réguliers et 145 mille *landwehr*.

Ces corps vinrent en partie bloquer les places du Rhin, et en partie en Belgique ou en Champagne : on peut donc ajouter 290 mille hommes au total; ce qui fait près de 1,100 mille hommes levés contre la France, sans compter les armées anglaise et espagnole.

serait ; il la groupa entre Bunzlau, Zittau et Bautzen, prêt à tomber sur l'ennemi s'il voulait manœuvrer vers Bautzen, et prêt aussi à se jeter sur Schwarzenberg s'il s'aventurait trop en Saxe par la gauche du fleuve.

Pendant que l'on négociait encore à Prague, les membres de la formidable ligue européenne concertaient des plans de campagne.

Dans des conférences militaires qui eurent lieu à Trachenberg durant tout l'armistice, il fut convenu :

1° Que le prince de Suède commanderait au nord une armée de 130 mille hommes (corps de Woronzof, Bulow . Tauenzien, Winzingerode, Walmoden et Suédois) lesquels seraient chargés de couvrir Berlin et de prendre Hambourg gardé par Davoust ;

2° Que le général Blücher commanderait au centre une armée de 100 mille Russo-Prussiens en Silésie, pour couvrir cette province et lier les opérations de l'armée principale avec celles de l'armée du nord ;

3° Qu'une armée de 120 mille Russes et Prussiens, filant de Glatz par la Bohême, irait passer l'Elbe vers Brandeis pour se joindre à pareil nombre d'Autrichiens à la rive gauche du fleuve, et s'avancer ainsi avec 230 mille hommes sur Leipzig, à l'effet d'y joindre Bernardotte qui, passant l'Elbe vers Dessau, devait prendre la même direction avec 80 mille hommes [1]. (*Voyez* le tableau ci-joint.)

---

[1] Il faut rappeler ici qu'une quatrième armée (de Pologne), composée des réserves russes, se formait vers Kalisch, sous les ordres de Beningsen ; une armée autrichienne se préparait sur l'Inn, vers Braunau ,

Les souverains espéraient ainsi réunir 300 mille combattants dans les plaines de Leipzig, prendre Napoléon à revers,
et le forcer à se faire jour l'épée à la main pour regagner le
Rhin. Ce plan ne manquait certes pas de grandiose, et pour
le rendre moins hasardeux, on avait décidé que chacune des
armées secondaires contre laquelle Napoléon se dirigerait
en personne, refuserait le combat et se mettrait en retraite.
Mais on avait un peu oublié dans ce calcul, que Napoléon
tenant avec plus de 300 mille hommes une zone d'opérations
centrale, avec d'immenses forteresses et têtes de ponts sur
l'Elbe, il serait bien difficile de courir sur Leipzig sans
exposer chacune des fractions alliées à être assaillie par
toute la masse de ses forces. On n'avait pas songé non plus
que, tandis qu'on courrait sur Leipzig, l'Empereur pourrait fort bien confier pour un instant la défense de l'Elbe
aux garnisons de Magdebourg, Wittemberg, Torgau et
Dresde, afin de s'emparer des montagnes de la Bohème avec
le gros de ses forces; ce qui eût placé les alliés dans un
gouffre entre la mer du Nord, la ligne fortifiée de l'Elbe
où ils n'avaient pas un pont, et la masse formidable de
250 mille hommes conduits par Napoléon, et maîtres de la
seule ligne de retraite qu'eussent les armées coalisées. Nous
allons tracer rapidement les événements qui résultèrent de
cet état des choses.

L'empereur Alexandre précédant son armée était arrivé à

moins pour combattre les Bavarois que pour se joindre à eux. Enfin, une
sixième année, composée d'Autrichiens, déboucherait de la Carinthie
contre le Tyrol et l'Italie.

Prague le 15 août ; il y fut joint le 16 , par les généraux
Moreau et Jomini ; le premier venant du fond de l'Amérique
sur un bâtiment frété par le ministre de Russie Daschkoff ;
le second , Suisse d'origine, avait été nommé aide de camp
de l'empereur Alexandre dès 1810 ; mais on lui avait refusé
la démission qu'il avait donnée à l'effet de se rendre à ce
poste. Profondément blessé des traitements injurieux qu'on
lui fit éprouver après la bataille de Bautzen où il avait rendu
les plus grands services, il se crut autorisé, par sa qualité
d'étranger, à se rendre auprès du souverain qui lui promettait la gloire, plutôt que de subir des affronts. Cette démarche, blâmable peut-être , quant à la forme , ne saurait
être jugée sans en connaître tous les précédents et sans lire
la correspondance de ce général avec l'historien Capefigue
que nous joindrons à la fin de ce volume. (*Voy.* note 1re.)
Du reste, Napoléon est convenu lui-même à Sainte-Hélène
que Jomini, ayant à se plaindre de grandes injustices, avait
été entraîné par un sentiment honorable et, qu'étant étranger,
l'amour du pays n'avait pu le retenir (¹).

Ces deux généraux, quoique mus par des motifs bien
différents, avaient été convaincus que l'empereur Alexandre
se mettrait lui-même à la tête des armées, et qu'ils auraient
ainsi une influence glorieuse sur les affaires. Ils ne furent
pas peu surpris d'apprendre que le commandement suprême
de la grande armée était décerné à un général autrichien,
ce qui rendrait leur position doublement épineuse ; et, dès

(¹) Voyez *Mémoires de Montholon*, tome I .(1re éditiou).

leur première entrevue, qui eut lieu quatre jours plus tard, ils ne manquèrent pas d'échanger les pénibles réflexions que ce changement leur avait réciproquement inspirées.

Marche des *Alliés* sur *Dresde*.

Les souverains alliés, après avoir dirigé le gros de leurs forces en Bohême sur la rive gauche de l'Elbe, étaient partis de Prague le 18 août 1813, pour passer le lendemain la revue de l'armée autrichienne, rassemblée (à l'exception de l'aile gauche) dans les plaines de Jungferteinitz.

D'après le plan arrêté à Trachenberg, les souverains se disposaient à marcher par Laun et Marienberg sur Leipzig, pour y donner la main au prince royal de Suède qui passerait l'Elbe vers Dessau ; sans s'inquiéter le moins du monde de ce que ferait leur redoutable adversaire pendant cette expédition aventureuse.

Le général Jomini ne put cacher son étonnement d'un pareil projet qui eût mis le sort de la coalition aux chances d'une seule bataille. Quel eût été en effet le sort des alliés dans les plaines de Leipzig, si Napoléon eût concentré deux de ses armées par Dresde sur Nossen ou Oederan, se pla-

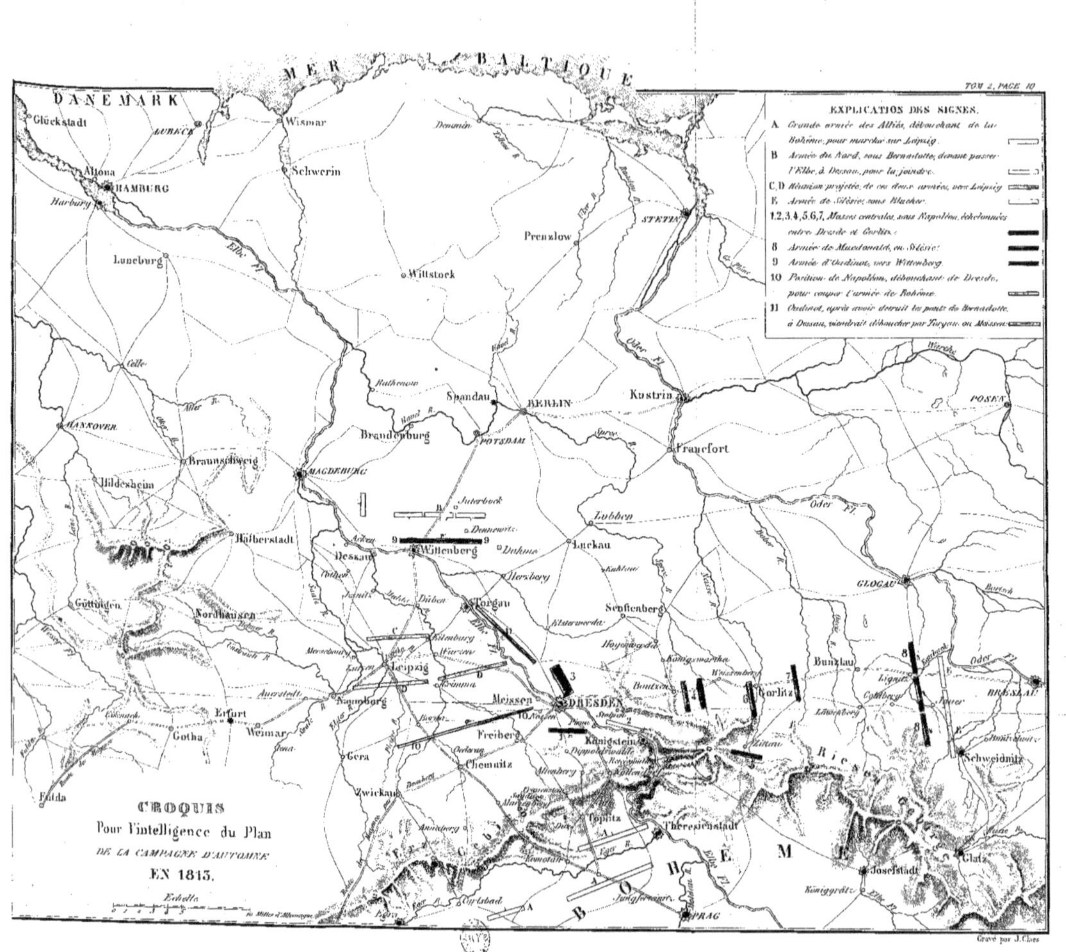
MER D'BALTIQUE
DANEMARK
Glückstadt
LUBECK
Wismar
Schwerin
Altona
HAMBURG
Harburg
Luneburg
Demmin
Prenzlow
STETTIN
Wittstock
HANNOVER
Braunschweig
Hildesheim
Rathenow
Spandau
BERLIN
Kustrin
POSEN
Brandenburg
POTSDAM
Francfort
MAGDEBURG
Juterbock
Lubben
Luckau
Halberstadt
Dessau
Wittenberg
Dahme
Herzberg
Göttingen
Nordhausen
Torgau
Senftenberg
GLOGAU
Eilenburg
Würzen
Meissen
DRESDE
Görlitz
Bunzlau
Liegnitz
BRESLAU
Leipzig
Grimma
Naumborg
Auerstedt
Erfurt
Gotha
Weimar
Jena
Gera
Freiberg
Königstein
Zittau
Schweidnitz
Fulda
Chemnitz
Zwickau
Annaberg
Töplitz
Theresienstadt
Josefstadt
Königgrätz
CROQUIS
Pour l'intelligence du Plan
DE LA CAMPAGNE D'AUTOMNE
EN 1813.
Echelle
Milles d'Allemagne
PRAG
Gravé par J. Choé.

EXPLICATION DES SIGNES.
A Grande armée des Alliés, débouchant de la
   Bohême, pour marcher sur Leipzig.
B Armée du Nord, sous Bernadotte, devant passer
   l'Elbe, à Dessau, pour la joindre.
C,D Réunion projetée, de ces deux armées, vers Leipzig.
E Armée de Silésie, sous Blucher.
1,2,3,4,5,6,7, Masses centrales, sous Napoléon, échelonnées
   entre Dresde et Görlitz.
8 Armée de Macdonald, en Silésie.
9 Armée d'Oudinot, vers Wittenberg.
10 Position de Napoléon, débouchant de Dresde,
   pour couper l'armée de Bohême.
11 Oudinot, après avoir détruit les ponts de Bernadotte,
   à Dessau, viendrait déboucher par Torgau ou Meissen.

çant avec 200 mille hommes sur leur unique ligne de communications 'avec les montagnes de la Bohême, d'où tous leurs approvisionnements et munitions devaient venir, et qui était de plus leur unique ligne de retraite ?

Qui eût même empêché Napoléon, pendant que ses ennemis exécutaient cette course imprudente, de jeter une partie de ses forces de Zittau sur Prague pour tenter un coup de main, à l'effet de se saisir de cette base importante, et de revenir promptement par Tœplitz vers Dresde, joindre le reste de ses armées ? C'eût été commencer la campagne en se saisissant de toutes les ressources de la coalition, pour la terminer ensuite par un de ces grands coups de tonnerre auxquels il avait accoutumé l'Europe ; car, il lui eût suffi d'un demi-succès dans les plaines de Leipzig, pour refouler l'armée des alliés sur le Bas-Elbe, et l'acculer à la mer du Nord ou à la Baltique, comme Blücher l'avait été à Lubeck en 1806.

L'empereur Alexandre, dont le mérite principal consistait dans une grande facilité de conception, fut frappé de ces raisonnements ; mais comme il était difficile de changer subitement un plan concerté avec Bernadotte, Blücher et même Schwarzenberg, il envoya le général Jomini avec le prince Wolkonsky au quartier général de ce généralissime à Melnick pour se concerter avec lui. Nous nous dispenserons de donner les détails des débats qui eurent lieu à cette occasion ; tous les avis s'accordèrent à convenir que le projet de laisser Dresde et Kœnigstein sur ses communications était par trop scabreux, et qu'il faudrait nécessairement le modifier.

Ce n'était pas tout, il importait d'aviser à ce qui pouvait arriver si Napoléon se jetait sur la Bohème, et à ce que les armées de Silésie et du Nord auraient à faire dans cette hypothèse. Le général Jomini témoigna sa surprise de ce que cette chance, la plus probable de toutes, n'eût pas même été prévue par les alliés, et qu'aucune mesure n'eût été concertée avec les armées de Blücher et du prince de Suède, pour le cas où la grande armée de Schwarzenberg se trouverait ainsi prise en flagrant délit sur ses communications. Le général Moreau, frappé de ces justes observations, les appuya fortement. L'empereur Alexandre à qui aucune idée lumineuse n'échappait, en reconnut bientôt la justesse, et se hâta d'adopter les lettres que le général Jomini rédigea pour le prince de Suède comme pour Blücher, et qui furent expédiées de Jungferteinitz le lendemain de la fameuse revue.

. . . .

Indépendamment de ces mesures, il devenait urgent de renoncer à la course inconcevable sur Leipzig ; or il fallait pour cela une véritable négociation, et toutes les colonnes étaient déjà en mouvement pour exécuter l'entreprise en descendant des montagnes le 21 ou 22 ; les Autrichiens déboucheraient par Annaberg et Commotau ; Kleist et Miloradowich par Sayda ; Barclay, par Pirna et Altenberg. Ce qu'il y avait de merveilleux dans ce projet, c'est que l'on supposait Napoléon dans les environs de Bautzen et de Dresde, et que l'on se proposait d'avancer sur Chemnitz en livrant ainsi l'aile droite seule à ses coups. L'empereur Alexandre, alarmé avec raison des chances d'une telle marche (¹), en conféra avec les autres souverains à Commotau, et il fut résolu que l'armée serait dirigée sur Dresde.

Le service immense que le général Jomini rendit aux Alliés en faisant changer ce plan aventureux, fut bien mal récompensé; il n'en fut pas moins victime de la plus basse envie, et l'empereur Alexandre lui-même n'apprécia jamais ce service, dont il est vrai que le revers de Dresde, essuyé par la faute seule de l'état-major autrichien, fit oublier le mérite; mais mieux valait néanmoins perdre 10 ou même 20 mille hommes devant Dresde, que d'en compromettre 200 mille, dont la ruine eût été presque certaine s'ils avaient essuyé un pareil revers sur la route de Leipzig, ayant Napoléon sur leur ligne de retraite et ne possédant pas un seul pont sur l'Elbe.

On avait perdu ainsi deux jours à des marches inutiles vers la gauche et un jour à de belles parades plus inutiles encore; mais jusque-là il n'y avait pas grand mal, car les masses étaient si considérables, qu'il eût toujours fallu les faire déboucher des montagnes par plusieurs routes; et, dans le fait, Napoléon ayant couru en Silésie (ce qu'on ignorait encore), le retard d'un ou deux jours dans les mouvements sur la Saxe, était plutôt un bien qu'un mal, puis-

---

(¹) Par ce singulier projet, on laissait encore Napoléon maître de descendre l'Elbe avec 200 mille hommes jusqu'à Wittemberg; puis de détruire le pont des Alliés à Roslau, d'un côté, tandis qu'en trois marches il ferait occuper Berlin, de l'autre. Cette manœuvre, qu'il ne craignit pas de concevoir à Duben après les sanglants revers de la Katzbach, de Culm et de Dennewitz, eût certainement réussi alors que son armée était intacte et que les alliés avaient celle de Beningsen de moins.

que ce délai lui laissait le temps de s'éloigner d'autant plus
du point qu'on voulait attaquer.

Pendant la marche sur Marienberg on apprit enfin que
de fortes colonnes françaises avaient débouché de Zittau sur
Gabel, d'où la division Bubna avait été expulsée; on en
avait conclu avec raison que Napoléon s'y trouvait en personne; ce qui devait faire doublement apprécier les justes
prévisions du général Jomini et l'opportunité des instructions
rédigées par lui à Jungferteinitz pour les deux armées du
Nord et de Silésie. Cette nouvelle était, du reste, un motif
de plus d'accélérer la marche offensive projetée; mais le
changement de direction une fois résolu, il importait d'en
mesurer toutes les conséquences et de combiner avec vigueur
et sagesse tout ce qu'exigerait une expédition sur Dresde :
c'est ce dont les conseillers du prince de Schwarzenberg
s'occupaient le moins. Au lieu d'arrêter ce que la grande
armée aurait à faire dans les deux ou trois hypothèses principales qui résulteraient des mouvements de Napoléon,
l'état-major de Schwarzenberg s'amusait à remplir ses dispositions des détails de logistique les plus niais (¹); recommandant à des généraux en chef de marcher par pelotons

---

(¹) On donne, dans les armées allemandes et russes, le nom de *disposition*
à l'ordre journalier de mouvements dans les marches, comme aux ordres
d'attaque pour les combats. Les dispositions pour le 22 août, et toutes
celles qui précèdent, sont des monuments historiques à conserver, et si on
leur compare la correspondance de Napoléon avec ses maréchaux, on
pourra en déduire d'importantes réflexions sur la différence inouïe qu'il y
avait entre la manière de faire la guerre du grand capitaine, et celle de ses
adversaires.

à droite ou à gauche, et leur prescrivant de quelle manière ils devaient déployer ; il rappelait ainsi les absurdes dispositions des généraux français pour la bataille de Minden (¹), comme si des généraux aussi expérimentés ne savaient pas fort bien mouvoir un corps d'armée.

La disposition élaborée le 21 août pour passer les montagnes le 22, restera un monument éternel d'incurie. On supposait les masses de Napoléon entre Dresde et Bautzen et on se lançait en cinq colonnes dans des défilés sur une étendue de vingt lieues, en prêtant le flanc à ces masses ennemies, et poussant l'élite de l'armée (Wittgenstein et les gardes et réserves russes) en avant des autres colonnes jusques vers Dresde où elles eussent été anéanties si, par bonheur, Napoléon n'avait pas eu d'autres projets qui les sauvèrent (²).

Le général Jomini avec son expérience de chef d'état-major ne pouvait manquer de se récrier contre de si étonnantes dispositions, et Moreau appuyait ses récriminations. Des débats sans fin s'élevaient naturellement à ce sujet, entre l'empereur Alexandre et l'état-major autrichien ; et il en résultait des doubles rédactions qui faisaient perdre un temps précieux. L'Empereur, pour obvier à cet inconvénient, détacha le lieutenant-général Jomini et le général-major Toll près du prince de Schwarzenberg, pour discuter

---

(¹) Voyez le *Traité des grandes opérations militaires* du général Jomini, tome II, chap. XV.

(²) Les Allemands ont reproché à Wittgenstein de s'être avancé trop tôt sur Dresde, mais la disposition du 21 août, pour le 22, prescrivait formellement de le faire.

désormais en son nom les opérations, et lui transmettre ensuite ce qui serait décidé ; mais les petites considérations d'amour-propre blessé, paralysèrent ces mesures, même après la sévère leçon qu'on ne tarda pas à recevoir. On pourra se faire une idée de toutes les tribulations que Jomini eut à souffrir dans l'accomplissement de cette mission, par la note annexée à ce volume.

Malgré le retard qu'amena sans doute le changement dans le projet de marcher sur Leipzig, les Autrichiens devaient se trouver concentrés le 24 août en arrière de Dippodiswalde ; Kleist et Miloradowich entre cette ville et Maxen. Wittgenstein ayant laissé le corps du prince Eugène de Wurtemberg à Pirna pour observer Kœnigstein, s'avança avec celui de Gortschakof jusqu'à deux lieues de Dresde.

Le quartier-général vint ce jour-là à Reichstedt près de Dippodiswalde, et l'on y apprit que Napoléon avait marché en Silésie contre Blücher. Jusque-là Schwarzenberg n'avait rien su de ce qui se passait en Lusace, bien que les Autrichiens eussent, sur ce front, cinquante lieues de frontières boisées, surveillées par des centaines de gardes forestiers qui auraient pu être facilement instruits des grands mouvements opérés dans leur voisinage. On faisait mille suppositions, mais on ne savait rien.

Le 25, les alliés s'approchèrent de bonne heure de Dresde : l'empereur Alexandre s'était fait précéder par le général Jomini, qui devait reconnaître l'état des affaires et lui en rendre compte à son arrivée. Le quartier-général s'établit à Notenitz ; mais l'Empereur vint en personne à 11 heures, sur les hauteurs de Roknitz.

Ici se trouvèrent rassemblés pour la première fois tous les personnages qui se mêlaient plus ou moins de discuter sur les opérations, et jamais sans doute on ne vit un quartier général aussi extraordinaire.

Par une modestie qu'il m'est donné moins qu'à tout autre de pouvoir expliquer, l'empereur Alexandre n'avait pas jugé à propos de se charger du commandement direct de la grande armée; il se réservait probablement de servir de lien entre les trois armées et avait insisté par courtoisie à ce que le commandement de celle de Bohême fût confié à un général autrichien. Ce rôle eût appartenu tout naturellement au célèbre archiduc Charles; mais des motifs politiques ou des jalousies trop fréquentes dans ces hautes régions l'ayant écarté, on avait admis le prince de Schwarzenberg comme l'homme le plus liant et le plus facile à se laisser diriger, et à défaut de l'archiduc c'était lui qui, par ses antécédents, y avait le plus de droits.

Ce généralissime était doué d'un caractère à la fois noble et conciliant et, sous ce rapport, il convenait à merveille pour présider un aréopage qui comptait le mener; mais il était aussi débonnaire et faible, et ses talents militaires, bien qu'il eût été un général de cavalerie distingué, n'étaient point à la hauteur de son immense commandement.

Il avait pour chef d'état-major et quartier-maître-général, Radetzky, originaire de Bohême, et Languenau, émigré saxon, que son roi avait envoyé à Napoléon comme officier d'ordonnance dans la campagne de 1809; enfin le général Trapp, vieux routier des chancelleries de l'état-major.

Radetzky qui fut trente-cinq ans plus tard le facile vainqueur des Piémontais, grâce à l'habileté de son chef d'état-major le général Hess, était un homme fort médiocre, ainsi qu'il est facile de s'en convaincre en lisant la collection des étranges dispositions sorties de son cerveau. Bon soldat, il eût été un excellent chef de corps d'armée, mais comme instrument devant diriger une armée de 200 mille hommes, on aurait pu faire un meilleur choix.

Languenau était un rusé intrigant, aussi faux que son regard ; il avait capté la protection de M. de Metternich par des mémoires dont il était prodigue et où il déployait plus de verbiage que de talents militaires.

L'empereur Alexandre, de son côté, n'écoutait pas seulement les conseils de Moreau, de Jomini, de son chef d'état-major prince Wolkonsky, et de Toll son quartier-maitre-général ; il n'y avait pas un de ses aides-de-camp généraux qui ne crût avoir voix au chapitre et ne donnât des avis : le général Barclay et son chef d'état-major Diebitsch y avaient plus de droits encore. Le roi de Prusse avait son conseiller favori Knesebeck et le général Witzleben détaché près de l'Empereur. Enfin l'Angleterre était représentée par lord Cathcart et le colonel Wilson ; la Suède par le comte de Löwenhielm.

Sans doute cet aréopage ne s'assemblait jamais en conseil, mais dans les grands jours de bataille il se trouvait réuni autour des souverains et du généralissime, et les avis de tous ces messieurs bourdonnaient autour de ces chefs suprèmes, au moment même où ils auraient eu le plus besoin de recueillement et d'unité dans leurs volontés.

Schwarzenberg et son état-major avaient, il faut en convenir, une rude tâche. Marcher à cheval tous les jours avec les colonnes, préparer ensuite chaque soir les ordres de mouvement pour 200 mille hommes, et discuter chaque incident avec huit ou dix personnages fort peu d'accord entre eux sur ce qu'on avait à faire; c'était là une besogne devant laquelle le plus habile capitaine eût reculé, car il avait à lutter avec l'anarchie et la discorde là où il eût fallu la plus grande unité de pensée et d'action. En admettant même la possibilité de discuter ainsi les principales opérations stratégiques avant la bataille, il faut avouer que, pour le jour du combat, la plus grande unité dans la volonté dirigeante est indispensable pour donner l'ensemble, la vigueur et la rapidité nécessaires aux mesures instantanées qui ne souffrent aucun délai.

On conçoit qu'un gouvernement place à la tête de ses armées un homme plus ou moins capable mais énergique, et qu'on l'entoure, au besoin, d'un chef d'état-major habile, ainsi que cela s'était pratiqué avec Blücher; mais admettre plusieurs conseillers sans fonctions dans un quartier général, c'est une monstruosité fatale au général en chef aussi bien qu'à l'armée et à ces malheureux conseillers eux-mêmes. Tel fut le triste rôle auquel le général Jomini se trouva condamné : il suffisait qu'il proposât quelque chose pour soulever des prétentions rivales contre la chose proposée, et amener de déplorables discussions, comme on le verra : d'ailleurs, quel succès peut-on attendre du projet le plus habile lorsqu'il est exécuté par des généraux qui ne le comprennent pas et parfois même le désapprouvent!!

Mais revenons à ce qui se passait sur la hauteur de

Rocknitz. Puisque dès le 24, les masses alliées devaient déjà être concentrées autour de Dippodiswalde. elles eussent pu aisément arriver le 25 à dix heures du matin à Dresde, et, à la rigueur même, elles auraient dû y être dès le 24 au soir. — Quoi qu'il en soit, il s'agissait de décider ce qu'on ferait : on savait que Napoléon se trouvait en Silésie, qu'il pressait Blücher et avait passé le Bober à Lœwenberg, que Saint-Cyr seul couvrait Dresde. Le général Jomini, requis de donner son avis, opina pour attaquer sur-le-champ cette ville, dont tous les rapports annonçaient le démantellement partiel, et où l'on ne devait trouver d'autres obstacles que les retranchements de campagne élevés devant les faubourgs (').

Le corps de Saint-Cyr, déployé devant ces retranchements, pourrait être culbuté de manière à ce qu'on rentrerait pêle-mêle avec lui dans les faubourgs, comme cela avait eu lieu à Ulm en 1805, à Lubeck en 1806. Maitres de Dresde, les Alliés tiendraient ainsi la clef du théâtre des opérations, et forceraient Napoléon à se retirer sur le Rhin, soit en se jetant sur Magdebourg, soit en traversant l'Autriche; d'ailleurs, pourquoi serait-on venu sous les murs de Dresde, si ce n'était pas pour s'en saisir? Et quel succès pourrait-on espérer du plan de campagne, si l'on ne tenait sur l'Elbe

(') Le roi de Saxe avait fait fortifier Torgau, afin que sa capitale ne fût plus une place de guerre, il avait déjà fait démolir plusieurs bastions du côté de Pirna et de Freiberg; et chacun savait cela : le général saxon Languenau l'affirmait, et on devait l'en croire; d'ailleurs, tous les généraux russes avaient passé à Dresde au mois de mai, et n'ignoraient pas l'état de la ville.

aucun pont à l'abri d'un coup de main. De si puissants motifs réunirent tous les avis, même celui de Moreau qui lui était d'abord contraire; mais le prince de Schwarzenberg, voulant que les Autrichiens eussent une grande part à la gloire, fit décider qu'on attendrait l'arrivée de toutes leurs forces jusqu'au 26 à 4 heures du soir.

En vain objecta-t-on que ce serait perdre inutilement trente heures précieuses devant un homme aussi actif que Napoléon; car, si les 150 mille hommes présents ne pouvaient prendre Dresde contre 20 mille, ce ne serait pas un renfort qui augmenterait l'encombrement des attaques, qui déciderait le succès. Le généralissime, se confiant sans doute dans la nouvelle reçue de la marche de Napoléon en Silésie, persista à différer l'attaque; il fallut bien lui céder.

Le projet de cette entreprise rédigé par l'état-major autrichien, et qui ne fut point soumis aux généraux russes (¹), portait qu'on ferait *une grande démonstration* contre Dresde et qu'on chercherait à s'emparer de la ville, *si la chose était faisable*; chacun pouvait ainsi interpréter à son gré un ordre facultatif et attaquer avec plus ou moins de résolution. A cette faute, les alliés ajoutèrent celle de n'avoir préparé ni échelles, ni fascines pour faciliter la prise des redoutes. Il n'y a pas de paysan saxon chez qui l'on n'eût trouvé une échelle, et le Gros-Garten eût permis de faire en deux heures assez de fascines. L'attaque fut donc fixée pour le 26, à

---

(1) Il est possible qu'on l'ait communiqué au général **Toll**, mais le général Jomini n'en eut pas connaissance; ce fut l'empereur Alexandre lui-même qui lui en fit part le 26, à dix heures du matin.

4 heures du soir, moment très-peu propice à une telle entreprise, surtout lorsqu'on n'a rien préparé pour la faire réussir.

Avant d'en raconter les principaux incidents et les tristes résultats, il importe de nous transporter un moment au quartier général de Napoléon et de voir ce qu'il faisait dans ces entrefaites.

———————

Premières opérations des Français.

En se décidant à recommencer une lutte aussi formidable, l'Empereur avait été sans doute encouragé par l'attitude imposante que lui donnait la réunion de 300 mille hommes sur l'Elbe avec les immenses avantages stratégiques dont nous avons déjà signalé l'importance, et tout porte à croire qu'il ne mettait aucun doute dans la réussite des plans qu'il avait médités.

De toutes les chances qui se présentaient, celle de la marche de la grande armée des alliés en Saxe par la gauche de l'Elbe semblait la seule qui fût à craindre ; mais loin de la redouter, Napoléon avait jugé d'avance que les ponts fortifiés de Kœnigstein et de Dresde lui donneraient d'immenses avantages pour tomber comme la foudre sur leurs commu-

nications, et il avait disposé ses principales forces en Lusace
pour être prêt à tout événement (¹).

On n'a pas connu jusqu'à ce jour d'une manière précise
le premier but d'opérations que s'était proposé l'Empereur
des Français : plusieurs versions affirment que c'était de
s'emparer de Berlin ; toutefois il se borna à y envoyer le
maréchal Oudinot avec trois corps d'armée, sans prendre
aucune mesure qui pût faire supposer qu'il voulût s'y porter
lui-même, du moins au début de la campagne.

Dans le fait, ce plan n'eût pas laissé d'être un peu hasardeux, car, si la grande armée des souverains eût débouché
en Lusace de concert avec celle de Blücher, plus de
300 mille hommes eussent pu marcher sur lui du Midi au
Nord et le refouler, en cas de succès, sur le bas Elbe. Il se
fût placé ainsi précisément dans la même position où les
Alliés se seraient trouvés, en se dirigeant sur Leipzig au
début des hostilités selon le trop fameux plan de Trachenberg.

La seule manière d'assurer la réussite de ce projet sur
Berlin eût été que, dès la dénonciation de l'armistice, Napoléon se fût porté de sa personne avec toute sa garde et la
moitié de la cavalerie de Murat sur Dahme, pour se réunir à
Oudinot et fondre dès le 17 août sur l'armée de Bernadotte,
qui eût été probablement refoulée dans l'angle formé par

(¹) Un témoin occulaire nous a assuré que l'Empereur était si bien
préparé à l'invasion par la rive gauche qu'il en reçut la nouvelle avec
joie et dit : « Ah diable ! il paraît que mon cousin Schwarzenberg a enfin
» appris quelque chose : il veut jouer avec moi aux communications...
« Eh bien ! j'espère lui donner une bonne leçon. »

l'Elbe vers Acken entre Wittenberg et Magdebourg. Cette opération, exécutée à temps pendant la marche des Russes de Barclay en Bohême, et pendant que l'armée autrichienne se réunissait pour la splendide parade de Jungfer-Teinitz, aurait pu avoir de grands résultats. Alors, Napoléon, maître de Berlin dès le 19, eût été à même de laisser Oudinot pour contenir Bernadotte vaincu, et revenir vers Dresde pour le 26 août avec sa garde et la cavalerie.

Deux autres partis s'offraient encore au choix de l'Empereur : le premier était de tenter la même entreprise partielle contre l'armée de Blücher afin de chercher à la mettre pour longtemps hors d'état de nuire : c'était le plus dangereux et le moins favorable, car c'était se lancer fort loin de la base de Dresde sérieusement menacée, et Blücher pouvait refuser le combat pour aller se blottir dans les montagnes de la haute Silésie, sous la protection de Schweidnitz, ou pour aller se réunir à Beningsen.

Enfin le dernier parti, le plus habile comme le plus conforme aux habitudes de Napoléon, était de voir se dessiner les opérations des alliés et de tomber sur leurs communications par Prague, s'ils restaient sur leurs montagnes de l'Erzgebirg, ou par Kœnigstein, s'ils s'aventuraient en Saxe. Ce fut naturellement à celui-ci que l'Empereur s'arrêta, et jamais dans toute sa carrière plan n'avait été plus habilement préparé.... Mais mille circonstances se réunirent pour en empêcher la réussite : la première fut la nécessité dans laquelle Napoléon se trouva de former deux grandes armées secondaires pour agir vers Berlin d'un côté et vers la Silésie de l'autre, et l'obligation d'en confier le commandement à des lieutenants, excellents lorsqu'il s'agissait de conduire des corps de 25 mille hommes sous sa propre direction, mais qui n'étaient pas de force à commander une grande armée par leurs propres inspirations. Macdonald surtout en avait fourni de flagrantes preuves à la Trebbia, en 1799.

Afin de préluder à son opération sur la Bohême, l'Empereur s'était porté le 17 août avec sa garde sur Zittau, d'où il poussa avec le corps de Poniatowsky sur Gabel et en expulsa la division légère de Bubna, le 19. Mais, au lieu de soutenir ce mouvement offensif avec toutes les forces qu'il avait groupées en Lusace entre Bunzlau et Dresde, il quitta aussitôt la route de Prague pour courir à Gœrlitz, pressé probablement par les nouvelles alarmantes qui lui venaient de son armée de Silésie.

Sans doute Napoléon était assez bien informé pour savoir que de grandes forces russes et prussiennes étaient entrées en Bohême dans le but de se réunir aux Autrichiens, et s'il ignorait la direction précise que ces forces réunies prendraient, il devait toutefois en conclure que l'armée combinée de Silésie ainsi affaiblie resterait sur le défensive. On n'a point connu jusqu'à ce jour les instructions données à Ney qui devait être investi du commandement sur cette ligne, mais il est de fait qu'aucune mesure de la part de ce maréchal ne fut prescrite dans la prévision d'une attaque. Il est donc permis de penser que ce fut contre l'attente de l'Empereur que les alliés prirent dès le 16 août une attitude agressive sur la Katzbach; en sorte que Ney et Macdonald, peu préparés à cette attaque, furent contraints à une retraite précipitée jusque derrière le Bober pour ne pas être battus en détail.

Cet incident eut des suites assez graves, et, pour l'expliquer, M. Fain, le plus éloquent des panégyristes du grand capitaine, s'est laissé aller à de malveillantes insinuations envers le général Jomini, qui, loin d'être répréhensible dans cette affaire, avait pris, malgré le maréchal Ney lui-même, toutes les mesures possibles pour éviter une surprise, ainsi qu'on pourra s'en assurer par la correspondance avec Capefigue annexée à la fin de ce volume.

D'ailleurs les suppositions de M. Fain tombent d'elles-mêmes par le seul fait que le corps du maréchal n'était point éparpillé en cantonnements comme il le présume, mais bien campé sur les hauteurs de Rothkirch près **de** Liegnitz, sous de superbes baraques.

L'espèce de surprise qui occasionna la retraite fut le résultat de scrupules exagérés de la part du maréchal Ney, relativement au territoire neutralisé par l'armistice. Il était convaincu qu'aucune des deux parties ne pouvait y entrer avant le jour fixé pour la reprise des hostilités; son chef d'état-major eut beau lui représenter que, selon les habitudes de la guerre, il ne saurait y avoir de territoire inviolable dès que la rupture de l'armistice était déclarée : chaque parti, *pour sa propre sûreté,* était autorisé à pousser ses vedettes jusqu'en face de l'ennemi, sauf à ne commettre aucun acte hostile jusqu'au 16. Ney ayant refusé de couvrir ses camps, par une avant-garde, dans la pensée qu'il n'en avait pas le droit, ne devait pas s'attendre à ce que Blücher envahît ce même territoire avec toute son armée, s'y croyant autorisé pourvu qu'il n'y commît aucune attaque avant le jour fixé pour la reprise des hostilités.

Une preuve que le général prussien était dans le vrai, c'est que Macdonald, cantonné dans la haute Silésie, en avait jugé de même en poussant, dès le 11 août, quelques escadrons en reconnaissance sur le territoire neutralisé. Or, si un régiment peut y entrer, il n'y a pas de raison pour qu'une armée n'y entre, en s'arrêtant néanmoins dès qu'elle rencontre une vedette ennemie.

Quoi qu'il en soit, ce scrupule inopportun d'une loyauté mal fondée fut l'unique cause qui décida Ney à décamper, le 17, de Liegnitz, pour ne pas être assailli par toute l'armée de Blücher et pour se rallier derrière le Bober avec les corps de Lauriston et de Macdonald, aussi peu préparés que le sien à cette agression.

Instruit, le 19 août, de la retraite de Ney et de Macdonald, et sachant par expérience combien un tel incident pouvait avoir de fâcheuse influence en frappant le moral de ses jeunes troupes et en exaltant, au contraire, celui de l'ennemi, déjà assez exaspéré par les haines nationales et par l'humeur belliqueuse de Blücher, Napoléon jugea que le plus pressé était de reprendre l'offensive sur le Bober et y vola de sa personne en se faisant suivre par Marmont.

Mais, sans attendre ses renforts, il reprit aussitôt l'initiative et chassa l'ennemi de Lœwenberg et Goldberg. Blücher, fidèle au rôle qui lui était tracé, se contenta de disputer quelques postes avec son arrière-garde et retourna prendre position près de Jauer derrière la Katzbach.

Dans cet intervalle la scène avait entièrement changé de face sur l'Elbe. Napoléon venait d'apprendre à Lœwenberg

que la grande armée des souverains à laquelle il avait peut-
être supposé l'intention d'opérer en Lusace, se massait en
entier sur la rive gauche de l'Elbe, et menaçait Dresde.
Il se hâta de retourner à Bautzen, emmenant Ney avec lui,
et laissant à Macdonald le commandement de l'armée de
Silésie avec des instructions parfaitement conçues sur la
conduite qu'il aurait à tenir.

L'Empereur se flattait toujours que l'armée d'Oudinot
aurait suffi pour s'emparer de Berlin et contenir le prince
de Suède, ce qui autorise à penser qu'il n'avait pas une idée
exacte des levées fabuleuses que la Prusse avait préparées
de longue main et organisées pendant l'armistice [1].

Revenu à Bautzen, le 24, et suivi des troupes échelonnées entre Gorlitz et Zittau qui se rendaient par des marches
forcées excessives sur Stolpen, Napoléon vint y établir son
quartier-général le 24 août, à l'entrée de la nuit, quinze
heures même avant l'instant où Schwarzenberg, après des
débats interminables, arrachait aux souverains le consente-
ment de différer l'attaque de Dresde de 50 heures, et de
la remettre au 26, à 4 heures du soir, délai motivé sur la
présence de Napoléon en Silésie ! ! !

Tout portait donc à penser que dans les 24 heures allait
se résoudre ici la question capitale qui pouvait décider de
toute la guerre. Napoléon avait autour de lui cinq corps
d'armée, outre la vieille garde et la cavalerie; il pouvait

---

[1] La Prusse avait levé jusqu'à 250 mille hommes, dont 50 mille mili-
ciens bloquèrent les places, et, chose extraordinaire, la cavalerie de
Landwehr, qui montait à 17 mille hommes, rendit de grands services et
porta ainsi à 51 mille chevaux la force de cette arme.

déboucher avec 150 mille hommes de Kœnigstein, s'emparer des montagnes sur les derrières des alliés ainsi que de leurs immenses approvisionnements entassés dans la vallée de Tœplitz.

Quel eût été le sort de l'armée alliée prise ainsi en flagrant délit, si, au lieu de se trouver devant Dresde, elle eût couru, dès le 22, sur Chemnitz, selon le premier projet de Trachenberg? Et combien dut-on regretter de n'avoir pas tenté l'attaque de Dresde dès le 25, comme cela eût été facile !!

Décidé encore le 25 au matin à déboucher de Kœnigstein sur Pirna, Napoléon expédia l'ordre à Vandamme de s'emparer dès le 26 de cette position devenue si célèbre depuis la guerre de sept ans, puis de se diriger sur Tœplitz aussitôt qu'il se verrait suivi par Napoléon lui-même, avec le gros de l'armée; il se jetterait ensuite sur Prague où l'attendait son bâton de maréchal (¹).

L'Empereur s'apprêtait à procéder le lendemain à l'exécution de cette manœuvre, la plus belle peut-être qu'il eût jamais conçue, lorsque les rapports alarmants de Saint-Cyr vinrent élever des craintes sérieuses sur le sort de Dresde, menacée par les masses innombrables qui s'avançaient de tous les points de l'horizon.

L'opération sur Pirna, admirable si Dresde tenait bon, pouvait devenir désastreuse si cette ville succombait.

L'Empereur envoya donc aussitôt, à bride abattue, son

(¹) Une lettre trouvée sur le général Haxo, à l'affaire de Culen, portait, dit-on, ces ordres formels; peut-être avait-elle été remise à Haxo pour n'être donnée à Vandame que dans certaine éventualité.

aide-de-camp Gourgaud au maréchal Saint-Cyr, pour s'assurer s'il pouvait tenir 24 heures dans son camp retranché : la réponse de ce maréchal fut qu'il ne pouvait pas tenir 4 heures, si les masses ennemies se jetaient sur lui comme elles semblaient en avoir l'intention (').

Napoléon, désolé de devoir renoncer à une opération sur laquelle il fondait de si belles espérances, et comprenant que Dresde devenait le nœud stratégique de la guerre, se décida à marcher sur la capitale de la Saxe, la base de toutes ses opérations, en se bornant à pousser Vandamme sur la chaussée de Peterswalde et Tœplitz, la seule grande communication directe que les alliés eussent avec la Bohème. Les corps de Marmont, de Bellune, de Mortier, la vieille garde et la cavalerie de Murat, qui se dirigeaient déjà à marches forcées sur Stolpen, reçurent l'ordre de précipiter leur marche par Bichofswerda directement sur Dresde.

Pendant que Napoléon, avec son coup-d'œil d'aigle, volait de l'Elbe au Bober et du Bober à l'Elbe, soutenu de cette énergique résolution et de cette activité, qui le distingue parmi tous les grands capitaines, on a vu les singulières préoccupations qui régnaient au quartier général des alliés, et ce qui se passait dans les journées du 25 et du 26 sur les hauteurs de Röcknitz. Il est temps de raconter succinctement le choc déplorable qui résulta de cette différence de procéder dans les deux quartiers généraux.

(') Si Saint-Cyr avait pu prévoir que les Alliés ne devaient attaquer qu'à 4 heures du soir, contre toutes les règles de la guerre, et qu'ils n'avaient pris aucunes mesures, il n'eût pas fait ce rapport qui changea tout le résultat de la campagne.

Bataille
DE DRESDEN
seconde journée 27 Aout
1815
Echelle d'une lieue commune
DRESDEN
Alt Stadt
Neu Stadt
Friedrichstadt
Neudorf
Scheunen
Piesrhen
Mückten
Trachau
Kaditz
Gohlis
Kostebaude
Stärzsch
Übigau
Mobschitz
Leuteritz
Fund
Merbitz
Rädnitz
Ocrlla
Schuster-Häuser
Cotta
Altfranken
Naustlitz
Plauen
Röchniz
Rothehaüle
Kleptzsch
Zschiertnitz
Strehlen
Gruna
Blasewitz
Striesen
Gr. Garten
Ob. Gostritz
Blasewitz
Strehlen
Leubnitz
Torna
Prohlis
Zschachwitz
Rück
Leuben
Dobritz
Leubnitz
Nickern
Nied Sedlitz
Sporwitz
Mügeln
Hosterwitz
Pillnitz
Dürrröhrsdorf
Lockwitz
Luga
Gostern
Goppeln
Kauscha
Babisnau
Sobrigen
Gaustritz
Golberode
Rippgen
Hänichen
Possendorf
Dohna
PIRNA
Paris, Imp. Bineteau.

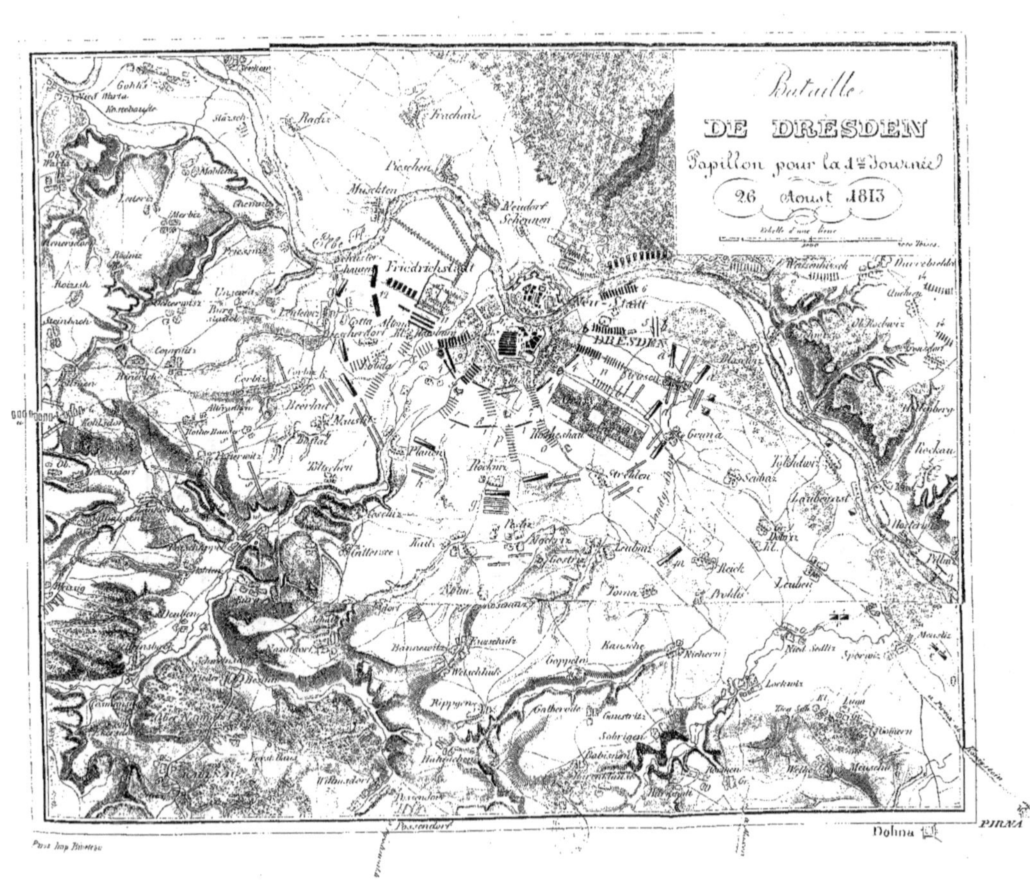

Bataille
DE DRESDEN
Papillon pour la 1re Journée
26 Aoust 1813
Echelle d'une lieue
2000 Toises
PIRNA
Dohna
Passendorf

CHAPITRE II.

Bataille de Dresde ; 26 et 27 août 1813.

(Journée du 26 août.)

Il est onze.heures du matin ; les deux souverains et leur nombreux entourage sont depuis une heure avec le généralissime sur les hauteurs de Röcknitz, attendant patiemment que la cloche de Dresde donnât, en sonnant quatre heures, le signal de l'attaque. Un bourgeois de Dresde qui s'est aventuré entre les avant-postes, sous prétexte de visiter sa maison de campagne, est arrêté comme espion : il annonce que Napoléon est à Dresde, qu'il l'a vu, et que la garde le suit. On ne peut le croire puisqu'on a reçu le 24, à Dippodiswalde, la nouvelle que l'Empereur combattait Blücher en Silésie. On presse l'espion de dire la vérité, en le menaçant de la corde s'il ment, en lui promettant une large récompense s'il dit vrai. Hélas ! ce n'était que trop vrai ; mais c'était bien un espion que Napoléon avait envoyé pour annoncer son arrivée, dans la persuasion que cette nouvelle seule suffirait pour faire renoncer les Alliés à l'attaque, ou du moins en retarder le moment, ce qui donnerait à ses troupes le temps d'arriver. On sait que cette précaution était superflue, attendu que l'ordre donné pour l'attaque prescrivait de ne commencer l'engagement qu'à quatre heures.

Bien que l'on n'ajoute pas entièrement foi au dire de l'espion, une certaine irrésolution se manifeste néanmoins autour des souverains et de Schwarzenberg : on remet en question l'opportunité de l'attaque sous l'empire de ce changement de circonstances. Mais il faut réunir tous les suffrages ; or, le généralissime est retourné à son quartier général pour vaquer à ses devoirs, et le roi de Prusse s'est rendu aussi près de son armée ; il importe de les attendre, car l'empereur Alexandre ne commande pas.

Dans ce moment un coup de foudre vient trancher la question et lever toutes les incertitudes.

En effet, vers midi, une canonnade aussi violente qu'inattendue se fait entendre le long de l'Elbe du côté de Pilnitz ; on apprend bientôt que Napoléon arrive avec plus de 60 mille hommes, et que ses nombreuses batteries canonnent la droite de Wittgenstein. Dès lors il est évident que tous les motifs qui ont déterminé l'attaque n'existent plus ; il devient impossible de forcer 100 mille Français conduits par Napoléon dans un poste pareil (¹) ; il est bien plus de l'intérêt des Alliés d'attirer ce redoutable adversaire en rase campagne, et, comme ils restaient maitres de manœuvrer parallèlement à sa principale ligne d'opérations, le général Jomini propose de replier l'armée sur les belles positions de Dippodiswalde, en établissant fortement la droite dans

(¹) Le maréchal Paskewitsch a prouvé à l'assaut de Varsovie, dont les ouvrages étaient plus forts que ceux des faubourgs de Dresde, que l'on enlève des ouvrages de campagne toutes les fois qu'on en a la ferme volonté et qu'on sait prendre les mesures convenables pour une telle entreprise. Néanmoins il est certain que si l'attaque était sage le 25 au soir ou le 26 à 5 heures du matin, elle devenait une extravagance après le retour de Napoléon la direction de Kœnigstein, où il ne faut pas oublier que les Français avaient un fort et une tête de pont, d'où ils étaient maîtres de déboucher. Napoléon ne pourrait laisser les armées alliées en bataille près de sa ligne de communications ; il faudrait qu'il s'en débarrassât en les attaquant ; s'il était repoussé, il serait refoulé vaincu dans Dresde, où il ne pourrait exister longtemps faute de vivres, et les 50 mille chevaux des alliés les eussent rendus maîtres de toute la Saxe jusqu'à la Saale (¹).

On discuta un quart d'heure sur ce projet, en attendant le retour du roi de Prusse et de Schwarzenberg, qui n'étaient pas présents. Toutefois il devenait urgent, quelque parti que l'on prît, de révoquer l'ordre d'attaque sur Dresde qui, dans toutes les hypothèses, n'était plus admissible. On courut donc chercher Schwarzenberg qui, déjà attiré par la canonnade de Wittgenstein, ne tarda pas à paraître : le maréchal convint que l'ordre d'attaque devait être révoqué, et partit à cet effet pour rejoindre son chef d'état-major. L'empereur Alexandre demeura sur les hauteurs de Rœcknitz, afin de se concerter avec le roi de Prusse pour prendre un parti sur le projet de Jomini de se porter sur Dippodiswalde. Mais Frédéric-Guillaume, animé d'une fermeté exagérée, s'irritait à la seule idée d'une retraite avant d'avoir même tiré l'épée du fourreau ; et, dominé par ce respectable point d'honneur, il lui sacrifia tous les avantages tactiques d'une proposition dont la sagesse fut bientôt évidemment

---

(¹) La cavalerie de l'armée de Bohême comptait 43 mille hommes de cavalerie régulière et 7 mille cosaques d'élite.

prouvée, et qui attestait le juste coup-d'œil de son auteur.

En vain Jomini s'efforce d'expliquer qu'il ne s'agissait pas de battre en retraite, mais de reculer un peu afin de choisir un champ de bataille plus convenable ; le Roi reste inébranlable dans une opinion que rien ne pouvait justifier, l'empereur Alexandre parait lui céder par courtoisie. Toutefois aucun parti n'était encore pris sur cet important sujet lorsque la péripétie la plus inattendue et la plus extraordinaire vint couper court à toute discussion.

Quatre heures viennent de sonner, et au signal de trois coups de canon 100 mille Alliés s'ébranlent en cinq colonnes pour courir à l'attaque, au grand étonnement de l'empereur Alexandre et de tous ceux qui connaissaient la détermination bien arrêtée de ne plus attaquer : le contre-ordre avait été oublié!!! ou bien le prince de Schwarzenberg avait pris sur lui de persister dans le projet d'exécuter la bizarre disposition du matin : c'est un point que l'histoire n'éclaircira probablement jamais (¹).

Dès lors la bataille la plus extraordinaire est engagée ; toute délibération et tout commentaire cessent, il ne reste qu'à suivre les combattants, en soumettant d'abord à nos lecteurs le singulier document officiel qui donnait lieu à cette sanglante échauffourée.

Dispositions pour l'attaque de Dresde, le 26 août.

« Après l'arrivée de la division de Civalart et des deux

(¹) On a soupçonné le général saxon Languenau d'avoir été l'auteur de cet oubli, peut-être volontaire, car il montrait un grand désir de s'emparer de la capitale de son roi.

« autres divisions de l'aile gauche encore en arrière, la
« position de cette aile se trouvant assurée par l'expulsion de
« l'ennemi de tout le terrain situé entre Lobeda et l'Elbe.

« On formera alors cinq colonnes d'attaque.

« La 1re, celle du comte de Wittgenstein, qui occupe les
« villages de Blasewitz et de Striesen. Cette colonne s'avance,
« *dans un but démonstratif,* aussi loin que cela se pourra :
« profitant de toutes les circonstances pour pénétrer dans
« les faubourgs de Dresde.

« La 2°, du corps de Kleist, *attaque comme démonstration*
« le Grand-Jardin, et si elle parvient à l'occuper, elle pousse
« sa démonstration contre la ville même. *Toutes les circon-*
« *stances favorables seront saisies avec énergie pour pénétrer*
« *dans les faubourgs.*

« Ces deux colonnes seront suivies de leurs batteries de
« gros calibres pour canonner la ville.

« La 3° colonne (composée de la division légère de Mau-
« rice Lichtenstein et de la division d'élite de Colloredo), la
« division Lichtenstein s'avance autant que faire se pourra,
« sans s'exposer à une trop grande perte d'hommes pour
« protéger les grosses batteries destinées à battre la ville.

« Cette colonne est aussi une démonstrative, mais elle
« doit profiter de toutes les éventualités pour s'étendre jusque
« dans les faubourgs, et en cas de succès diriger sa démon-
« stration sur le jardin du château (Mozinsky). La division
« Colloredo lui sert de soutien et s'avance en colonne jus-
« que sur la hauteur en avant de Kaitz.

« La 4° colonne, composée de la 3° division de réserve,
« occupe Plauen pour favoriser la marche de la 5° colonne

« et place sa batterie de 12 pour soutenir son attaque.

« La 5ᵉ colonne, division Bianchy, se formera en colonnes
« sur la place qu'elle occupe actuellement, puis attaquera
« le village de Lobeda, et balayera le terrain jusqu'à l'Elbe
« vers Schusterhauser : la division de cavalerie Schneller
« lui sera assignée ; dès qu'elle aura pris Lobeda elle pla-
« cera ses batteries de position pour canonner Friedrich-
« stadt.

« La division de grenadiers de Chasteler se forme en
« colonnes comme réserve, pour soutenir Plauen au be-
« soin.

« Les cuirassiers de Nostitz et Lederer se formeront en
« réserve derrière Kaitz.

« Le reste des troupes restera dans la position ; prêt en
« cas de besoin...

« Le bombardement de la ville et la marche offensive de
« l'aile gauche auront lieu à 4 heures précises de l'après-
« midi (¹).

« Les généraux sont prévenus que les monarques et le
« généralissime se tiendront sur les hauteurs entre Rœcknitz
« et Plauen.

« Quartier-général de Notenitz, 25 août.

« *Signé*, SCHWARZENBERG. »

______

(¹) Il est à remarquer que ce singulier ordre parle d'une aile gauche,
qui forma en effet une sixième colonne sous le général Giulay, et ne dit
mot de la tâche qu'elle doit remplir. Ce fut elle qui prit et défendit Lobeda ; selon un autre document Colloredo avait la mission de s'emparer
de la redoute et du jardin Mozinsky : tout est contradiction et confusion
dans les œuvres de cette ténébreuse journée.

Une relation exacte, impartiale et bien claire de la double bataille de Dresde serait, pour la journée du 26 surtout, le problème le plus difficile à résoudre, car elle ne consiste que dans une série de folles attaques sans liaison; nous n'essayerons pas de raconter en détail cette multitude de combats partiels que se livrent les deux partis au milieu de ces jardins, de ces maison de campagne, de ces redoutes, des avenues des faubourgs et des ruelles de ces villages disseminés sur un aussi vaste front; duels en quelque sorte particuliers entre les différents corps qui y prennent part; luttes qui n'offrent aucune combinaison d'ensemble, du moins de la part des assaillants, et dont l'écrivain le plus habile ne saurait offrir un tableau satisfaisant, mais dans lesquelles les haines nationales longtemps accumulées, et l'enivrement de la gloire, produisent des exploits homériques. Faute de pouvoir les décrire, bornons-nous donc à en esquisser les principaux traits.

Pour se faire de ces singuliers événements une idée qui approche un peu de la vérité, il importe avant tout de jeter un coup-d'œil sur le plan du terrain qui en fut le théâtre.

On sait que cette capitale de la Saxe, située à cheval sur l'Elbe, avait une ancienne enceinte fortifiée sur les deux rives; le fleuve forme ici trois coudes saillants, et la ville se trouve sur celui du milieu, en sorte que les deux coudes rentrants prolongent beaucoup la plaine : celle-ci est entourée d'un rideau de hauteurs qui formeraient comme un véritable cirque en amphithéâtre, si elles ne se rapprochaient beaucoup de la ville sur deux points, vers Rœcknitz au sud et vers Lobeda à l'ouest.

Trois faits essentiels sont à remarquer sur cet échiquier tactique :

1° C'est que l'ancienne enceinte fortifiée avait eu deux fronts démantelés sur la direction de Pirna et de Freyberg ;

2° Qu'elle était entourée de vastes faubourgs où se trouvaient plusieurs grands bâtiments et jardins clos de murs élevés et entourés de fossés. Les principaux, celui du palais Mozinsky près la porte de Dippodiswalde, et celui du prince Antoine à la barrière de Pirna, avaient été mis récemment en bon état de défense, palissadés et crenelés. En avant de ces deux édifices et hors des faubourgs se trouve le Gros-Garten (Grand Jardin), magnifique parc qui n'a pas moins d'une demi-lieue de longueur et au milieu duquel se trouve un palais. Les avenues de ces faubourgs avaient été couvertes par cinq redoutes pour en battre les approches et prendre en flanc les colonnes qui se lanceraient à l'attaque. Le périmètre de l'amphithéâtre, depuis Laubegast en amont de l'Elbe jusqu'à Leutewitz au nord, ne compte pas moins de quatre lieues : il se trouve coupé en deux parties inégales par le célèbre Val de Plauen qui, à partir du village de ce nom, devient un véritable précipice très-difficile à franchir ; au fond de ce ravin coule la Weistritz, petite rivière, qui sépare Dresde du faubourg de Friedrichstadt avant de se jeter dans l'Elbe. Le champ de bataille est coupé au sud par un fossé et un ruisseau assez profonds, nommés le Landgraben et le Kaitzerbach, qui coulent à droite et à gauche du grand jardin.

Deux grandes routes principales aboutissent à la capitale sur toute l'étendue de ce périmètre ; la première, au sud, est

la chaussée de Pirna qui conduit par Tœplitz à Prague ; la
seconde, à l'ouest, sort de la barrière de Freyberg, mène par
Corbitz à cette ville et conduit ensuite par la Franconie à
Mayence ou par Nossen à Leipzig. Entre ces deux chaussées
deux routes secondaires conduisent l'une à Dippodiswalde,
l'autre par Plauen à Tharandt.

En se rendant compte de ces localités, on voit que Napoléon placé sur la corde de ce périmètre, avec un vaste réduit
fortifié au centre, pouvait lutter avec avantage contre des
forces supérieures, surtout si les alliés commettaient la
faute de couper leur ligne de bataille en deux, par un obstacle pareil à celui du ravin de Plauen, et s'ils s'étendaient
imprudemment par leur gauche jusque vers Leutewitz :
c'est ce que les conseillers de Schwarzenberg ne manquèrent
pas de faire.

Les alliés sont déployés en demi-cercle autour de Dresde ;
leur ligne est formée de bataillons en colonne serrée par
divisions (deux pelotons). Le comte de Wittgenstein, qui a
laissé cinq brigades à Pirna pour observer Kœnigstein,
forme vers Striesen l'extrême droite de la ligne avec trois
autres brigades d'infanterie du corps de Gortschakof et la
cavalerie du comte Pahlen. Au besoin, deux divisions des
gardes russes lui serviraient de soutien et la superbe réserve
de cavalerie du grand-duc Constantin l'appuyerait dans la
plaine en cas de revers (¹). Le corps de Kleist, composé de
quatre divisions (on les nommait brigades, mais elles équi-

(¹) Il y avait deux brigades de la 5ᵐᵉ division et la brigade Roth de la
14ᵐᵉ du corps du prince Gortschakof avec la cavalerie du comte Pahlen ;
les gardes et réserves étaient encore en arrière.

valaient à des divisions de 8 mille hommes), avait délogé les Français du village de Strehlen et poussé son avant-garde jusqu'au Gros-Garten ; étendant sa ligne jusqu'au pied de la hauteur de Rœcknitz, où elle se liait à la droite des Autrichiens. Les divisions Colloredo et Maurice de Lichtenstein couvraient ces hauteurs de Rœcknitz, se liant par la réserve de cavalerie du comte Nostitz avec la division des grenadiers du général Chasteler postée entre Gittersée et Plauen.

A l'aile gauche la division Bianchy était formée entre Plauen et Lobeda, appuyée par la cavalerie de Schneller : plus au loin, vers Cotta, se trouvait une brigade de celle de Crenneville et la division Metzko formant l'avant-garde du corps de Klenau; celui-ci se trouvait encore en marche vers Tharandt avec les divisions Hohenlohe et Meyer.

Le comte Giulay, avec la division Weissenwolf, n'arriva qu'après 3 heures vers Rosthal; mais le reste de ses troupes, la division Aloys Lichtenstein et celle de Civallart, était encore fort éloigné.

Dans la matinée du 26, Metzko avait repoussé les faibles avant-postes de Saint-Cyr des villages ou fermes jusqu'aux abords de Friedrichstadt vers Altona et Klein-Hambourg, groupe de campagnes situées à la rive gauche de la Weistritz. Toutefois les Français renforcés sur ce point par la division Teste, revenant de la rive droite de l'Elbe, avaient repris le village de Lobeda, et un tiraillement sans conséquence s'était prolongé dans cette direction.

Le général Bianchy, de son côté, avait aussi occupé, avant midi, les fermes de Holzhof, de Kohlers-Garten, et

un bâtiment important nommé Feldschlœschen (petit château de campagne), situé entre les redoutes 4 et 5, entre
Plauen et la première de ces redoutes.

Un coup d'œil sur le plan suffira pour convaincre chaque
lecteur que cette position si étendue de la gauche, au delà
d'un ravin affreux, eût été tout au plus excusable dans l'hypothèse où l'on n'aurait eu à combattre que le corps de
Saint-Cyr, mais qu'elle devenait plus qu'aventurée dès que
l'on savait le retour de Napoléon avec 70 ou 80 mille
hommes. La première chose, à laquelle l'état-major aurait
dû songer, était donc de replier en toute hâte cette aile
gauche sur Plauen, car elle barrait les deux chaussées conduisant de Dresde vers le Rhin par Freyberg ou Leipzig,
en sorte que Napoléon ne pouvait manquer de diriger ses
efforts contre elle, afin de rouvrir ses communications.

Tel était l'état des affaires lorsque, au moment où
4 heures sonnaient, les six colonnes alliées auxquelles on
avait volontairement ou non oublié de donner le contre-
ordre, se précipitèrent sur la ville.

A l'extrême droite, la 5e division russe enlève tous les
postes et bâtiments extérieurs entre le Grand-Jardin et
l'Elbe; la brigade Luckow s'empare d'Engelhardt et assaillit
le poste retranché du Hopfgarten, tandis que Wlastoff
longe le Landgraben pour assaillir la redoute n° 1. Un
combat terrible s'engage sur le premier de ces points.

La brigade du général Roth, plus à gauche, longe le
Grand-Jardin se dirigeant vers la lunette n° 2 et la barrière
de Pirna pour seconder les Prussiens.

Le corps de Kleist, qui avait, dit-on, reçu du roi de

Prusse l'avis direct qu'on renonçait à l'attaque, voyant ses alliés se lancer sur la ville à droite et à gauche, crut devoir les seconder et prendre sa part à la bataille ; son avant-garde, sous le général Ziethen, déjà maîtresse de la moitié du Grand-Jardin, achève d'en déloger les Français ; puis, soutenue par la division Pirch, elle se jette ensuite sur le faubourg de Pirna et le jardin du prince Antoine. La division du prince Auguste de Prusse s'avance sur la gauche du Gros-Garten pour lui servir de réserve.

Ziethen, secondé par la brigade russe de Roth, fait les plus grands efforts pour s'emparer du formidable jardin et de la redoute n° 2 ; en vain Russes et Prussiens rivalisent de courage ; ils ne sont pourvus d'aucun moyen de franchir les fossés palissadés et les murs ; ils sèment les abords de morts et de blessés sans aucune utilité ; imprimant ainsi un sceau indélébile à l'état-major qui a appelé cela une démonstration !!! Ces efforts devenaient d'autant plus inutiles que la division Decouz de la jeune garde, arrivée vers 3 heures, et la cavalerie de Doumerc, avaient débouché de la porte de Ram (route de Pilnitz) et donné à l'aile gauche de Saint-Cyr un appui plus que suffisant pour se maintenir.

Tandis que ceci se passait à la droite, le centre n'avait pas plus de succès : les divisions Maurice Lichtenstein et Colloredo, qui avaient pris les premières l'initiative de l'attaque, franchissent vivement l'espace découvert depuis la hauteur de Rœcknitz jusqu'à la redoute n° 3, qui protégeait la barrière de Dippodiswalde et le jardin Mozinsky ([1]) : elles empor-

([1]) Le palais Mozinsky avait été, depuis longtemps, transformé en hôpital et plusieurs relations nomment ce jardin *le jardin de l'hôpital.*

tent cet ouvrage de campagne avec une valeur digne
d'éloges ; mais ici se passe la même scène qui avait eu lieu
au jardin du prince Antoine ; les troupes de Lichtenstein et
de Colloredo tentent vainement l'attaque du jardin ; mitrail-
lées et fusillées à bout portant par des troupes bien abritées
derrière les murs et dans le grand bâtiment, elles s'obsti-
nent vainement à tenter le passage du fossé et l'escalade de
la muraille ; mais elles ne possèdent ni une fascine ni une
seule échelle et ne tardent pas à se convaincre qu'il faut
songer à la retraite, car de toutes parts les renforts arrivent
aux Français et des colonnes menaçantes se montrent à
droite vers la barrière de Dohna, et à gauche, dans le grand
rentrant que forme le faubourg. Bientôt les rôles des deux
partis sont changés ; mais avant de présenter le second acte
de cette étonnante journée, il est bon de voir ce qui se
passait à la gauche des Alliés.

A l'heure indiquée, le général Bianchy avait lancé deux
colonnes sur les lunettes 4 et 5, tandis que le comte Giulay,
après avoir fait enlever Lobeda, poussait la division Weissenwolf jusqu'au poste d'Altona. Metzko, de son côté, s'était
avancé de Cotta sur la Friedrichstadt. Une lutte très-vive
s'engagea surtout vers la redoute n° 4 ; Napoléon attachait
un grand prix au poste du petit château (Feldschlöschen)
situé devant cet ouvrage et formant un saillant qui pouvait
favoriser une entreprise contre Plauen, clef importante qui
séparait, comme on l'a déjà dit, le champ de bataille en
deux.

Il était près de 6 heures : trois divisions de jeune garde
venaient encore d'arriver et la lutte était engagée sur tout

le front ; partout les Alliés, après des premiers succès, avaient vu leurs efforts rendus inutiles par l'incurie de dispositions qu'un sous-lieutenant un peu instruit aurait peine à concevoir, et sur lesquelles nous reviendrons.

Napoléon, ayant réuni des forces suffisantes, résolut de donner une nouvelle tournure à la bataille et de prendre son rôle favori d'agresseur.

Deuxième moment de la journée du 26.

Napoléon, ayant réuni sous sa main les 5 divisions de sa garde et les cuirassiers de Latour-Maubourg avec les 4 divisions de Saint-Cyr, et sachant que les troupes de Marmont et de Bellune allaient bientôt le joindre, n'était pas homme à se contenter de repousser des attaques décousues et follement ordonnées, et à rester sur la défensive avec tous les avantages d'un terrain coupé de maisons de campagne, de jardins clos de murs ou de haies, dans lequel les têtes de colonnes seules peuvent s'engager, et où la victoire est assurée au plus impétueux.

Il a parcouru deux fois tout le front des attaques, il a donné les ordres pour disposer la jeune garde sur les deux directions où il lui importe surtout de porter ses efforts le lendemain. Tout à coup les portes de Pirna et de Freyberg s'ouvrent ; le maréchal Mortier conduit la division Decouz par la barrière de Pilnitz (Ram) ; la division Roguet débouche plus à gauche ; une division de Saint-Cyr les seconde, un combat sanglant s'engage avec la 5e division russe qui, réduite à 5 mille hommes, défend, avec énergie, le poste du bâtiment Engelhart et la hauteur du moulin à vent de Striesen, secondée par la cavalerie du comte Pahlen.

Les troupes russes exposées au feu de 30 pièces de canon placés par les Français au delà de l'Elbe et de toutes les batteries du camp et de ses défenseurs, défendirent ces deux postes en désespérés : le général Melissimo ayant été tué par un boulet et Lukow blessé mortellement, Wittgenstein accourt avec sa faible réserve, mais la lutte est trop inégale et il est contraint à se replier sur Striesen.

En même temps une division de Saint-Cyr et la cavalerie débouchant de la barrière de Pilnitz menace les brigades russes et prussiennes qui ont vainement assailli la 2e redoute, et les force à céder même la moitié du Grand Jardin.

Une violente canonnade s'établit alors sur toute la ligne et sépare les combattants jusqu'à la nuit.

Colloredo qui n'a pu se maintenir dans la 3° redoute sous le feu du jardin Mozinsky, et qui est menacé par les colonnes formées dans les deux espèces de places d'armes qui entourent ce jardin, a replié ses bataillons sous la protection des batteries à moitié chemin de la hauteur de Rœcknitz.

Un orage plus sérieux fond sur la division Bianchy. Le maréchal Ney, avec les divisions Dumoutier et Barrois de la jeune garde, débouche avec son impétuosité habituelle des barrières de Falken et de Freyberg, tombe à droite et à gauche de la 4e redoute sur cette division autrichienne et, après une lutte des plus rudes, dans laquelle les généraux Tindal, Gros et Dumoutier sont grièvement blessés, enlève

le poste du Feldschlœschen (petit château) et celui du Holzhof. Le général Bianchy rallie alors ses régiments sous la
protection de nombreuses batteries et avec l'appui des grenadiers de Chasteler.

Dans le même temps deux autres colonnes françaises qui
ont débouché de la barrière de Freyberg près de la redoute
n° 5 et l'autre de Friedrichstadt, expulsent les avant-gardes
de Giulay de Klein-Hambourg, et attaquent vivement Lobeda où la division Weissenwolf parvient néanmoins à se
maintenir. La cavalerie de Latour-Maubourg, qui a débouché du Friedrichstadt dans la plaine, décide Metzko et
Giulay à se replier dans la position entre Lobeda et Cotta,
et ici comme sur toute la ligne, une canonnade formidable
dure jusqu'à la nuit. La division Aloys Lichtenstein arriva
vers Rosthal au moment où le feu cessait.

A l'extrème droite des Alliés, Wittgenstein, après avoir
soutenu la lutte la plus inégale, faute d'avoir été appuyé à
propos, a repris position près de Striesen où Barclay le fait
soutenir par la division prussienne du général Klux. Les
Français l'ayant suivi vivement, se logèrent dans la moitié
intérieure du village où on tirailla longtemps encore. Toutefois, sur le reste de la ligne, dès 9 heures le calme succéda
à la tempète si sottement provoquée. Près de 10 mille braves
tués ou blessés, victimes de cette échauffourée sans exemple
dans les fastes militaires, pourraient un jour en demander
compte à messieurs les chefs de l'état-major de Schwarzenberg ou au prince lui-même, si la faute provint de lui.

Le blàme ne tarda pas à éclater de toutes parts dans

l'armée confédérée, et les intrigants qui avaient causé tout
le mal, n'eurent pas honte de chercher à en rejeter la faute
sur le général Jomini, parce qu'il avait conseillé d'attaquer
dès le 25 au soir ou dès le 26 au point du jour, vingt-
quatre heures avant que l'on ne sût le retour de Napoléon.

Pour justifier ce général, il suffit de lire les mémoires de
Fain et du maréchal Saint-Cyr, où l'on verra à quel point
Napoléon et son lieutenant tremblaient que la place ne fût
emportée avant l'arrivée des puissants renforts qui accou-
raient en toute hâte de la Lusace.

On sait que Saint-Cyr n'avait d'abord sous la main que
trois divisions comptant 15 mille jeunes soldats français,
plus 6 mille Westphaliens très-peu sûrs. Vigoureusement
attaqué le 26 de grand matin par 120 mille hommes et
500 pièces de canon, avec les précautions d'usage dans
ces sortes d'entreprises, sa perte eût été certaine.

Il suffirait d'ailleurs de la disposition élaborée le 25 au
soir et que nous avons transcrite, pour caractériser à jamais
le mérite de ces faiseurs. Employer 150 mille hommes
pour tenter *une grande démonstration* contre un camp retranché, avec recommandation de s'en emparer si la chose
était faisable, était une nouveauté que l'on pourrait nommer
burlesque s'il ne s'agissait d'événements aussi graves et aussi
sanglants !

Ordonner *une démonstration*, c'est bien interdire une
attaque ! Or, comment s'emparer d'un camp défendu par
des soldats de Napoléon sans l'attaquer ? Et si vous vou-
liez une simple démonstration, y avait-il le sens commun
de déployer 100 mille hommes sous le canon du camp pour

les faire égorger et mitrailler sans but? Si l'on ajoute à ces bé-
vues l'oubli, ou la négligence volontaire, de donner le contre-
ordre de l'attaque aussitôt que l'on fut instruit du retour de
Napoléon avec de nombreuses colonnes, on pourra se faire
une idée du génie militaire et du savoir-faire de ces messieurs (¹). Quittons ces tristes réflexions, nous avons encore
des fautes non moins pitoyables à raconter.

Avant de se séparer pour retourner à leurs quartiers
respectifs, les chefs des alliés avaient à décider ce qu'ils
feraient le lendemain. Le plus convenable eût été sans doute
d'en revenir au projet de Jomini, et de marcher immédiatement à Dippodiswalde, soit pour y livrer une bataille
décisive, soit pour décider ce qu'on ferait; mais Klénau se
trouvant en marche de Tharandt sur Dresde, et la gauche
autrichienne aventurée au delà du ravin de Plauen, on
craignit sans doute de faire ce mouvement rétrograde avant
la jonction de ces corps : outre cela le projet, qui eût été
très naturel avant l'attaque, semblait actuellement plus
contraire au point d'honneur chevaleresque du roi de
Prusse, puisqu'on était repoussé sans être vaincu, et qu'on
pourrait l'imputer à la faiblesse. On décida donc de concentrer le gros de l'armée sur les hauteurs entre Plauen
et Reik, de repousser Napoléon, s'il osait l'y attaquer, puis
d'aviser le 27 à ce qu'il conviendrait d'entreprendre ultérieurement.

(¹) Tout autorise à croire que le général Languenau fut le véritable
auteur de ces fameuses dispositions; mais Radetzky dont il était le bras
droit, mérite bien d'en partager le blâme.

Quoique rien en effet ne contraignit les alliés à précipiter leurs mouvements, puisqu'ils avaient des forces bien supérieures, on eut tort néanmoins de vouloir attendre la jonction de Klénau : il eût été plus sage de faire retirer dans la nuit la gauche de Giulay sur Rabenau, où elle se fût liée à Klénau pour venir avec lui s'établir à Dippodiswalde ; tandis que tout le reste de l'armée eût gagné les hauteurs entre cette ville et Hellendorf : on eût été ainsi en mesure d'agir dans toutes les hypothèses possibles, en appuyant fortement la droite à ce défilé, où l'on eût porté les trois divisions russes laissées à Pirna. Résolus de s'en tenir, pour le 27, à la concentration de leurs forces sur les hauteurs, les Alliés firent à cet effet des dispositions qui n'étaient pas exemptes de blâme ; mais le temps pressait, et il n'y avait pas moyen de les discuter dans un *conciliabule* aussi nombreux et aussi peu d'accord : c'etait déjà un point essentiel d'avoir obtenu le rappel de l'aile gauche, s'il eût été véritablement exécuté.

Napoléon, plus heureux que ses adversaires, n'avait à discuter avec personne sur le plan qu'il voulait suivre. Jugeant avec son coup-d'œil d'aigle, que son centre, protégé par la place de Dresde, se trouverait à l'abri de toute tentative s'il était victorieux aux ailes, il adopta le système contraire à celui qu'il avait mis constamment en usage dans les batailles sans nombre qu'il avait gagnées : c'est-à-dire, il résolut de jeter ses plus grands efforts par la droite et par la gauche, et fut d'autant plus fortifié dans cette idée, que les seules chaussées qui aboutissent de Dresde à la Bohème passaient sur ces deux ailes.

A tant d'habileté les Alliés n'avaient à opposer qu'irrésolution, car à bien dire ils n'avaient pas de chef, et l'aréopage qui entourait les souverains augmentait les embarras et l'irrésolution naturelle de Schwarzenberg.

Toutefois la position des Alliés était si avantageuse sous le rapport tactique, surtout s'ils retiraient entièrement la gauche pour renforcer leur droite, qu'ils n'avaient qu'à vouloir fortement pour réussir. La fameuse bataille dont nous allons esquisser un précis s'engagea le 27 au matin avec ces chances réciproques.

———

Bataille du 27 août.

Le jour de la grande scène qui faillit avoir une influence décisive sur le sort de l'Europe, mais n'en décida pourtant pas, se leva au milieu de torrents de pluie qui continuèrent sans interruption toute la journée et ne furent pas moins favorables à Napoléon que ne l'avait été le soleil d'Austerlitz, car cette circonstance fut une des causes de sa victoire.

Les Alliés ayant résolu d'attendre son attaque s'il venait les chercher dans leur poste avantageux, avaient cru devoir, à cet effet, resserrer leur ligne comme on l'a déjà dit. En conséquence, Schwarzenberg avait ordonné dans la nuit à Giulay de retirer l'aile gauche étendue jusqu'à la chaussée de Wilsdruf, et de repasser le ravin de Plauen pour venir vers Gittersée se réunir au centre de l'armée, en laissant toutefois la division Aloys Lichtenstein du corps de Klenau pour soutenir celle de Metzko en attendant l'arrivée de ce général avec le reste de son corps. Cette faute, car c'en était une de ne pas tout laisser ou tout retirer, fut encore aggravée comme on le verra plus loin.

Par le même motif, Barclay eut ordre de ne pas trop s'étendre dans la plaine de l'Elbe, attendu qu'il pourrait toujours aisément tomber des hauteurs sur tout ce qui oserait s'engager dans le gouffre entre le fleuve et les masses des Alliés; en conséquence, il concentra ses forces vers Prohlis et Reik, ne laissant qu'une avant-garde sous le général Roth, entre Striessen et Gruna derrière le ruisseau du Landgraben. L'avant-garde de Kleist dut également évacuer le Gros-Garten pour se placer derrière Strehlen. Au moment où ces mesures lui étaient ordonnées, le général Barclay fut informé par le prince Eugène de Wurtemberg, laissé en observation devant Kœnigstein, qu'il était assailli par un corps de 30 mille Français débouchant de ce fort sur Pirna : il se hâta d'envoyer à son soutien la première division des gardes russes sous le comte Ostermann qui devait prendre le commandement de tout ce corps.

Par suite de ces diverses mesures les deux armées respectives se trouvaient dans les positions ci-après :

Français.	**Alliés.**
1. Les divisions de la jeune garde et le corps de cavalerie de Nansouty débouchent, entre Gruna et l'Elbe, sous les ordres de Ney ou de Mortier.	*a.* Roth avec l'avant-garde de Wittgenstein repoussé de Gruna sur Seidnitz.
	b. Wittgenstein en position près de Reick et de Torna.

2. Le corps de Saint-Cyr débouche à l'ouest du Gros-Garten, contre Strehlen avec trois divisious.

3.
4. Marmont au centre, entre la Weistritz et le Grand-Jardin.

5. Vieille garde sous Curial et Friant.

N. B. Quelques versions fondées sur un ordre donné à Ney le 27 au soir affirment que ce maréchal dut rester en réserve avec une partie de la jeune garde vers la redoute n° 4, barrière de Plauen, en sorte que Mortier aurait conduit deux divisions seulement à la gauche sur Gruna.

6. Bellune, qui a bivouaqué à Neustadt, traverse Dresde à 7 heures du matin, et débouche sur Nauslitz et Rosthal, de concert avec la cavalerie de Pajol et avec la division Teste qui a occupé Lobeda dès huit heures.

7. Murat, avec les cuirassiers de Latour - Maubourg,

c. Barclay avec les réserves en arrière de Torna.

d. Kleist s'est replié de Strehlen vers Leubnitz.

e. Le corps des grenadiers russes, sous Miloradowich et Rajewski, près de Czernitsch et Mockritz.

f.
g. Les divisions Colloredo et Maurice de Lichtenstein à droite et à gauche de Rocknitz, avec l'empereur Alexandre.

h. Les grenandiers de Chasteler à Plauen.

hh. Le général Bianchi et une partie du corps de Giulay revenant de l'aile gauche vers Gittersée, se réunit avec les réserves du prince de Hesse-Hombourg.

ik. La division Weissenwolf du corps de Giulay retourne au delà du ravin de Plauen vers Toltschen.

l. La division Aloys Lichtenstein tenant Rosthal, Nauslitz, Corbitz.

m. La division Metzko et la brigade Mumb à l'extrême

débouche entre Wolnitz et Cotta.

N. B. A 5 lieues de Dresde, Vandamme débouche de Kœnigstein avec quatre divisions d'infanterie et la cavalerie de Corbineau, puis il s'empare de Pirna.

gauche, entre Corbitz et Leutewitz.

Klénau en marche sur Tharandt, à trois lieues de là.

Les Alliés portent le comte Ostermann avec une division des gardes russes pour renforcer le prince de Wurtenberg resté à Pirna avec le 2e corps.

Premier moment.

Les avant-gardes des Alliés ont évacué Lobéda, le Gros-Garten et Striesen, conformément au projet de recevoir la bataille sur les hauteurs et de replier l'aile gauche en deçà du ravin.

Malgré les torrents de pluie, les Français suivent de près, et présentent partout des masses assez considérables.

Les Alliés s'attendaient sans doute à n'avoir affaire qu'aux troupes qu'ils avaient combattues la veille; ils ne tardèrent pas à s'apercevoir que de nombreux renforts étaient arrivés pendant la nuit. Au lieu de huit divisions ils avaient affaire aujourd'hui à quinze divisions d'infanterie et sept de cavalerie.

Le centre de Napoléon reste sur la défensive, les ailes marchent en avant. Ney, formant la gauche avec les divisions de la jeune garde sous Mortier et le corps de cavalerie de Nansouty, débouche par Striesen sur Gruna. Le maréchal Saint-Cyr, qui a recouvré le Gros-Garten, l'appuie et marche sur Strehlen, tandis que sa droite s'étend en observation jusqu'au pied de la hauteur de Rocknitz. Marmont se forme entre Rocknitz et Plauen qu'il fait attaquer par sa droite; la vieille garde est en réserve près la barrière de Dippodiswalde.

A l'extrème droite des Français, la division Teste s'empare dès 9 heures de Lobéda que Giulay a évacué; le corps de Bellune se porte sur la division Aloys Lichtenstein éparpillée à Rosthal, Nauslitz et Corbitz; sa gauche se dirige sur Tolschen pour appuyer Marmont et l'aider à se loger dans Plauen. La cavalerie de Latour-Maubourg, forte de 7 à 8 mille hommes et chevaux d'élite, s'avance contre la division Metzko, à droite et à gauche de Cotta.

La pluie empêche la mousqueterie d'agir, et d'ailleurs, le centre étant défensif des deux côtés, une canonnade violente s'engage sur toute la ligne.

Vers dix heures, les Français font un mouvement offensif par leur gauche : tandis que le corps de Mortier marche sur Gruna, la gauche de Saint-Cyr, qui a réoccupé le Gros-Garten par la retraite de Kleist, s'avance sur Strehlen que défend la division du prince Auguste de Prusse. Un combat très-vif s'engage pour la possession des hauteurs; le prince est obligé de céder et de se replier sur Leubnitz.

En même temps Mortier débouche de Gruna dans la direction de Gros-Dobritz : il ne rencontre que la faible division de Roth, laissée un peu trop loin en avant de la ligne; il la refoule sur Seidnitz qu'elle défend avec une grande valeur à l'aide de la cavalerie du comte Pahlen.

Deuxième moment.

Dans cet intervalle, les généraux Moreau et Jomini, considérant la gauche des Alliés lancée au-delà du ravin de Plauen comme un accessoire, puisque la majeure partie a dû en être retirée, ont reconnu que le point décisif était à la droite, et qu'on devait réunir des masses pour fondre sur la jeune garde qui s'aventurait en longeant l'Elbe; le dernier propose de faire changer de front à Kleist et à Miloradowich, pour qu'ils tombent par Strehlen sur le flanc droit de Mortier, tandis que Barclay, descendant avec Wittgenstein et toutes les réserves de Leubnitz sur Seidnitz, l'assaillira de front : pris ainsi entre l'Elbe et de pareilles masses, sa défaite semble d'autant plus certaine que la nombreuse cavalerie des réserves russes et prussiennes, aurait un immense avantage sur l'infanterie, dont le feu est totalement paralysé par une pluie torrentielle. Miloradowich assurera l'opération en reprenant le Gros-Garten. Pendant que cela s'exécutera, Collorédo, Lichtenstein et Chasteler, soutenus de Bianchi et des réserves du prince de Hesse-Hombourg, seront plus que suffisants pour couvrir le flanc de cette attaque.

Ce projet, le seul qui pût ramener la victoire aux Alliés et leur assurer la possession de la grande chaussée directe de Pirna, leur ligne naturelle de retraite, est aussitôt adopté : les Prussiens et Miloradowich exécutent leurs mouvements préparatoires; on n'attend pour s'ébranler que le signal que doit en donner Barclay en descendant des hauteurs.

Troisième moment.

Tandis que ces mouvements s'exécutaient, vers midi, une canonnade violente a continué de part et d'autre au centre. L'empereur Alexandre, placé près d'une batterie autrichienne sur la hauteur de Rocknitz, y court de grands risques sans utilité : le général Moreau le sollicite de le suivre sur une hauteur plus reculée, d'où, en effet, il jugera mieux l'ensemble des mouvements sans exposer inutilement sa personne. L'empereur Alexandre se rend à ces justes motifs et suit le général, qui, en conduisant le monarque au lieu qu'il croyait si sûr, a les deux jambes emportées par un boulet; l'Empereur, après lui avoir prodigué les premiers secours, le fait transporter à Klein-Pestitz puis à Notenitz.

Pendant que ceci se passe, Miloradowich et Kleist attendent inutilement le signal de Barclay. Ce général, qui a dû détacher 20 mille hommes pour couvrir Pirna et ne compte peut-être pas assez sur le résultat de cet effort combiné des trois corps, craint de s'engager avec ce qui lui reste sous la main (trois divisions d'infanterie et cinq de cavalerie); il refuse de descendre des hauteurs, disant que, s'il était battu, son canon resterait dans les boues. Il redoute de tomber avec près de 70 mille hommes sur la jeune garde et la gauche de Saint-Cyr, qui n'en comptent pas plus de la moitié. Le rapport de ce refus adressé à l'Empereur, Alexandre le cherche longtemps, et ne parvient que vers deux heures à Schwarzenberg et aux troupes du centre qui attendent sous un feu meurtrier le signal si vainement désiré.

A la nouvelle de ce refus se joint, plus tard, celle de la défaite de l'aile gauche des Autrichiens, dont nous devons, bientôt reprendre les mouvements : dès lors tout le beau projet contre la gauche de Napoléon reste sans exécution. Les masses alliées accumulées au centre restent ainsi inactives et se bornent à une vive canonnade.

Dans ces entrefaites, Mortier a fait déloger l'avant-garde de Roth de Seidnitz et, après une résistance qui couvrit de gloire cette petite division, il la refoule sur Reick (¹). Ici la lutte recommence avec plus d'opiniâtreté encore. Assailli de deux côtés par les divisions Decouz et Roguet, mais protégé par Pahlen et par de nombreux batteries établies sur les hauteurs de Torna, Roth dispute le village que les flammes le forcent enfin à quitter pour se former derrière Prohlis, où il entre dans la position principale de l'armée en se ralliant à la droite du corps de Gortschakof.

Napoléon, instruit par Murat de ses succès contre l'aile gauche des Autrichiens, et encouragé sans doute par l'immobilité des Alliés sur le reste de la ligne, ordonne alors à Saint-Cyr d'enlever Leubnitz. Les Français lancent trois colonnes sur ce village; mais les Prussiens qui l'occupent, soutenus par deux de leurs brigades et une brigade russe envoyée par Wittgenstein, ramènent à leur tour l'ennemi jusque derrière le Landgraben vers Strehlen.

(¹) Il nous a été impossible jusqu'à présent de savoir si ce fut Mortier seul qui opéra entre Gruma et l'Elbe avec ses deux divisions. On ne comprendrait pas comment l'impétueux Ney eût été avec 4 divisions aux prises avec la seule brigade Roth, sans rien tenter contre la position de Wittgenstein vers Torna.

Défaite de la gauche des Autrichiens.

Schwarzenberg ayant reconnu qu'il avait eu tort d'étendre trop sa gauche, le 26, avait résolu, comme on l'a dit, d'attirer à lui le corps de Giulay qui avait combattu entre Corbitz et Plauen : cependant il persistait à le remplacer dans cette position par le corps de Klénau qu'on attendait dans la nuit.

Instruit que ce corps arriverait seulement dans la matinée, le général autrichien commit la faute grave de donner à Giulay l'ordre de suspendre sa marche, lorsque la moitié de ses forces avait déjà passé le gouffre de Plauen vers Gittersée. C'était accumuler faute sur faute, car c'était compromettre gratuitement le reste de ce corps et l'exposer à une défaite certaine. En effet, la présence de 20 mille Autrichiens entre Corbitz et Cotta était chose absolument secondaire et inutile, puisque Klénau, arrivé à Tharandt, surveillait déjà la ligne de retraite des Français par Freyberg. Séparés du reste de l'armée par un gouffre impraticable, les 20 mille hommes de Giulay et Metzko devaient naturellement être exposés à tout l'effort de l'ennemi, puisqu'ils gênaient ses communications ; la perte de ce détachement devenait dès lors inévitable. Il n'y avait que deux bons partis à prendre : le premier était de retirer Giulay dans la nuit, sans restriction, sur Gittersée, pour le réunir au centre, en ordonnant à Klénau de rester à Tharandt pour ne pas se compromettre seul en face de Dresde ; le second était d'ordonner à Giulay de marcher de nuit au-devant de Klénau pour se réunir à lui, et de tenir avec cinq divisions la position entre Rabenau et Tharandt. Le premier parti était plus sûr et plus conforme aux principes de la guerre ; Klénau, réuni à Metzko, aurait eu trois divisions d'infanterie et deux de cavalerie pour menacer la ligne d'opérations de Freyberg, et si même on laissait ainsi à Napoléon la route directe de Leipzig, on était toujours en mesure de tomber perpendiculairement sur sa ligne de retraite par Altenbourg. D'ailleurs il s'agissait moins de couper toute retraite à Napoléon que de l'obliger par des manœuvres à abandonner Dresde à son sort, et à livrer ainsi une base sur l'Elbe, indispensable aux alliés pour concerter les opérations de leurs trois armées.

Ces ordres et contre-ordres du prince de Schwarzenberg devinrent fatal à ses propres troupes, comme nous allons le voir.

Conformément aux premiers ordres, la division Bianchi et la moitié de celle de Weissenwolf ont quitté au point du jour la rive gauche du ravin de Plauen pour se réunir derrière les grenadiers de Chastelcr, entre Plauen et Gittersée ; l'autre moitié de Weissenwolf garde Tolschen. La division Lichtenstein et la cavalerie de Schneller gardent l'intervalle depuis Rosthal à Corbitz, villages considérables qui sont ainsi faiblement occupés. Metzko s'étend entre Corbitz et Priesnitz. Des détachements ont été même poussés sur Meissen pour détruire le pont sur l'Elbe qui s'y trouve.

Au centre, Chastelcr garde une partie du village de

Plauen, tout le reste de l'armée alliée entretient la canonnade dans les positions qu'elle avait le matin, et rien d'important ne s'y passe à cause du refus de Barclay dont nous avons parlé.

Il n'en est pas de même à la gauche des alliés. Le corps de Bellune a traversé Dresde à sept heures du matin, pour ainsi dire à la course; avec une ardeur extraordinaire, il se lance vers 10 heures sur Lichtenstein. La division Dubreton enlève Rosthal et celle de Dufour réduite à une brigade se jette sur Wolnitz de concert avec celle de Teste. La division Vial les soutient en seconde ligne. Dans le même temps Murat, avec les cuirassiers de Latour-Maubourg, tombe sur la division Metzko, isolée et séparée de Lichtenstein. Cette dernière qui ne compte que huit bataillons disséminés dans trois villages, ne peut tenir la position étendue entre Tolschen et Corbitz, elle est culbutée par Dubreton et sa défaite achevée par la cavalerie.

Le général Dubreton se rabat ensuite à gauche sur Tolschen, tandis que Dufour, appuyé de Vial, pénètre dans Corbitz. Le général Giulay est blessé, Weissenwolf le remplace, mais la division morcelée ne peut tenir contre une artillerie et une cavalerie supérieures, car le feu de son infanterie, annihilé par la pluie, ne saurait résister à l'impétueux Dubreton et aux charges vigoureuses qu'il réitère sans cesse.

Enfin à l'extrème gauche, Metzko est tourné par la cavalerie de Latour-Maubourg qui, divisée en deux colonnes, déborde son flanc gauche par Burgstadel sur Comptich, et la coupe en même temps de Giulay, en attaquant vers Wolnitz de concert avec la droite de Bellune.

Lichtenstein, alors accablé par des forces supérieures, est chassé des villages qu'il occupait, puis refoulé sur Petterwitz et Altfranken. Le général Weissenwolf, menacé à Tolschen par la gauche que Dubreton y conduit lui-même, se retire également et ramène les débris de ce corps à Postchapel, dans le ravin de Plauen. Il se réunit à Dohlen avec l'avant-garde de Klénau ; le reste de ce corps arrive beaucoup plus tard.

Metzko, ainsi abandonné à ses propres forces, cherche à gagner Bennerich en combattant contre Murat ; mais une pluie continuelle rend le feu de sa mousqueterie inutile : les masses autrichiennes, harcelées de tous côtés par les cuirassiers et l'artillerie légère française, sont enfin entourées entre Bennerich et Altfranken par une partie des troupes de Pajol et celles de Latour-Maubourg, qui les forcent à se rendre prisonnières au nombre de 8 à 9 mille hommes (¹). Les Alliés avaient 40 mille hommes de cavalerie et laissèrent écharper cette aile gauche faute de soutien de cette arme, bien qu'elle fût presque inutile au centre où, à l'exception de quelques régiments. elle ne mit pas même le sabre à la main ; du reste les cuirassiers de Latour-Maubourg et l'infanterie du duc de Bellune se couvrirent de gloire.

Quatrième moment.

FIN DE LA BATAILLE.

Cette catastrophe de la gauche n'avait porté que sur un

(¹) On a gravé, par erreur, cette attaque trop loin ; elle eut lieu près de Bennerich, et le gros mit bas les armes près de Steinbach qui est en dehors du plan.

corps entièrement isolé de la ligne et n'eût rien décidé sans les circonstances accessoires dont elle était accompagnée.

Le centre des Alliés ignorant encore la défaite de la gauche, mais paralysé par le refus de Barclay de descendre des hauteurs, a repris, comme nous l'avons dit, sa position parallèle à Dresde, et continué à canonner le centre de Napoléon jusqu'à la nuit, et la droite reste ainsi en prise aux efforts de Ney et de Mortier.

Toutefois, depuis que l'avant-garde de Wittgenstein est rentrée dans la ligne et que les tentatives contre Leubnitz ont échoué, le maréchal, voyant l'attitude formidable qu'offre l'armée de Barclay, renonce à compromettre les avantages obtenus par une attaque dont le résultat serait douteux et que les nombreuses batteries russes feraient payer cher. D'ailleurs, la pluie continue à tomber avec la même violence, les colonnes harassées ont peine à s'entrevoir et la nullité de leur feu leur laisse peu de chances. Bientôt la bataille dégénère, ici comme au centre, en une canonnade sur place qui coûte la vie à quelques milliers de braves des deux armées, mais sans aucun résultat.

Dans l'intervalle, on reçoit la nouvelle que le corps de 30 mille Français, qui a débouché de Kœnigstein sous les ordres de Vandamme, a refoulé sur Zehist les 14 mille hommes laissés sous le prince Eugène de Wurtemberg, et que la division des gardes, sous le comte Ostermann, envoyée au secours, suffira à peine pour contenir l'ennemi qui menace ainsi la ligne de retraite.

Cet incident qui ne manquait pas de gravité, préoccupait tous les esprits sans néanmoins les ébranler, lorsqu'il fut suivi par la nouvelle de la défaite totale de l'aile gauche autrichienne.

Un pareil événement dut causer d'autant plus de surprise au général Jomini qu'il était resté jusque-là dans la ferme conviction que cette aile avait dû repasser entièrement le ravin de Plauen pour se rallier au centre de l'armée, ainsi que cela avait été décidé la veille. Toutefois, il n'y avait pas à récriminer, il s'agissait de prendre une résolution prompte et décisive en présence de pareilles éventualités.

Le général reproduit donc son projet de marche sur Dippodiswalde, appuyant sa droite au défilé de Hellendorf ; mais quoiqu'il éprouve moins d'opposition qu'il n'en avait rencontré la veille, les avis demeurent partagés ; les deux souverains consentiraient à renouveler une lutte où ils entrevoient encore bien des chances de succès ; mais plusieurs de leurs conseillers songent déjà à repasser les montagnes et à évacuer la Saxe, et malheureusement ils trouvent de nombreux échos dans l'état-major de l'armée.

Le prince de Schwarzenberg qui survient, tranche la question en déclarant que l'armée autrichienne, dénuée de pain, de chaussures, et surtout de munitions, exige qu'on rentre en Bohême. Spectacle étrange que celui d'une armée préparée de longue main à la guerre, et manquant de cartouches à huit lieues de son pays, tandis que les Russes et les Français, si éloignés de leurs frontières, en étaient amplement pourvus (¹).

(¹) L'incurie de l'état-major fut telle que, voulant opérer sur un fleuve comme l'Elbe, l'armée autrichienne n'avait pas un seul ponton avec elle ;

Toute discussion devenant inutile après un tel aveu, il ne reste plus qu'à décider comment on se retirera. On propose de marcher avec le gros de l'armée par Dohna et Pirna sur Péterswalde; mais la nouvelle que Vandamme barre cette route à Pirna, effraie les hommes pusillanimes. Le général Jomini persiste à croire qu'on peut se replier en trois colonnes par Dohna, Péterswalde et Dippodiswalde, au risque de s'ouvrir un passage; car, après tout, il n'y a aucune rivière à passer, aucun pont à construire; et s'il existe un défilé assez avantageux à Gishubel pour que les Français y disputent le passage, ce défilé peut être tourné par l'infanterie et par la cavalerie et 200 mille hommes ne sauraient être arrêtés par 30 mille, enveloppés eux-mêmes par de telles masses. Le roi de Prusse ne veut point de la route de Dohna qui est détestable; mais il n'est point opposé à porter le gros de l'armée par Péterswalde.

Le parti de la timidité l'emporte : tandis qu'on discutait, les généraux Radetzky et Toll ont préparé un projet de retraite jusque derrière l'Eger, en quatre colonnes qui marcheront durant quatre jours sans s'inquiéter l'une de l'autre; la droite par la chaussée de Péterswalde, le centre par Altenberg et Eichwalde, sur Dux, la gauche sous Klénau par Pretschendorf et Sayda sur Commotau. Le général Toll apporte le brouillon de ce projet encore tout trempé de la pluie.

A la vue d'un semblable projet, le général Jomini se

on les avait laissés à Theresienstadt. Les Russes avaient naturellement laissé les leurs à l'armée de Blücher, les Prussiens à celle de Bernadotte.

récria avec tant de vivacité, que l'ambassadeur anglais, lord Cathcart, crut devoir le prendre à part pour lui conseiller de ménager davantage l'amour-propre de ses nouveaux camarades, s'il ne voulait pas s'en faire des ennemis irréconciliables. Le général lui répliqua : « Quand il y va du « sort de l'Europe, de l'honneur de trois grands souverains, « et de ma propre réputation militaire, il est permis de ne « pas peser toutes ses expressions ! »

Mais la nuit était là, des torrents de pluie ne cessaient de tomber; rois, généraux et soldats étaient trempés jusqu'aux os ; il fallait absolument ébranler l'armée avant minuit , et il n'y avait pas une minute à perdre pour expédier les ordres nécessaires sur tous les points : ce fatal ordre de retraite fut donc adopté avec tous ses défauts (¹).

Le récit de ces deux étonnantes journées est une grande leçon pour ceux qui aspirent à diriger des armées ou par eux-mêmes ou par leurs conseils, et en les méditant on ne peut s'empêcher de dire, comme le célèbre chancelier

(¹) Nous ne saurions affirmer si la minute trempée, apportée par Toll, subit quelques modifications dans l'expédition ; le changement fut dans tous les cas insignifiant.

Le plus grand mal qui résultât de cette catastrophe était l'effet moral qu'elle devait produire sur les Alliés, et la perte de toute confiance dans la capacité de leurs chefs, car, quoi qu'en ait prétendu M. Fain d'après les étonnants pamphlets de l'Anglais Wilson, il n'y avait d'entamé que la gauche autrichienne ; le reste de l'armée était encore intact dans ses positions avec 500 pièces de canon, et l'on vit bientôt dans l'événement de Culm, comme dans la belle résistance de l'arrière-garde de Wittgenstein, à Zinwald, que les Alliés n'étaient pas incapables de présenter même un bataillon comme le prétend l'officier anglais.

Oxenstiern à son fils : « *Voyez à quelles tristes têtes le sort* » *des États est souvent confié.* » Chacun sait que dans l'attaque d'une ville avec d'immenses faubourgs retranchés il suffit de pénétrer en forces sur un point essentiel, et qu'il est absurde de présenter de grandes colonnes sur tout le front de ce camp, car c'est exposer ses troupes non-seulement à des pertes inutiles, mais à manquer de soutien suffisant là où l'attaque essentielle aurait pénétré. Faire par des corps légers des démonstrations sur une grande partie du front, et lancer deux colonnes principales aux points les plus vulnérables de l'enceinte, voilà la disposition qu'il eût fallu prendre dès le 25. Le Grand-Jardin semblait placé exprès pour favoriser l'approche de la principale attaque, car à la faveur de ce parc on pouvait arriver à portée de fusil du retranchement, et si les généraux russes et prussiens (Ziethen et Roth), qui pénétrèrent jusqu'au jardin d'Antoine, eussent été soutenus par toutes les forces de Barclay, tandis que Colloredo l'eût été par les réserves du prince de Hesse-Hombourg, Dieu sait ce qui serait arrivé. Une telle attaque, exécutée le 25, eût certainement réussi, surtout si les troupes eussent été munies des moyens de combler les fossés et d'escalader les murs.

Dans l'espoir d'atténuer les fautes qui furent commises, on a voulu insinuer que le généralissime n'approuvant pas une attaque formelle, mais ne pouvant refuser aux souverains qui l'avaient décidée, d'en faire au moins le simulacre, avait imaginé ce tétrange mezzo-termine qui motiva la déplorable disposition connue : au dire de ces panégyristes tout aurait dû se borner à beaucoup de bruit. Cependant les

expressions mêmes de cet acte inconcevable prouvent assez
que l'on entendait bien pénétrer dans Dresde, et si la rédaction en était si singulière, c'est que les auteurs voulaient se
ménager, en cas d'échec, les moyens d'en décliner la responsabilité. D'ailleurs, s'il était vrai que le généralissime eût
désapprouvé l'attaque, pourquoi n'expédia-t-il pas le contre-
ordre dont on était convenu? Nous reviendrons plus loin
sur ce chapitre; procédons d'abord au récit de la retraite,
qui ne fut pas moins étonnante.

CHAPITRE III.

Retraite de Dresde et bataille de Culm (¹).

———

Nous avons laissé les armées à la fin de la journée du 27, au moment où les Alliés discutaient sur le parti qu'ils avaient à prendre et où deux généraux apportaient un projet de retraite extraordinaire, adopté faute d'ensemble dans les idées et de temps pour en combiner un autre.

Par surcroît de malheur, ce projet fut encore modifié d'une manière déplorable : le général Barclay, qui devait marcher par la chaussée sur Péterswalde avec les troupes russes et prussiennes, craignant d'être arrêté par Vandamme, prit sur lui de se rejeter à droite, sur Maxen et Dippodiswalde, et prescrivit même au comte Ostermann d'en faire autant, s'il trouvait la chaussée interceptée. Cette faute capitale, dont il reçut, dit-on, le conseil du général Toll sur l'enveloppe même de la disposition, faillit perdre l'armée. Heureusement pour les Alliés, Napoléon ne profita point de sa victoire avec l'activité qu'il déployait ordinairement, et Ostermann, joint au prince Eugène de Wurtemberg, osa entreprendre, à la tête de 20 mille hommes, de s'ouvrir un passage par la chaussée de Péterswalde, où des généraux trop prudents avaient craint de ne pouvoir passer avec 80 mille.

L'armée alliée s'ébranla donc avant minuit pour gagner

———

(¹) Il faudra suivre tour à tour les mouvements de la retraite et ceux de la bataille de Culm sur les deux cartes de la même feuille, page 69.

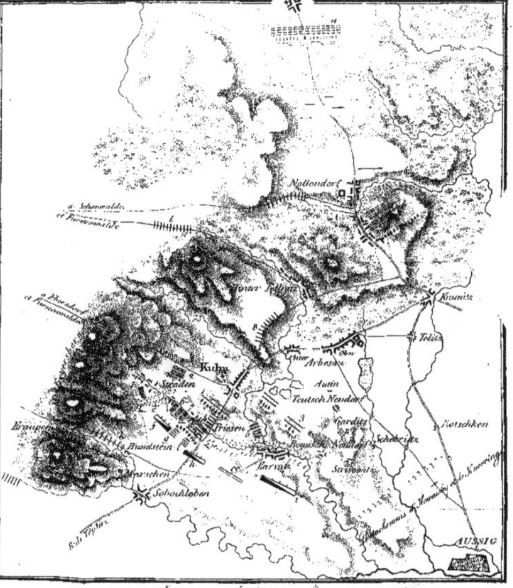

Carte Générale pour l'intelligence des Batailles de Dresden et de Kulm.
Carte Spéciale - pour les deux journées de Kulm.
DRESDEN
PIRNA
Königstein
Schandau
Stolpen
Lolmnen
Neustadt
Hohenstein
Wehlen
TÖPLITZ
AUSSIG
Dippodiswalda
Lauenstein
Altenberg
Nollendorf
Kulm

Carte Générale pour l'intelligence des batailles
de Dresden et de Kulm.

Carte Spéciale — pour les deux journées
de Kulm.

Dippodiswalde et Maxen, la droite (formant la gauche en retraite) sous Barclay, se décida à prendre le chemin de Maxen et Dipodiswalde; Kleist se porta sur Glashute. Le comte Ostermann avait la liberté de prendre le chemin de Péterswalde, s'il n'était pas encore intercepté par Vandamme, ou de se rabattre par Dohna sur la colonne de Barclay, dans le cas où il le jugerait convenable. Au centre, le corps autrichien de Colloredo et les grenadiers marchaient sur Dippodiswalde, suivis par Wittgenstein, qui, parti le matin seulement des positions de Dresde, formait l'arrière-garde. A gauche, Klénau et Giulay marcheraient de Rabenau sur Pretschendorf, Frauenstein et Sayda. (*Voyez* la Carte générale.)

Napoléon suivit, un jour seulement, les Alliés en retraite sur la Bohème, et prit, le 28 août, la route de Pirna avec ses gardes. Saint-Cyr dut marcher à Dohna, Marmont à Dippodiswalde, le roi de Naples avec la cavalerie et Bellune sur la route de Sayda. Vandamme avait débouché, comme nous l'avons dit, de Kœnigstein sur Pirna, et s'était placé derrière le ruisseau de Gottleube, d'où il menaçait les communications des Alliés à Pirna. Le maréchal Saint-Cyr avait ordre de le soutenir en appuyant sur Gishubel, et Mortier, arrivé à Pirna avec quatre divisions de la jeune garde, seconderait ce mouvement.

Napoléon paraît avoir eu d'abord l'intention de pousser plus vigoureusement l'ennemi en retraite; car, en écrivant à Saint-Cyr le 28, de marcher à Dohna et d'opérer ensuite sa jonction avec Vandamme sur Gishubel et Hellendorf, il annonçait sa prochaine arrivée sur ce point. Ce projet fut doublement contrarié; Saint-Cyr suivant Kleist à la piste, enfila la route de Maxen et non celle de Gishubel, et Napoléon qui avait été trempé par une pluie battante durant toute la journée du 27, fut saisi d'une fièvre violente le 28, et au lieu de pousser à Pirna, il se fit ramener, le soir même, à Dresde, autant à cause de son mal passager, que pour aller venger l'échec essuyé à Gros-Beeren par Oudinot et s'emparer de Berlin. En conséquence, les quatre divisions de la jeune garde, sous Mortier, reçurent l'ordre de s'arrêter à Pirna (¹).

Ce changement subit fut une des fautes les plus graves dans la carrière militaire de Napoléon, car le point décisif était incontestablement l'armée où se trouvaient les trois souverains réunis, et puisqu'il avait été assez heureux de l'entamer et d'ébranler son moral, il devait profiter de cet avantage et de ceux que lui offrait sa position unique peut-être dans les annales de sa gloire. L'idée d'aller à Berlin ne pouvait avoir d'autre but que celui de frapper l'imagination des peuples de l'Allemagne qui chancelaient encore dans son alliance, et de frapper la Prusse au cœur; mais en mar-

---

(¹) S'il faut en croire M. Fain, Napoléon n'aurait connu qu'à son retour à Dresde, le 28 au soir, la nouvelle de l'echec essuyé le 23 à Gros-Beeren par Oudinot. Cela n'est guère probable, car d'après la manière dont les choses se pratiquaient, le maréchal dut lui expédier son rapport dans la nuit même, et Napoléon pouvait le recevoir à Dresde dès le 26 au matin. Peut-être ce rapport fut-il envoyé sur le Bober où l'on croyait l'Empereur. Mais dans ce cas même il est probable qu'il connut l'événement à Pirna le 28, et que ce fut là une des causes qui le déterminèrent à revenir à Dresde; sans cela ce retour serait d'autant plus inexplicable.

chant à la suite de Vandamme à Tœplitz et de là sur Prague, n'eût-il pas mieux atteint ce but et désorganisé peut-être la formidable coalition qui menaçait son empire? C'était là le point militaire et politique le plus décisif : l'armée alliée engagée dans les défilés horribles et prise à revers, lui présentait des trophées certains ; il laissa tout échapper en lui permettant de se retirer paisiblement.

Ce n'est pas que cette armée fût au fond aussi en désordre qu'on l'a prétendu. Ce désordre n'existait guère que dans le matériel, car les corps de troupes restèrent en général intacts et en bonne disposition de se défendre ainsi qu'ils le prouvèrent dès le lendemain. Mais si Napoléon eût soutenu Vandamme et débouché à sa suite sur Culm, dès le 29, il est bien certain qu'alors le désordre eût été à son comble et le désastre complet.

Pendant que Napoléon commettait cette faute capitale, la retraite et la poursuite s'étaient continuées sur toute la ligne des deux armées. La gauche des Autrichiens marcha sans grands obstacles par Rabenau et Pretschendorf. Murat, contre sa coutume, ne la pressa pas vivement, et se borna à recueillir les traîneurs et le matériel assez considérable qu'elle abandonnait. Le gros de l'armée s'encombrait, par la faute de Toll et de Barclay, sur les deux mauvais chemins de Maxen et d'Altenberg. Le comte Ostermann et le prince Eugène de Wurtemberg prirent seuls la chaussée de Péterswalde.

Attaqué par Vandamme le 26, comme nous l'avons vu, le prince de Wurtemberg s'était replié sur Pirna, afin de se maintenir en communication avec l'armée des Alliés. S'il est vrai, en thèse générale, qu'une retraite concentrique sur l'armée soit préférable à une marche excentrique, il faut avouer néanmoins qu'il est un cas où l'on peut faire exception, c'est lorsqu'un corps attaqué couvrirait un point essentiel de la communication principale de l'armée avec sa base; alors son premier but doit être de sauver cette communication. Comme c'était ici le cas, il aurait incontestablement mieux valu diriger la retraite vers les défilés de Gishubel et de Hellendorf pour s'y disposer à une défense vigoureuse.

Quoi qu'il en soit, l'ordre de retraite apporté à ce corps dans la nuit du 27, lui prescrivait de marcher par la chaussée de Péterswalde. Plus tard, un second ordre portait de se rabattre sur la traverse de Maxen, si la chaussée se trouvait déjà occupée par Vandamme. Le comte Ostermann et le prince Eugène sentirent l'inconvénient d'aller augmenter l'encombrement effroyable qui devait régner dans les gorges d'Altenberg, et jugeant combien il importait au contraire de barrer à l'ennemi la grande route de Tœplitz, ils résolurent de se frayer un passage.

Le second corps fut placé au point du jour sur le chemin de Zehist, la brigade Helfreich dut occuper le village de Cotta pour couvrir la marche des gardes, parties le 28 août au matin de Pirna; celles-ci trouvèrent déjà l'ennemi au Kohlberg, montagne située à gauche de la route, à l'entrée du vallon que traverse la chaussée.

Quoique les grandes pluies eussent cessé et fait place à un temps plus serein, la montagne glissante était d'un accès pénible. Les chasseurs de la garde, soutenus par un bataillon de Semenofsky, attaquèrent impétueusement cette position, tandis que le reste de la colonne filait derrière le second corps. Celui-ci, placé à l'arrière-garde, eut à soutenir vers Zehist les attaques réitérées de l'ennemi : grâces à la vigueur des troupes, ces obstacles furent surmontés.

Cependant Vandamme ayant bordé avec la droite de son corps les hauteurs qui encaissent la rivière de Gottleube, coulant parallèlement à la route, toute la colonne russe eut à soutenir un combat inégal à mesure qu'elle défilait, et pouvait ainsi être maltraitée. En effet, si les Russes avaient un moment de succès, forcés bientôt à se remettre en marche, leur départ excitait les bataillons de Vandamme à revenir à la charge avec plus d'ardeur. et, dans ces sortes de combats, le vainqueur momentané devient à son tour le vaincu.

Cette position, la plus difficile pour une armée en retraite, était absolument la même que celle où se trouva l'armée de Napoléon aux journées de Wiasma et Krasnoï dans la retraite de Moscou.

Les troupes d'Ostermann soutinrent cette épreuve avec fermeté ; enfin elles arrivèrent au défilé de Gishubel qu'on trouva déjà occupé par un détachement de Vandamme : les généraux Ostermann et Rosen, se mettant à la tête des vétérans du régiment de Préobrajensky, fondirent sans hésiter sur cette avant-garde. Ces troupes d'élite réussirent ainsi à ouvrir le passage, et la colonne put continuer sa route. Toutefois les Français arrivant successivement au secours des leurs, la queue fut fortement assaillie, la cavalerie de Knoring et la brigade Pichnitzky, ne pouvant suivre les autres troupes, durent se rejeter par des détours sur Péterswalde.

Une dernière épreuve attendait la colonne russe sur les hauteurs de Hellendorf. Comme c'est ici que la route de Kœnigstein joint la chaussée, on devait s'attendre à y trouver les Français avec le gros de leurs forces ; mais la retraite primitive sur Pirna, qui avait été une faute, eut aussi son bon côté ; car elle avait attiré dans cette direction une partie du corps de Vandamme, en sorte qu'on ne le trouva pas réuni à Gishubel et Hellendorf ainsi que cela était à craindre. Le régiment de Semenowsky fut à son tour chargé d'ouvrir un passage, et il se précipita sur l'ennemi avec toute la valeur qu'on devait attendre de la garde d'un monarque affectionné de ses soldats. Les Français, repoussés sur la gauche de la route, n'enfilaient pas moins de leur feu les bataillons à mesure qu'ils passaient, et le corps du prince Eugène eut ici de nouveau à combattre aussi bien que la tête de colonne, et il souffrit considérablement. La colonne fila néanmoins sans nouvel obstacle jusqu'à Péterswalde, où elle se forma pour prendre haleine. (*Voyez* la Carte spéciale.)

Tandis que ceci se passait à l'extrême droite des Alliés sur la chaussée qui mène de Dresde à Tœplitz, Marmont suivait au centre le corps de Wittgenstein qui, ayant dû quitter fort tard les environs de Dresde pour donner le temps d'évacuer le nombreux matériel, formait l'arrière-garde sur la route de Dippodiswalde. Celui-ci avait eu fort à faire. La division Roth, marchant, le 28, avec un matériel considérable de Leubnitz sur Posendorf pour rejoindre cette route, trouva ce village déjà occupé par les troupes de Marmont au lieu de la brigade prussienne qui devait le soutenir. Roth se

vit forcé à se rejeter sur Maxen, pour revenir par Reinhardsgrima sur Dippodiswalde; mouvement qui, contre toute
attente, réussit malgré la difficulté des chemins et l'énorme
train qui suivait cette arrière-garde. Il était à craindre en
effet que cette colonne, pour éviter Marmont, ne tombât
dans le corps de Saint-Cyr.

Les opérations de ce dernier offrent des contradictions
inexplicables : il avait eu d'abord l'ordre de marcher sur la
route de Dohna et de faire à gauche sa jonction avec Vandamme. Au lieu de cela, il engage une petite canonnade
vers Nikern, prend la route de Maxen et s'arrête derrière ce
village, tandis que Vandamme poussait jusqu'à Péterswalde.
Le lendemain Saint-Cyr reçoit l'ordre contradictoire de se
rabattre à droite sur Reinhardsgrima. Il y eut confusion
dans les ordres, et embarras dans l'exécution, comme on
le verra plus loin.

Combat de Culm [1].

Le 29, au point du jour, la scène décisive commença.
Ostermann marcha avec les gardes à Nollendorf, où il se
forma pour attendre le prince Eugène : celui-ci, assailli par
plusieurs colonnes françaises, ne parvint pas sans peine à
le rejoindre, car Vandamme, ayant eu pendant la nuit le

(1) Voyez le plan spécial.

temps de réunir ses forces, le serrait de fort près, et ce corps eût été compromis, sans une charge heureuse des cuirassiers de l'Impératrice et de quelques escadrons des hussards de la garde, qui en imposa aux Français.

A son arrivée à Nollendorf, le comte Ostermann porta aussitôt la garde sur les hauteurs de Culm, position la plus favorable pour suspendre la marche de l'ennemi, et le prince Eugène eut encore la tâche assez rude de faire l'arrière-garde jusque là; il y arriva enfin vers les dix heures du matin, vivement harcelé par les Français. Avant de dire ce qui en résulta, il est indispensable de revenir au centre et à la colonne principale de Alliés.

Lorsque le corps de Vandamme atteignait les sommités des montagnes et commençait à descendre sur Nollendorf, l'empereur d'Autriche et le roi de Prusse se trouvaient déjà à Tœplitz. L'empereur Alexandre, au contraire, avait passé la nuit du 28 à Altenberg au delà des montagnes où il était arrivé de bonne heure avec le quartier-général de Schwarzenberg. Bien qu'on n'y eût encore aucun avis certain de ce qui se passait du côté de Gishubel, le général Jomini proposa, le 28 après midi, de porter immédiatement sur le revers des montagnes le corps d'armée autrichien qui venait d'arriver le soir aux environs d'Altenberg, attendu que la marche n'avait pas été fort longue et qu'il était urgent de surveiller le flanc droit et les derrières. Le prince de Schwarzenberg, ou plutôt son état-major, s'y refusa, et cet incident, qui faillit devenir funeste à l'armée, le fut beaucoup au général Jomini par une circonstance bizarre, qu'il lui sera permis peut-être de dévoiler un jour.

L'empereur Alexandre, arrivé le 29 vers onze heures du matin sur la montagne du Geyersberg, découvrit tout le vallon de l'Eger comme un superbe panorama. Apercevant la fumée d'une canonnade violente vers Culm, il fit aussitôt accélérer la marche des grenadiers et de la cavalerie russe avec ordre de se diriger au feu ; puis il continua à descendre dans la plaine, en se dirigeant sur Dux, où était marqué le quartier-général.

Un peu plus tard le corps de Colloredo commença à déboucher du Geyersberg. L'empereur Alexandre lui envoya le général Jomini pour l'inviter à marcher immédiatement sur Tœplitz ; mais Colloredo s'y refusa, en disant qu'il ne pouvait faire un tel mouvement que par ordre de Schwarzenberg.

Cependant l'empereur Alexandre et le comte de Metternich s'étaient réunis à Dux dans le palais du fameux Wallenstein. Les Autrichiens, conformément à la disposition arrêtée sous Dresde, avaient le projet de se retirer derrière l'Eger, sans même songer à disputer les fortes positions du Mittelgebirge entre cette rivière et Tœplitz. Le général Jomini, introduit dans le cabinet de l'empereur Alexandre avec M. de Metternich, démontra vivement le danger qu'il y aurait à persister dans cet étonnant projet. Lors même qu'on persisterait à vouloir gagner l'Eger, ne fallait-il pas, pour y réussir, se jeter d'abord sur le corps qui menaçait la retraite, afin de sauver la moitié de l'armée encore engagée dans les montagnes avec un immense matériel ? Si on donnait à Napoléon le temps de soutenir Vandamme en longeant l'Elbe, tout serait perdu. Il n'y avait donc pas un instant à perdre pour se débarrasser de ce voisinage trop dangereux.

Le comte de Metternich, convaincu de ces vérités, donna l'ordre aux Autrichiens de s'arrêter et de se rassembler autour de Tœplitz, en attendant l'arrivée de Schwarzenberg. L'empereur Alexandre de son côté chargea Jomini d'écrire au général Kleist, afin de l'informer qu'on attaquerait Vandamne vers Culm le lendemain de grand matin, et d'engager le général prussien à manœuvrer pour descendre sur son flanc droit par les défilés du Geyersberg qu'il avait eû précédemment l'ordre de suivre : l'ambassadeur de Prusse, général Schœler, voulut bien se charger de porter lui-même cette lettre au général Kleist, afin de lui expliquer l'état des choses et de lui démontrer l'importance de ce mouvement. Avant d'en raconter les résultats, il importe de nous transporter un instant à l'armée française.

Napoléon, au moment où il retournait malade à Dresde, prescrivit à Mortier de s'arrêter à Pirna, mais les ordres qu'il donna au reste de l'armée n'ont pas été jusqu'à ce jour bien clairement expliqués, et offrent, comme nous l'avons dit, une contradiction manifeste avec ce qui fut fait. Saint-Cyr, loin de marcher, le 28, à Dohna, puis à Gisbubel, prit le chemin de Maxen, entraîné sans doute par la marche de Kleist dans cette direction : s'il manqua en cela à l'ordre qu'il avait d'abord reçu. il est certain que le 29, loin de lui prescrire d'appuyer Vandamme, on lui expédia l'ordre d'aller à Reinhartsgrima, ce qu'il exécuta en abandonnant la direction de Glashutte que Kleist suivait. L'avant-garde de Saint-Cyr pousse de là sur Frauendorf, où elle s'encombre avec Marmont; Saint-Cyr demeure à Reinshartsgrima, dans une incertitude déplorable, et, le 50, il se dirige par Dittersdorf sur Liebenau.

' Il ne règne pas moins d'obscurité sur ce qui fut prescrit à Vandamme pour la journée du 29 : le registre d'ordres de Napoléon ne fait aucune mention de ce corps. On a cru qu'il avait pu le considérer comme subordonné à Saint-Cyr, avec lequel il avait dû se réunir ; mais cela n'est pas exact, puisque celui-ci eut l'ordre dans la nuit du 29 de se rabattre de Maxen sur la direction divergente de Reinhartsgrima. Cependant on assure que, dans la même nuit, Vandamme reçut de Berthier l'injonction de marcher sur la direction de Tœplitz. Ce trop fameux major général aurait-il, comme à Ratisbonne, mal compris les intentions de Napoléon, et envoyé par erreur Saint-Cyr au soutien de Marmont, au lieu de le porter au secours de Vandamme, ainsi que cela était arrêté le 28? C'est un problème difficile à résoudre, et que le temps même n'éclaircira vraisemblablement pas (¹).

Quoi qu'il en soit, l'impétueux Vandamme avait déjà

(¹) L'Empereur, avant de se décider à retourner de Pirna à Dresde, prescrivit, le 28, à Berthier d'annoncer à Vandamme qu'il serait joint le 29, à Gishubel, par le corps de Saint-Cyr, et devait se porter le même jour sur Peterswalde : que Napoléon lui-même le suivait avec la garde. La minute de cet ordre à Berthier ne parle, en effet, que d'un mouvement sur Peterswalde ; mais comme Vandamme avait reçu précédemment, par le général Haxo, la recommandation d'agir vigoureusement sur les Alliés dans le cas où ils se retireraient battus de Dresde, et qu'il ne reçut aucun ordre que celui du 28, il devait se croire puissamment soutenu. On ne sait pas non plus si l'ordre expédié par Berthier fut bien exactement calqué sur cette minute, car le colonel Sprungli, qui en fut le porteur, a affirmé qu'il prescrivait positivement de marcher sur Tœplitz. Tout cela avait été fait, du reste, avant la résolution de retourner à Dresde au lieu de poursuivre, et Vandamme n'eut aucun avis de ce changement.

suivi en queue la colonne d'Ostermann, dès l'instant où il eut appris qu'elle s'était frayé un passage à Gishubel, et dès six heures du matin il poussa l'arrière-garde du prince Eugène de Péterswalde et de Nollendorf sur Culm. Les troupes russes avaient opposé à sa marche leur fermeté ordinaire ; mais épuisées par les deux combats qu'elles avaient dû livrer pour s'ouvrir un passage, elles ne pouvaient lutter contre des forces doubles : toutefois elles défendirent héroïquement les hauteurs derrière Culm et le village de Priesen. Informés par le roi de Prusse, qui venait d'arriver à Tœplitz, que l'empereur Alexandre se trouvait encore au delà des montagnes ainsi que le gros de l'armée, ces braves soldats redoublèrent de dévouement et de courage ; les restes de la division de Schakofskoy, placés à gauche entre Priesen et Straden, défendent les bois au versant des montagnes ; Helfreich couvre Priesen ; le général Liatine est à Karwitz ; Pischnitzky en réserve, la cavalerie dans la plaine à droite, la division des gardes en seconde ligne derrière Priesen.

Vandamme, qui attend à Tœplitz son bâton de maréchal, ne met pas moins d'ardeur à presser sa marche ; mais ses troupes, encore échelonnées jusqu'à Kœnigstein, n'arrivent que successivement, et le moment propice est passé. Cependant après avoir rassemblé le gros de son corps, il jette deux divisions sur Priesen, une troisième tourne à droite sur Straden, pour s'emparer des hauteurs dominant la ligne russe. La cavalerie observe la plaine vers Karwitz.

Alors une lutte sanglante s'engage : le second corps plie ; la garde russe entre en ligne. Au centre le régiment d'Ismaï-

lof et une partie de celui de Semenofsky soutiennent
Helfreich, à droite et à gauche de Priesen ; les chasseurs et
un bataillon de Semenofsky vont soutenir Schakofskoy,
dont le flanc gauche est débordé.

Dans ce moment critique, la cavalerie légère de la garde
et deux divisions des cuirassiers descendant des montagnes,
arrivent heureusement au soutien ; la première se place au
centre ; une division de cuirassiers s'établit sur la route ;
la seconde se prolonge à droite vers Karwitz. Cet heureux
renfort de cavalerie n'est pourtant pas suffisant, car le terrain
n'est pas favorable à cette arme, mais il permet de soutenir
le combat jusqu'à l'arrivée des grenadiers de Miloradowich
qui descendaient encore le Geyersberg et ne pouvaient arriver
que fort tard.

Le combat devient de plus en plus terrible ; au centre,
Vandamme, deux fois repoussé de Priesen, parvient enfin
à déboucher au nord entre ce village et Straden, avec une
division d'infanterie ; le danger devenait éminent, lorsque les
lanciers et les dragons de la garde russe se jettent sur les
bataillons français, un peu désunis par un combat long et
meurtrier : la première division de cuirassiers russes seconde
cette attaque, et le régiment d'Ismaïlof, débouchant de
Priesen, menace le flanc gauche de l'ennemi. Une brigade
française est enfoncée, l'autre se réfugie dans les bois au
nord de Priesen, d'où le régiment de Préobrajensky la dé-
loge.

Au versant des montagnes, la division Mouton-Duvernet
a réussi à s'emparer des bois et à déboucher dans la plaine ;
mais les efforts des chasseurs de la garde, et le revers essuyé

par le centre de Vandamme, arrêtent les progrès de la droite, et l'arrivée d'un bataillon de Semenofsky maintient les affaires sur ce point.

Osterman ayant eu un bras emporté, remit le commandement à Yermolof, qui s'estima heureux de se maintenir derrière Priesen et le bois voisin. Le corps des grenadiers sous Miloradowich, arrivant vers sept heures du soir, entra en ligne et releva les gardes épuisées; leurs tirailleurs seuls restèrent devant l'ennemi. La nuit mit fin à ce combat de quarante-huit heures, qui, commencé sous Pirna, se prolongea jusqu'aux portes de Tœplitz.

Cet événement devenait d'une importance d'autant plus décisive, que dans le même instant les corps de Wittgenstein, Kleist et Klénau, encore engagés au delà des montagnes (1), étaient pressés plus vivement que la veille. Wittgenstein surtout, formant l'arrière-garde du centre, avait dû prendre position entre Frauendorf et Falkenhayn pour attendre le désencombrement du défilé avant d'arriver à Altenberg. Assailli par des forces supérieures, son arrière-garde, sous les ordres de Roth, avait été entamée et rejetée sur les Prussiens; le corps s'arrêta derrière Altenberg, celui de Kleist entre Furstenwalde et Glashutte; la droite des Autrichiens descendait le Geyersberg; la gauche, sous Klénau, guerroyait contre Murat du côté de Sayda.

La conférence de Dux ayant décidé les Autrichiens à suspendre la retraite sur l'Eger pour attaquer Vandamme, tous les corps qui affluèrent autour de ce bourg furent dirigés

______

(1) Voir la carte générale *l*, *n*, *o*, *p*.

vers les six heures sur Tœplitz : c'étaient les divisions Colloredo, Chasteller, Bianchi, elles avaient été précédées par les réserves du grand-duc Constantin.

Vandamme, voyant ces fortes masses s'amonceler autour de lui, hésitait à reprendre dans la nuit le chemin de Nollendorf, lorsqu'il reçut, dit-on, du prince de Neuchatel, l'avis que Saint-Cyr et Mortier le suivaient de près. Ne doutant pas d'être soutenu dans la matinée, il résolut de se maintenir en attendant dans le poste avantageux de Culm, dont la droite, appuyée aux montagnes boisées, et le front couvert par des coteaux escarpés et pleins de vignobles, présentaient une bonne défense (¹).

Les Alliés ayant décidé une attaque générale, comme nous l'avons dit, l'empereur Alexandre et le roi de Prusse ordonnèrent au général Kleist, qui se trouvait à Furstenwalde, de descendre la montagne d'Ebersdorf sur le flanc droit des Français, tandis que Barclay les attaquerait de front et sur leur gauche par la plaine.

L'engagement commença le 30 au point du jour, par un échange insignifiant de coups de fusil et de canon ; la gauche des Alliés, composée du corps du prince Eugène de Wurtemberg et d'une division de grenadiers, assaillit le village de Straden et le flanc des montagnes ; la première division de la garde russe et la cavalerie légère forment la

______

(¹) Nous avons déjà dit que le prince de Neuchatel avait dû prévenir, le 28, que Napoléon allait suivre Vandamme le 29. L'officier, porteur de cette lettre, expédié après l'arrivée à Pirna, c'est à dire le soir, put bien ne joindre Vandamme que le 29 au soir à Culm, car il y allait sans doute à cheval et non en poste.

réserve de cette aile. La division Mouton-Duvernet, qui défend ces montagnes, ne saurait résister à de pareilles forces. Le centre, sous Miloradowich, dut se borner d'abord à des démonstrations contre la division Philipon jusqu'à ce que le moment d'agir fût venu. Enfin, à la droite, Colloredo et Bianchi, appuyés à gauche par la cavalerie russe sous les ordres du prince Galitzin, se jetaient sur Karwitz et Neudorf, pour assaillir de front et en flanc la gauche des Français, qu'on voulait rejeter sur les défilés où Kleist devait venir lui fermer tout passage. (Cette gauche était composée de la division Dumonceau et de la cavalerie de Corbineau.)

Vers neuf heures l'engagement devint général sur toute la ligne. Vandamme opposa d'abord une forte résistance; mais pressé ainsi de toutes parts, il s'apprêtait à la retraite sur Nollendorf, lorsqu'il apprit que de fortes colonnes prussiennes se montraient sur la montagne et sur son unique communication : c'était en effet le corps de Kleist, dont il importe de reprendre les mouvements.

Le général Schœler, en lui portant l'ordre dont nous avons parlé, avait trouvé le défilé d'Ebersdorf encombré de bagages et de parcs de toutes les nations, dont quelques voitures brisées dans des chemins creux rendaient la marche impossible. Le désordre était si grand, que l'ambassadeur prussien, forcé d'abandonner son cheval, avait dû faire la route à pied.

Kleist, instruit de cet encombrement, et appréciant en même temps l'importance du mouvement qui lui était prescrit et le danger auquel il serait exposé en restant dans ce coupe-gorge, résolut de se rabattre par la crête des montagnes sur la chaussée de Péterswalde pour gagner Nollendorf; mouvement hardi, dans lequel on pouvait s'exposer à tomber au milieu des colonnes de Napoléon, mais justifié par la nouvelle qu'aucunes forces françaises ne se montraient dans cette direction.

Cette manœuvre naturelle, et même la seule exécutable, surpassa l'attente des Alliés; aucun corps de Napoléon n'ayant suivi le chemin de Péterswalde, Kleist ne fut point troublé dans sa marche et arriva avant midi à Nollendorf, d'où il descendit sur Arbesau. Son apparition sema, avec raison, l'effroi dans un corps déjà aux prises avec des forces doubles. La cavalerie, sous Corbineau (1,300 chevaux), se jeta sur les Prussiens à Arbesau, culbuta leur ligne et s'ouvrit un passage. L'infanterie, serrée de près par Galitzin, Miloradowich et Colloredo, ne fut pas si heureuse. Mouton-Duvernet réussit, il est vrai, à regagner Furstenwalde et Liebenau, où il fut recueilli par Saint-Cyr. Le centre, sous Philipon, resserré autour de Culm, et la gauche sous Dumonceau, furent plus sérieusement entamés : toutefois une partie parvint à se sauver par les bois ou par le vallon de l'Elbe; mais tout le matériel de 80 pièces de canon, 7 mille prisonniers, Vandamme lui-même, ainsi que le général Haxo, restèrent au pouvoir des vainqueurs. Ce corps eut en outre 6 mille hommes hors de combat dans les trois journées; 13 à 14 mille hommes seulement regagnèrent Dresde dans un état affreux.

Trois circonstances extraordinaires frappent l'observateur dans ces événements mémorables : la première, c'est que les Alliés aient renoncé à se servir de la chaussée de Péterswalde pour opérer leur retraite de Dresde, par la seule raison qu'un corps de 25 à 30 mille Français avait débouché de Kœnigstein dans cette direction. Cette faute, que Diebitsch a imputée au général Toll, doit paraître d'autant plus extraordinaire, que, comme nous l'avons déjà dit, aucun obstacle de terrain n'aurait permis à Vandamme de leur opposer une barrière impossible à franchir ou à tourner.

La seconde de ces circonstances concerne l'armée française, et n'est pas moins surprenante. Napoléon, qui avait manœuvré à merveille pour s'emparer des deux chaussées et rejeter les Alliés dans des gorges difficiles, fait pis qu'eux en ne profitant pas des avantages si sagement préparés. Aucun de ses corps, excepté Vandamme, ne suit la chaussée principale où l'empereur des Français aurait dû fixer toute son attention et diriger les deux tiers de ses forces. Dans toute sa carrière, il n'eut pas de position si avantageuse; il pouvait descendre sur Nollendorf avec 100 mille hommes (compris les 30 mille de Vandamme), et s'emparer ainsi de la ligne de retraite des Alliés, comme il s'était emparé de celle des Prussiens en 1806. Il avait même bien plus beau jeu que dans cette campagne, puisqu'à Dresde il n'avait plus affaire à une armée encore intacte, mais à une armée fortement ébranlée, et dans un désordre encore augmenté par l'anarchie qui régnait au quartier-général. On dira qu'il en eut effectivement le projet, puisqu'il dirigea, le 28, Saint-Cyr, Mortier et Vandamme sur Pirna et Gishubel; mais rien de tout ce qui se trouve dans les ordres écrits ne s'exécuta. Si Saint-Cyr s'en fut à Maxen en suivant Kleist, il

était encore temps de le rabattre à gauche, le 29, sur Péterswalde et Nollendorf, au lieu de l'envoyer à droite. Napoléon, malade, aurait pu rester à Pirna aussi bien que retourner à Dresde, et la jeune garde marcher à Nollendorf
le 29 août. Il est évident qu'il y eut confusion et incertitude
dans la poursuite. Marmont et Vandamme seuls firent leur
devoir.

Enfin la troisième circonstance, c'est qu'un événement
tout pareil arriva en 1769 à Frédéric le Grand sur le même
théâtre : croyant forcer Daun à la retraite des environs de
Dresde, il porta un grand corps à Maxen sur sa ligne d'opérations ; mais faute de soutien, ce corps fut enveloppé et
détruit. La seule différence, c'est que Frédéric n'avait pas
été victorieux dans une grande bataille, et qu'il eût plus
risqué que Napoléon à soutenir le corps engagé.

Avant de passer aux événements non moins graves qui
avaient lieu sur les deux fronts d'opérations de Berlin et de
la Silésie, nous nous permettrons encore quelques réflexions
sur ceux qu'on vient de lire.

Nous n'insisterons plus sur le ridicule des dispositions
rédigées le 25 pour attaquer Dresde ; nous ferons seulement
observer, que dans les débats qui eurent lieu sur les hauteurs de Rocknitz le 25, à 11 heures du matin, il était convenu de *profiter de ce que Napoléon se trouvait en Silésie pour
attaquer Dresde immédiatement.*

Dès lors la démonstration insensée n'était nullement ce
qui était convenu.....

Soit que l'on voulût une attaque, soit que l'on ne voulût

qu'une démonstration, dès que Napoléon arrivait avec 100 mille hommes, il y avait insigne extravagance à ne pas contremander immédiatement l'opération, et à ne pas rappeler sans délai l'aile gauche aventurée, Dieu sait pour quoi, sur la route de Freyberg.... Prétendait-on fermer toute retraite à 200 mille Français conduits par Napoléon, en jetant 20 mille Autrichiens sur sa route!! N'était-ce pas vouloir les faire prendre?

Pour ce qui touche la disposition du 25, conçoit-on des généraux qui ordonnent *de faire les efforts les plus énergiques pour pénétrer dans des faubourgs occupés par* 20 *mille Français*, et qui s'imaginent qu'on pourra se glisser à la sourdine dans ce camp retranché, le tout *sans attaque* et comme simple démonstration! Or, pour cette charmante démonstration, on réunit 80 pièces de 12, et 150 autres canons; on lance 60 mille hommes sous le feu, soutenus d'un pareil nombre qui finit par s'y trouver aussi exposé.

L'idée de faire retourner Giulay, le 27, au matin, au delà du ravin de Plauen est d'un ridicule d'autant plus achevé, qu'on l'y renvoyait sans cavalerie et presque sans artillerie, tandis qu'on avait des masses de troupes à cheval au centre, où elles ne pouvaient rien que par petites charges partielles.

Il eût été plus rationnel de porter Giulay et Bianchi vers Rocknitz à la place de Colloredo, afin de prolonger ainsi le gros des forces sur la droite. Et si l'on tenait absolument à avoir un corps imposant sur la route de Freyberg, on aurait pu y envoyer les belles réserves de cavalerie autrichiennes pour se réunir à Klénau.

Laissons là ces récriminations et revenons à l'ensemble des opérations stratégiques.

Dès qu'on renonçait à aller courir directement sur Leipzig ou à manœuvrer sur Bautzen par la rive droite de l'Elbe, on ne pouvait opérer que sur Dresde. Il fallait donc commencer, comme on le fit en effet, par réunir les masses à Dippodiswalde, en appuyant la droite au défilé de Hellendorf et aux montagnes de Rosendal, pour aviser là à ce qu'on ferait ultérieurement. On aurait pu, sans peine, réunir 150 mille hommes dans cette ville, le 23 au soir, et les rapprocher le 24 au matin jusqu'à 2 lieues de Dresde... (L'armée de Barclay et la moitié de l'armée autrichienne auraient pu y être dès le 23 sans la fastueuse parade de Jungferteinitz.)

Lorsqu'on sut, dès Marienberg, l'absence de Napoléon, on pouvait se décider de suite à tenter un coup vigoureux contre une ville qui était la clef de tout le théâtre de la guerre; si on échouait, c'était un assaut repoussé et non une défaite, et on pourrait ensuite attendre, au versant des montagnes sur la Saxe, que Napoléon voulût bien venir y assaillir l'armée. En attendant les Alliés, établis parallèlement à la ligne de retraite des Français, pouvaient manœuvrer par leur gauche, inonder le pays entre l'Elbe et la Saale de leurs nombreux partisans, et forcer Napoléon à venir les attaquer pour se délivrer d'un voisignage qui serait devenu intolérable. Si au contraire on réussissait à s'emparer de Dresde, on portait alors le théâtre de la guerre en Lusace en se basant sur cette ville, et Napoléon devait forcément abandonner le pays pour se retirer sur la rive gauche de l'Elbe par Torgau.

Napoléon, plutôt que de prendre ce parti, aurait peut-être préféré réunir son armée à celle de Macdonald, et filer par le Riesengebirge sur Prague afin de couper les Alliés de leur base : mais ce mouvement aurait été sans danger dès qu'on eût été maître de Dresde, car alors les armées de Bohème et de Silésie, réunies vers Bautzen, eussent présenté une masse victorieuse de 300 mille hommes, communiquant avec la ligne de l'Oder, avec la Silésie, le Brandebourg et même par Teschen avec la Moravie et la Hongrie. Dans son mouvement il eût fallu que Napoléon emmenât avec lui l'armée d'Oudinot ou qu'il la laissât entourée par 400 mille ennemis, qui, après l'avoir détruite, n'eussent pas été embarrassés de délivrer Prague; c'était précisément le cas prévu par le général Jomini dans les instructions qu'il rédigea à Jungferteinitz.

En résumé, tout militaire instruit reconnaîtra que dans la situation des affaires à la reprise de l'armistice, il n'y avait que quatre partis à prendre pour les Alliés :

1° Tenter une attaque sur Dresde, avec sagesse, mais aussi avec vigueur;

2° Rester vers Dippodiswalde et Hellendorf pour y attendre une bataille et manœuvrer sur les communications;

3° Manœuvrer par la rive droite de l'Elbe sur Bautzen, contrairement à tout le plan de Trachenberg;

4° Enfin, courir follement sur Leipzig par Chemnitz.

On conviendra aussi qu'aucun de ces partis ne fut adopté franchement; et que l'attaque de Dresde ayant été rendue impraticable par l'arrivée de Napoléon, l'idée du général Jomini de se replier (et non retirer) sur les belles positions de Dippodiswalde, était la seule chose raisonnable à faire. On aurait sans doute pu attendre Napoléon sur les hauteurs de Rocknitz si Kœnigstein n'eût pas existé, mais grâces à ce fort, il aurait été impossible d'accepter une bataille sous les murs de Dresde sans compromettre sa retraite.

Dans toutes ces hypothèses susmentionnées, on conviendra que les avis du général Jomini étaient parfaitement ce qu'il y avait de plus convenable dans la situation donnée. Ainsi ses instructions à Jungferteinitz; son conseil d'attaquer vivement Dresde dès le 25; celui de se replier sur Dippodiswalde lorsqu'on sut l'arrivée de Napoléon et de recevoir là une bataille décisive avec les deux routes de Péterswalde et d'Altenberg pour retraite; celui de replier entièrement l'aile gauche autrichienne dans la nuit du 26 au 27; enfin, le conseil de réunir tous les efforts contre la jeune garde sur Seidnitz, lui eussent mérité une couronne murale s'il avait eu affaire à gens capables d'apprécier ces avis. Certes, s'il eût connu, dès son arrivée à Prague, la manière dont les affaires seraient conduites, il ne se fût pas borné à déconseiller la marche sur Leipzig, il eût déconseillé aussi une entreprise sur Dresde, pour se borner modestement à une guerre de front, en débouchant de Gabel sur Zittau et Bautzen par la rive droite de l'Elbe; car pour faire de la grande stratégie contre un Napoléon avec les avantages que lui assurait la ligne de l'Elbe, il fallait avant tout des hommes capables de la comprendre. Mais revenons à Culm et à Tœplitz.

Dans deux fois vingt-quatre heures les affaires avaient ainsi totalement changé de face; les chants de victoire avaient passé du camp français à celui des Alliés.

Au moment où ceux-ci chantaient un *Te Deum* solennel dans la plaine de Tœplitz, en actions de grâces de la victoire de Culm, arriva la nouvelle non moins heureuse de la bataille de la Katzbach dont nous donnerons une légère esquisse. Les souverains dans leur ivresse firent une large distribution de grades et de grands cordons, dans laquelle on ne vit pas sans étonnement figurer, en première ligne, tous les véritables auteurs du désastre de Dresde; tandis que celui dont les avis auraient évité la défaite et avaient sauvé l'armée d'un plan d'opérations plus désastreux encore, fut oublié avec une injustice criante.

On alla plus loin. Toutes les médiocrités qui avaient fait de si étonnants projets de marches et d'attaques ; tous ces personnages qui n'avaient pas senti le prix de trente heures de retard en présence de Napoléon; qui n'avaient point jugé que 140 mille hommes non entamés , avec 600 pièces de canon, pussent rester sur les hauteurs de l'Erzgebirge entre Péterswalde et Altenberg au lieu de se sauver jusque derrière l'Eger comme les rats de la fable ; ne se contentèrent pas d'être affublés de grands cordons, ils ne rougirent pas, ainsi qu'on l'a déjà dit, de vouloir rejeter leur défaite sur le général Jomini , parce que le premier il avait conseillé l'attaque le 25..... On aurait bien mieux fait, selon eux , de marcher sur Leipzig , ainsi qu'on en avait d'abord le projet , au lieu de venir se casser le nez devant Dresde. Ces aristarques eussent été facilement confondus si l'on eût pu invoquer, alors, le témoignage que le maréchal Saint-Cyr et Napoléon lui-même ont donné plus tard... que Dresde n'eût pas tenu quatre heures si on l'eût bien attaqué le 25 ou même le 26 au point du jour, et que tous les fâcheux événements du 26 au soir et du 27 provinrent précisément de ce que l'on ne fit rien de ce que Jomini proposa. Quant à la marche sur Leipzig qu'ils regrettaient, ils pourraient s'assurer, par la lecture des Mémoires de Fain, que les plus belles espérances du plan de Napoléon étaient fondées sur la probabilité que les Alliés commettraient cette faute; il eût donné peut-être une province de son empire pour qu'ils l'exécutassent, car sa joie fut sans bornes lorsqu'il fut informé de leur marche sur Marienbourg.

Blessé, avec raison, de ces insinuations odieuses, autant que d'un oubli qui devait être, aux yeux de toute l'armée, non seulement comme la négation absolue des services rendus, mais comme l'improbation réelle des sages conseils qu'il avait donnés, le général Jomini hésita s'il ne quitterait pas à l'instant l'armée et la carrière militaire.

Sa position devenait, en effet, des plus déplorables, car il ne retrouverait probablement jamais de semblables occasions de se faire apprécier; et s'il devait essuyer une humiliation de la part du souverain, dont il venait de sauver l'armée, pourrait-il espérer d'en être jamais bien jugé? Des circonstances impérieuses, jointes au désir de pénétrer ce mystère, et à l'espoir de trouver une prochaine occasion de rendre encore quelque service important, lui firent ajourner cette résolution.

Avant de suivre les opérations de l'armée de Bohème il est indispensable de jeter un coup-d'œil sur ce qui se passait aux armées de Berlin et de Silésie.

CHAPITRE IV.

Batailles de Gros-Beeren, Katzbach et Dennewitz.
Nouveaux plans.

Le sanglant échec essuyé par Vandamme était d'autant plus grave qu'il relevait le moral de la grande armée alliée, au moment où les affaires des Français allaient si mal en Silésie et dans le Brandebourg. On sait en effet qu'Oudinot s'était laissé battre à Gros-Beeren ; ce maréchal, qui commandait environ 70 mille hommes, avait reçu l'ordre de prendre l'initiative sur Bernadotte, de chercher à le battre, et à s'emparer de Berlin. Pour le seconder dans cette entreprise, le général Girard avait organisé un corps volant des meilleures troupes des garnisons de Magdebourg et de Wittenberg. Il devait déboucher de la première de ces places avec 6 mille hommes sous le général Lanusse, pour donner la main à la division Dombrowsky, sortie de Wittenberg, et inquiéter de concert avec lui le flanc droit des Alliés. Davoust, de son côté, avait reçu l'ordre de remonter l'Elbe et le Havel. Cette réunion de 100 mille hommes aux environs de Berlin semblait promettre d'immenses résultats, tant sous le rapport politique que sous le rapport militaire ; mais la difficulté était de faire agir simultanément ces forces dispersées sur un si vaste cercle.

Napoléon supposait que le prince royal de Suède commandait au plus à 90 mille hommes, en y comprenant les corps de Walmoden opposé à Davoust vers Hambourg, et le corps léger prussien qui observait Magdebourg. Il ne devait donc rester, d'après ces calculs, qu'environ 60 mille combattants au prince royal de Suède ; or Oudinot, supérieur en nombre, n'avait qu'une bataille à gagner pour accomplir sa tâche. Malheureusement l'armée alliée se trouva beaucoup plus forte qu'on ne le pensait ([1]).

Oudinot, déduction faite de quelques détachements de flanqueurs ou d'escortes, s'avança avec 60 mille hommes sur Trebbin et Berlin. Le prince royal de Suède, après avoir fait mine de manœuvrer contre son flanc gauche, prit position à Ruhlsdorf avec 90 mille hommes dont 20 mille de belle cavalerie, sans compter les corps légers du général Hirschfeld vers Brandebourg, et celui de Wobeser près de Baruth. La gauche de l'armée, sous Tauenzien, appuyait au lac de Rangsdorf ; le centre, sous Bulow, tenait la chaussée de Berlin ; les Russes et les Suédois étaient à la droite.

Oudinot passa, le 22 août, le défilé de Thyrow, après un combat assez vif contre l'avant-garde de Bulow. Le 23, l'armée française s'avança en trois colonnes : Bertrand et le 4ᵉ corps, à droite sur Johnsdorf ; Reynier, avec les Saxons, au centre par la grande route ; Oudinot et le 12ᵉ corps, par le chemin de Trebbin sur Ahrensdorf.

Il serait difficile d'affirmer ce que voulait le maréchal, en

([1]) Napoléon était tellement dans l'erreur sur la situation de l'armée du Nord, qu'il avait même ordonné à Oudinot de ne marcher d'abord qu'avec le 12ᵉ corps sur Baruth, laissant les 4ᵉ et 7ᵉ en intermédiaire pour se rapprocher plus vite de lui. Il croyait les masses ennemies en Silésie et en Bohême. L'armée de Bernadotte avec les milices prussiennes, bloquant les places, ne comptait pas moins de 155 mille hommes.

engageant ainsi ses forces dans un terrain coupé de bois et de marais, où aucun chemin transversal ne lui permettait de réunir ses colonnes, et en marchant lui-même à la queue de sa gauche. Rien n'était disposé pour une bataille, à laquelle sans doute Oudinot ne s'attendait point. Bertrand rencontra le premier, à six heures du matin, près de Blankenfelde, le corps de Tauenzien, qui défendit très-bien le débouché des bois, à la faveur de ce village. Le combat fut opiniâtre et sans résultat.

Il était déjà terminé, lorsqu'au centre, Reynier donna, à trois heures du soir, vers Gros-Beeren, sur l'avant-garde de Bulow, qu'il en délogea. Il se disposait à y établir ses bivouacs, bien éloigné de croire à la possibilité d'une attaque, quand Bulow fondit sur lui, à la tête de 35 mille Prussiens avec 100 pièces de canon. Malgré tout ce que les Saxons et la division Durette purent faire, force fut de céder le terrain à une telle supériorité; et ils se retirèrent à la faveur des bois, après avoir eu 5 mille hommes hors de combat.

Au bruit du canon, les généraux Guilleminot et Fournier, qui formaient la tête de colonne du 12ᵉ corps, se dirigèrent en toute hâte vers Neu-Beeren; ils arrivèrent à la nuit tombante pour protéger la retraite, mais trop tard pour rétablir le combat. La cavalerie du général Fournier, en se déployant à gauche de ce hameau, fut chargée en flanc par l'ennemi qu'on apercevait à peine. Une partie de ces escadrons, poussant devant eux des pelotons prussiens, coururent dans la plaine jusqu'à la vue d'Hennersdorf, où l'ennemi les suivit et les ramena bientôt plus vite qu'ils n'étaient venus; ils furent très-heureux de s'en tirer sans échec.

Oudinot, arrivé à Wittstock, y apprit la défaite de son centre et ordonna la retraite sur Wittemberg. Bernadotte, qui n'avait guère pris plus de part que lui à cette échauffourée, commit la faute de le laisser aller paisiblement, quoique sa supériorité et sa formidable cavalerie lui donnassent l'espoir fondé de l'entamer sérieusement dans sa retraite.

La première conséquence fâcheuse de cet échec fut la perte de la division Girard, sortie de Magdebourg, et qui, s'avançant seule au milieu d'une armée de 100 mille hommes, devait y trouver une défaite certaine. Le général Hirschfeld, détaché par les Prussiens, l'attaqua de concert avec les Cosaques de Czernischef en avant de Belzig, et la força à rentrer dans Magdebourg avec perte de 1,200 prisonniers, trop heureuse de ne pas tomber tout entière au pouvoir de l'ennemi. Girard lui-même fut grièvement blessé.

Bien que ces deux échecs dussent contrarier les plans de Napoléon, ils n'avaient rien d'alarmant en eux-mêmes ; le résultat le plus funeste qu'ils auraient eu, était d'exciter le courage des milices prussiennes nouvellement levées. Mais aux fautes commises dans la journée, Oudinot avait ajouté celle de se replier sur Wittemberg, ce qui l'éloignait de la direction de Luckau et de Bautzen, la seule convenable pour agir de concert avec l'armée de Dresde. Napoléon envoya donc le maréchal Ney prendre le commandement de cette armée, en lui annonçant qu'il le suivrait incessamment à la tête de ses gardes, de deux corps d'armée et de sa réserve de cavalerie ; se flattant, à l'aide de ces puissants renforts, de pousser vivement Bernadotte et de s'emparer de Berlin ;

ce qui aurait produit un grand effet sur l'opinion de l'Allemagne et par contre-coup sur l'Europe entière. Comme il espérait que Macdonald pousserait de son côté Blücher sur Breslau, ses deux armées secondaires se seraient trouvées ainsi dans une situation florissante; sa zone d'opération eût été élargie, et il aurait pu revenir porter un coup mortel à la grande armée alliée en Bohême. Un événement plus désastreux qui arriva trois jours après à l'armée de Silésie, en décida autrement.

On se rappelle les instructions que l'Empereur avait données à Macdonald en quittant Lœwenberg. Il devait profiter de l'ascendant que l'on avait repris sur Blücher, mais il lui avait été recommandé de le laisser venir à lui, pour prendre alors l'initiative et l'assaillir avec tous ses corps réunis.

Au lieu d'attendre que le général prussien dessinât ses projets, Macdonald se figura, sur de vains rapports, qu'il n'avait qu'à se présenter pour décider l'ennemi à la retraite et moissonner des lauriers. Il fut cruellement puni de son excès de confiance. Par un premier contre-temps fâcheux, Ney, auquel l'Empereur avait prescrit de le suivre à Dresde, crut qu'il devait y marcher avec le 3e corps, et le conduisit vers Bunzlau. Instruit ici qu'il ne s'agissait que de sa personne, le maréchal renvoya ses troupes, qui revinrent harassées et exténuées sur la Katzbach.

Macdonald, toujours persuadé qu'il suffirait d'avancer pour voir fuir Blücher, ordonne pour le 26 août le passage de la Katzbach et de la Wuthende-Neisse, puis dirige ses trois corps d'armée en cinq colonnes, de Schœnau jusqu'à Liegnitz, sur un front de huit à dix lieues : étrange manière d'appliquer les principes tracés dans ses instructions. Vainement Sébastiani lui représente l'imprudence de s'engager dans le coupe-gorge de Crain, sans avoir fait reconnaître l'ennemi, dont les rapports annoncent la concentration sur le plateau opposé; le maréchal s'obstine à croire Blücher en pleine retraite sur Breslau ou du moins en position défensive vers Jauer : en conséquence il ordonne à Lauriston de diriger une division par Schœnau dans les montagnes; les deux autres se porteront à droite contre Langeron vers Hennersdorf. Macdonald s'avancera vers l'embouchure de la Wuthende-Neisse, et débouchera sur Weinberg à la tête du 11ᵉ corps, tandis que Sébastiani arrivera par Crain sur le même point. Souham, au contraire, reçoit l'instruction de diriger le 3ᵉ corps à gauche par Liegnitz à trois lieues de là, pour y passer la Katzbach et tomber sur la droite de l'ennemi : mouvement très-étendu qui devait priver, durant toute la bataille, de la coopération de ce corps, et d'autant plus fâcheux qu'on avait un gué excellent à Schmochwitz, beaucoup plus près du champ de bataille.

Par une nouvelle fatalité, Blücher qui s'était ébranlé de son côté pour reprendre l'offensive et passer la rivière, apprend, en arrivant sur les hauteurs de Triebelwitz et de Brechtelshof, que les troupes françaises sont occupées à ce passage. Ses colonnes se trouvent toutes formées pour l'attaque; on découvre du plateau de Weinberg ce qui se passe dans les rangs ennemis, et on reconnaît que le nombre est inférieur. Ainsi toutes les circonstances s'accordaient avec la nature même du terrain pour assurer à Blücher d'immenses avantages, car il a sous la main près de 50 mille hommes contre le 11° corps seul qui en compte 25 mille, et dont la moitié n'est pas encore arrivée.

A peine les colonnes du 11° corps couronnent les hauteurs entre Janowitz et Weinberg, et la cavalerie légère de Sébastiani se forme vers Eichholz, que Sacken, avec un à-propos admirable, fond de toutes parts sur cette dernière. La droite de Macdonald s'appuie au ravin profond de la Neisse, mais la gauche est en l'air ; c'est là que les Russes dirigent leurs efforts. Leur cavalerie, sous Wassiltschikof, assaillit et déborde celle de Sébastiani entre Kleintintz et Eichholz. Sacken débouche de ce dernier village avec son infanterie. Le corps de Yorck ne trouve devant lui que sept à huit bataillons qu'il attaque à la baïonnette, car une pluie torrentielle empêche le feu de mousqueterie. Cette faible division est culbutée sur le ravin profond qui devait couvrir la droite. La cavalerie, accablée par le nombre, se replie sur l'infanterie ou se disperse à gauche ; tout est rejeté pêle-mêle dans le gouffre de la Wuthende-Neisse (¹). Le désordre est si grand, que Sébastiani ne pouvant regagner Kroitsch, où il a laissé ses cuirassiers, descend ce torrent jusqu'au-dessous de son embouchure dans la Katzbach, où le reste de ses escadrons se sauve par miracle.

Pour surcroît de malheur, Souham, entendant la canonnade, renonce à marcher sur Liegnitz, et se rabat avec le 3° corps sur Kroitsch pour arriver plus tôt au combat. Les cuirassiers que Sébastiani y a laissés en réserve, en grimpant

(¹) Le surnom de *Wuthende*, qui signifie *furieuse*, indique suffisamment combien ce torrent est dangereux dans ses grandes crues.

sur le plateau, encombrent ce passage que les fuyards et le matériel achèvent d'obstruer. Sur tout autre terrain, cette manœuvre concentrique de Souham aurait tout réparé, mais dans un pareil gouffre, elle ne fait qu'accroître la confusion. Tous les efforts pour gravir un plateau si roide, couronné par un ennemi supérieur et victorieux, deviennent désastreux. Le général Tarayre propose alors de conduire deux divisions par Schmochwitz pour attaquer l'ennemi en flanc ; elles y passent en effet la Katzbach à l'entrée de la nuit, mais Sacken et Wassiltschikof, déjà débarrassés de Macdonald, vont à leur rencontre, les rejettent sur la rive gauche, et ce mouvement tardif ne sert qu'à les compromettre.

Pendant cette mêlée, Lauriston combattait avec des succès balancés le corps de Langeron autour du village de Hennersdorf ; et c'est beaucoup que l'ennemi, supérieur en nombre, ne lui ait pas fait éprouver le même sort qu'au centre ; car, malgré son infériorité, Lauriston s'est privé d'une division, pour l'étendre au loin dans les montagnes vers Schœnau ; la conduite molle et timorée de Langeron le sauva. Toutefois ce général russe excité, vers 6 heures, par le succès remporté par son collègue Sacken, se décide à une attaque sérieuse, malgré l'approche de la nuit, et Lauriston, instruit probablement de l'entière défaite de Macdonald, exécute une retraite précipitée sur Goldberg.

C'était à Hennersdorf qu'était pour les Français le point décisif de la bataille, surtout dans le cas où Napoléon voudrait opérer sur Prague, ainsi qu'il en avait manifesté l'intention, car il fallait alors manœuvrer par la droite contre la gauche de Blücher ; outre cela, le terrain s'élevait ici en glacis jusqu'au niveau du plateau de Weinberg. Si Macdonald, fidèle à ses instructions, eût dirigé la cavalerie de Sébastiani et le 11e corps pour soutenir Lauriston, et laissé à Souham le soin de déboucher par Nieder-Crain ou Schmœchwitz, la bataille eût été probablement gagnée par l'emploi des deux tiers de ses forces au point décisif et qui était en même temps confié au faible Langeron. Blücher, coupé de la Bohême, eût été refoulé sur Breslau.

Les Prussiens firent un pompeux récit de cette victoire, et bien que le principal honneur en revînt au général Sacken, elle valut à Blücher le titre de prince et le bâton de maréchal, qu'il avait du reste mérité en chargeant le sabre à la main à la tête de la cavalerie alliée.

Tout conspira contre les Français dans cette affreuse journée. La pluie qui ne commença à Dresde que dans la nuit du 27, tomba ici dès le 24 : les cataractes du ciel semblaient ouvertes ; des averses de pluie, redoublant d'intensité le 26, enflent tous les torrents qui se précipitent des montagnes du Riesengebirg. La Neisse entraîne tous les ponts sur son passage, et les affluents du Bober ont tellement accru son lit, qu'il devient un obstacle redoutable. Macdonald, forcé, le 27 au matin, de précipiter sa retraite, pour rassembler ses corps disséminés, voit encore les éléments déchaînés la rendre plus désastreuse. Lauriston a de la peine à atteindre Goldberg, vivement harcelé par le corps de Langeron. Il n'ose même se maintenir dans cette ville pour rallier la division Puthod qu'il a laissée compromise dans les montagnes, car les crues n'ont respecté que le seul pont de Bunzlau sur le Bober ; il faut donc le gagner en toute hâte en abandonnant au vainqueur 50 pièces de canon, des bagages, des milliers de prisonniers. Pour surcroît de malheur, la division Puthod, qui suit le versant des montagnes à l'extrémité droite, se trouve si fort engagée, qu'elle ne peut à temps se rabattre vers le corps de bataille ; les ponts sont enlevés derrière elle par les eaux. N'ayant pu passer à Hirschberg, elle redescendit en face de Lœwenberg, où elle ne fut pas plus heureuse. Ces délais donnèrent le temps à Langeron d'accourir avec 25 mille hommes pour l'envelopper. Cette division n'avait de moyen de salut qu'en se frayant un passage, l'épée à la main, sur Bunzlau ; mais bientôt, cernée sur les hauteurs de Plagwitz et adossée au torrent débordé, il ne lui reste qu'à vendre chèrement sa liberté et à déposer ensuite les armes, après avoir perdu nombre d'hommes tués ou noyés en cherchant à passer le Bober, qu'en temps ordinaire elle eût franchi sans difficulté.

Macdonald était ainsi revenu derrière la Queiss, après avoir perdu 20 mille hommes, la moitié de son artillerie et quantité d'équipages. Ses troupes, démoralisées et abîmées, hors d'état de résister à l'ennemi, demandent à grands cris des renforts et le retour de l'Empereur pour venger cet affront. Le maréchal lui-même, ne sachant où donner de la tête, le sollicite avec instance de venir en personne à son secours. Napoléon avait d'abord espéré qu'il tiendrait quelques jours à Gœrlitz ; mais on apprit, le 5 septembre, qu'il rétrogradait sur Bautzen dans un affreux désordre.

Après de semblables revers Napoléon dut donc renoncer à soutenir le mouvement de Ney contre Berlin, et courir au plus pressé. Le 3 septembre, il partit de Dresde avec les corps emmenés avec lui de Silésie, et le lendemain, il rejoignit à Hochkirch l'armée de Macdonald, qui se préparait à continuer sa retraite sur Bautzen. Il lui fit faire volte-face, et la poussa en avant ; mais Blücher, fidèle à son système, eut encore la prudence d'éviter un engagement, et repassa la Neisse et la Queiss.

Empressé de se rabattre vers le nord pour rejoindre Ney, l'Empereur se contenta d'avoir redonné un peu d'aplomb à l'armée de Macdonald, et de l'avoir renforcée par le corps de Poniatowski, demeuré jusque-là en observation dans les environs de Zittau. Il porta le corps de Marmont sur Hoyerswerda, et se rendit de sa personne, le 6, à Dresde où de nouvelles inquiétudes l'attendaient, car, en y arrivant, il reçut le rapport que Ney avait été battu à Dennewitz et que la grande armée des souverains remarchait sur Pirna.

En effet, les chefs de l'armée alliée, instruits dans ces entrefaites de l'approche de Blücher vers Bautzen et du départ de Napoléon pour aller le combattre, avaient senti la nécessité d'opérer une diversion en sa faveur, en faisant déboucher une partie de l'armée autrichienne sur la rive droite de l'Elbe par Theresienstadt sur Rombourg, tandis que les Russes et les Prussiens remarcheraient par la rive gauche sur Pirna.

L'alarme était de nouveau dans Dresde. Napoléon pensa qu'il importait, avant de marcher vers Ney, de profiter de l'occasion pour venger l'affront de Culm et rabattre la confiance que ce succès avait rendue à cette armée de Bohême.

Les 60 mille hommes qu'il avait laissés sur la rive gauche

de l'Elbe. se trouvaient réunis au camp de Dohna : l'Empereur les y joignit le 8 avec les gardes. Wittgenstein, trop faible pour se mesurer avec lui, battit naturellement en retraite selon ses instructions, et fut poussé jusqu'aux environs de Nollendorf.

Bien que l'armée autrichienne ne fût pas encore rentrée de son inutile course sur Rombourg. Napoléon qui ignorait sans doute son absence, put voir des hauteurs du Geyersberg des masses encore assez considérables prêtes à le recevoir, car pour lui donner le change, les Alliés avaient employé les Cosaques à multiplier les feux et à augmenter l'étendue des lignes de troupes qui du reste comptaient encore au delà de 100 mille hommes. Quoi qu'il en soit, deux événements graves vinrent le détourner de ce projet : Blücher avait repris l'offensive vers Bautzen et le maréchal Ney, défait complétement à Dennewitz, le 6 septembre, réclamait de prompts secours.

La destinée semblait en effet prendre à tâche, dans cette campagne, d'exercer ses rigueurs sur Napoléon et de lui prouver toute la fragilité des combinaisons humaines, même de celles qui, en apparence, offraient toutes les probabilités du plus éclatant succès.

Le maréchal Ney, envoyé en toute hâte de Dresde pour réparer le mince échec essuyé par Oudinot, avait été plus malheureux encore que son prédécesseur.

Nous n'avons pu parvenir à connaître les instructions, soit écrites, soit verbales, qu'il emporta avec lui, mais voici ce qui lui fut adressé peu de jours après son départ :

« Dresde, le 2 septembre. Nous venons de recevoir des
« nouvelles du duc de Reggio, qui a jugé convenable de se
« placer au-dessus de Wittemberg. Le résultat de ce mou-
« vement intempestif est que le corps du général Tauenzien
« et un fort parti de Cosaques se sont portés du côté de
« Luckau et de Bautzen, et inquiètent les communications
« du duc de Tarente. . . . .

« Tout ici se met en mouvement pour se porter sur
« Hoyerswerda, où l'Empereur aura son quartier-général
« le 4 septembre.

« Il est nécessaire que, le 4, vous vous mettiez en marche
« pour être le 6 à Baruth. L'Empereur aura, le 6, un corps
« sur Luckau pour faire sa jonction.

« De Baruth, vous ne serez qu'à trois jours de marche
« de Berlin. La communication avec l'Empereur se trouvera
« alors établie, et l'attaque de Berlin pourra avoir lieu du 9
« au 10. Toute cette nuée de Cosaques, et ce tas de mauvaise
« infanterie de landwehr, se replieront de tous côtés sur
« Berlin, quand votre marche sera décidée. Vous compren-
« drez bien la nécessité de manœuvrer rapidement pour
« profiter du désarroi où se trouve la grande armée de
« Bohème, qui ferait sans cela des mouvements, lorsqu'elle
« s'apercevra du départ de l'Empereur.

« Le duc de Reggio n'a point su aborder l'ennemi, et il
« a eu l'art de faire donner un de ses corps séparément. S'il
« l'eût abordé franchement, il l'aurait partout culbuté.

« Faites-nous connaître d'une manière positive la marche
« que vous tiendrez. »

Bien qu'au fond cet ordre porte le cachet d'habileté qui

distingue tous ceux émanés du génie stratégique de Napoléon, il laisse cependant à désirer sous bien des rapports. Le but évident qu'il se propose est de frapper un grand coup contre Berlin et, dans tous les cas, de faire changer de pivot d'opérations à l'armée de Ney, qu'on a eu tort de baser sur Wittemberg. Il est préférable, selon lui, qu'il prenne sa ligne éventuelle d'opérations sur la direction de Luckau, laquelle conduit par la rive droite de l'Elbe, soit vers Dresde, soit en Lusace vers l'armée de Macdonald. Ce serait en effet le moyen de former une ligne intérieure et centrale qui lierait les trois armées françaises de manière à pouvoir les faire agir simultanément dans une opération concertée : outre cela, la position de 70 mille Français vers Dahme ou Luckau empêcherait les Alliés d'inquiéter les communications entre les trois armées, ou même de les intercepter entièrement en s'interposant entre elles. Cette idée était surtout habile le 2 septembre, au moment où Napoléon se proposait de marcher avec Marmont et les gardes (50 mille hommes) sur Hoyerswerda.

Cependant la tâche imposée au maréchal Ney par cette instruction était, dans tous les cas, des plus délicates, puisqu'il s'agissait d'exécuter une marche de flanc à la barbe de 80 mille ennemis.

L'armée alliée était à cheval sur les trois routes qui mènent de Wittemberg à Berlin ; l'une à l'ouest par Belzig et Potsdam, la seconde au centre par Treuenbritzen ; la troisième à l'est par Juterbock et Baruth. Le corps de Tauenzien couvrait la dernière ; Bernadotte gardait la première ; Bulow avec 38 mille Prussiens était vers Marzahn en intermédiaire entre les deux, pouvant les soutenir l'un et l'autre.

Pour gagner Baruth par la route de Juterbock , il fallait donc culbuter Tauenzien, et s'attendre à le voir promptement soutenu par des masses considérables qui tomberaient sur le flanc des attaques : c'était alors une bataille générale, et il fallait l'éviter tant que la jonction avec Napoléon ne serait pas opérée. Toutefois, malgré ses chances hasardeuses, cette marche de flanc, à la proximité d'un ennemi supérieur, pouvait être tentée pour assurer une grande opération concertée avec l'Empereur, surtout en l'exécutant avec vigueur et habileté : mais dès qu'il eut ajourné son arrivée vers Dahme , il semble qu'il eût été prudent d'ajourner aussi l'entreprise, ou de l'exécuter du moins en prenant une autre direction.

Dès que l'Empereur eut décidé de se porter contre Blücher, il expédia, dit-on, le 3 septembre au soir, un officier au maréchal Ney pour lui annoncer ce changement, en lui promettant toutefois qu'il ne tarderait pas à venir. Cet officier aurait pu aisément arriver à Wittemberg dans la nuit du 4 au 5. Nous ignorons s'il arriva assez à temps pour arrêter la marche sur Baruth, ou si ses dépêches étaient de nature à confirmer les instructions du 2 plutôt qu'à les contremander. Cette dernière supposition est la plus probable, car le mouvement prescrit avait un but indépendant de l'attaque de Berlin : celui d'établir la communication directe de l'armée de Ney avec Dresde et Bautzen par la rive droite de l'Elbe en se basant sur Torgau et non sur Wittemberg ; or il est à présumer que Napoléon , attachant une juste importance à cette opération, ne donna point l'ordre de la différer.

Ajoutons à ces motifs que sa dépêche au maréchal Ney

affecte un injuste mépris pour ce qu'il nomme un ramassis
de Cosaques et un tas de mauvais Landwehr Prussiens ,
preuve évidente qu'il était fort mal renseigné sur le véritable état de cette armée du Nord (¹). Le peu de résultats
que les Alliés avaient obtenus de leur victoire sur Oudinot,
confirmant l'Empereur dans l'idée qu'il s'était formée de
l'infériorité de leurs troupes, l'induisit à croire que l'échec
essuyé à Gros-Beeren ne provenait que de l'oubli des règles
de la tactique, et le porta sans doute à ne rien changer à sa
première instruction.

En conséquence le maréchal Ney, encore sous l'influence
de la grande victoire de Dresde, bien qu'il ne cherchât pas
une bataille pour accroître sa gloire, ne prit peut-être pas
toutes les précautions convenables pour l'éviter. Conformément à ses instructions, il déboucha, non le 4, mais le
5 septembre, de son camp de Thiesen devant Wittemberg,
et poussant une démonstration sur Waltersdorf entre les
deux routes, il dirigea le reste de l'armée en trois colonnes
sur Zahna et Seyda. On donna vers la première de ces
villes sur le corps des volontaires de Berlin , qui , malgré
une très-vive résistance, fut rejeté avec perte par la division
Guilleminot sur Zalmsdorf, où il fut recueilli par Tauenzien
qui protégea sa retraite. L'armée française prit position, le
corps de Bertrand à gauche vers Naundorf, celui de Reynier
au centre à Zalmsdorf, celui d'Oudinot sur la droite à Seyda.

(¹) Le corps de Tauenzien auquel s'applique surtout cette épithète était,
à l'exception de deux régiments, entièrement composé de ces Landwehr,
Bulow n'en avait que la moitié.

Le général Tauenzien se replia sur Juterbock ; et Bulow, instruit de son côté, le 5 au soir, de ce combat de Zahna, prit sur lui de porter aussitôt son corps au bivouac de Kaltenborn, prêt à tomber sur le flanc des colonnes qui attaqueraient Juterbock.

Ney devait s'ébranler le 6 à huit heures du matin, pour dépasser cette ville. D'après sa disposition , on ne conçoit point le but qu'il se proposait d'atteindre. Il marcha lui-même avec le 4ᵉ corps par Dennewitz, où il arriva à dix heures, et donna sur celui de Tauenzien qu'il avait combattu la veille : Reynier, avec le centre, s'avança par la route de Rohrbeck ; Oudinot, avec le 12ᵉ corps, avait ordre de marcher sur OEhna, et d'attendre que le 7ᵉ eût défilé devant lui. Ney prétend qu'il voulait refuser sa gauche ; cependant rien ne l'indique, puisqu'il en fit l'aile tournante et agissante. On devait savoir que le prince de Suède se trouvait à cheval sur les routes de Wittemberg à Berlin, et que, dans ce mouvement, on lui prêterait le flanc gauche : aucune mesure ne fut prise pour parer à une attaque de ce côté.

Le maréchal, débouchant à dix heures de Dennewitz, donna sur les 12 mille Prussiens de Tauenzien : le 4ᵉ corps parvint à s'emparer des premières hauteurs en arrière et de celle du moulin à vent ; mais Tauenzien ayant été renforcé par la gauche de Bulow aux ordres du général Thumen, la division Morand se trouva débordée, et le corps fut contraint de refuser sa gauche pour pivoter sur Rohrbeck. Le corps de Reynier, parti plus tard qu'il ne devait, arriva enfin vers Dennewitz ; il ne s'agissait plus de songer à la disposition du matin, mais bien de soutenir la gauche du

4ᵉ corps, menacée par un ennemi supérieur. Il était midi, et le 12ᵉ corps n'était pas même arrivé à OEhna.

L'armée alliée, instruite par le combat de la veille, avait fait un mouvement naturel pour se serrer à gauche; Bulow, placé avec 38 mille Prussiens près de Kaltenborn, accourut pour secourir Tauenzien dès que le canon gronda. Il venait de recevoir le bulletin de la victoire de Blücher à la Katzbach, et le communiqua à ses troupes qui le reçurent avec les plus bruyantes acclamations, demandant à grands cris de voler au combat. De son côté, Bernadotte, placé à Rabenstein à six lieues de là avec 70 bataillons et 80 escadrons russes et suédois, les réunit d'abord à Lobessen, d'où il s'avança en seconde ligne vers Eckmansdorf et Talichau : il y arriva en trois heures.

On voit, d'après ces divers mouvements, que Ney avait défilé, avec le 4ᵉ corps, devant le front de l'armée prussienne sans s'en douter, et qu'un orage menaçant allait fondre sur son flanc gauche. Reynier dut porter en toute hâte la division Durutte dans la direction de Nieder-Gersdorf pour appuyer à la division Morand; et l'ennemi se montrant en force vers Gohlsdorf, les Saxons furent obligés de se former en crochet pour faire face de ce côté. Le général Thumen assaillit la division Durutte à Nieder-Gersdorf; Bulow se tourna contre les Saxons avec deux divisions, et une lutte sérieuse s'engagea sur ce point. Pendant ce temps Tauenzien combattait vigoureusement avec ses jeunes Landwehr contre le corps de Bertrand conduit par Ney en personne; et pour obvier à la disproportion de ses forces, le général prussien dut engager tout son corps sur une seule ligne sans réserve, ce qui n'empêcha pas ses jeunes troupes de faire bonne contenance et de reprendre même l'offensive.

Oudinot, à la tête du 12ᵉ corps qui cheminait alors vers OEhna à l'extrème droite, reçut l'ordre de se rapprocher de Dennewitz. Entendant la violente canonnade du côté de Gohlsdorf, il se dirigea vers ce point. L'ennemi avait déjà chassé les Saxons de ce village, quand la division Guilleminot déboucha heureusement et rétablit les affaires. Ces deux corps réunis repoussèrent vigoureusement l'attaque de Bulow et reprirent Gohlsdorf; la victoire était flottante, et quoique Bernadotte n'eût pas encore donné avec les corps russes et suédois, elle pouvait se déclarer pour Ney ou du moins rester indécise; mais la division Durutte, assaillie à Nieder-Gersdorf par 13 mille Prussiens du corps de Bulow, fut ramenée malgré la plus opiniâtre résistance jusqu'au delà de Dennewitz. Le maréchal, inquiété par cette attaque sur sa gauche, en même temps que Tauenzien forçait Morand au moulin à vent, replie alors le 4ᵉ corps vers Rohrbeck. La retraite de Durutte laissant le centre dégarni et Bertrand exposé au delà du ravin marécageux de l'Agerbach, Ney, auquel le danger de cet état de choses n'avait pas échappé, réitéra à Oudinot l'ordre de venir le seconder entre Denne-witz et Rohrbeck. Ce mouvement, s'il eût été ponctuelle-ment exécuté, n'eût probablement point remédié au mal : sans doute Tauenzien eût pu être refoulé sur Juterbock; mais Bulow, renforcé dans ce même instant par la division d'infanterie de Borstel et 4 mille chevaux prussiens et russes débouchant de Seehausen vers Gohlsdorf, eût écrasé entière-ment le corps de Reynier à la tête de ces 30 mille hommes;

alors le corps d'Oudinot, assailli dans son mouvement, aurait toujours dû faire face à l'orage qui serait tombé sur son flanc et même sur la queue de ses colonnes. En supposant qu'il l'eût repoussé, que serait-il advenu à l'arrivée des corps russes et suédois ?

Dans un pareil état de choses une défaite sanglante était difficile à éviter. La division Guilleminot qui formait la tête du 12ᵉ corps, au moment de prendre la nouvelle direction qui lui était assignée, se voyant menacée par cette division prussienne de Borstel et 4 mille chevaux, ne put se dispenser de s'engager et le reste du corps d'armée dut la soutenir. Les Saxons accablés par Bulow étaient ramenés au même instant sur OEhna.

La division Thumen et les autres troupes qui avaient repoussé Durutte, franchissant le ruisseau entre Dennewitz et Rohrbeck, achevèrent alors la défaite du centre, en même temps que des masses de cavalerie dépassaient et pressaient la gauche. Ney tenta vainement de rétablir les affaires en précipitant la cavalerie d'Arrighi dans la trouée faite par l'ennemi : des tourbillons de poussière chassés par le vent s'élevant autour de ses masses ébranlées, elles furent hors d'état de prendre la moindre disposition pour s'opposer à l'ennemi, qu'un nuage obscur dérobait à leurs yeux ; d'ailleurs les Alliés avaient des escadrons supérieurs à lui opposer au centre, et plus de 4 mille chevaux débordaient la gauche. Tout fut bientôt entrainé comme les Saxons, et Oudinot se trouva ainsi dans l'impossibilité de donner la main au 4ᵉ corps. Dès lors Ney, un peu compromis, n'avait plus d'autre parti à prendre qu'à gagner la route de Dahme ; Oudinot prit celle de Schweinitz et d'Annabourg; enfin, le 7ᵉ corps morcelé suivit en partie celle de Hertzberg, en partie celle du 12ᵉ corps. Comme à Gros-Beeren, Bulow eut tout l'honneur de cette victoire. Bernadotte n'y prit d'autre part que la rédaction d'un bulletin pompeux, où il adressa force compliments à tous ceux qui, comme lui, n'avaient été que spectateurs de l'événement.

Une grande controverse s'est établie sur les causes de cette défaite : chacun a cherché à en décliner la responsabilité, et pour être juste, chacun aurait pu revendiquer une petite part des fautes commises.

Si Ney n'avait pas d'autre instruction que celle dont nous avons donné le texte, soit qu'il attendît l'Empereur, soit qu'il ne comptât plus sur lui, il ne pouvait éviter une bataille qu'en se bornant à faire observer la route de Juterbock par son corps de cavalerie, et en massant son infanterie le 5 sur Seyda, le 6 sur Langen-Lipsdorf et Sernow ; il eût ainsi gagné la route de Dahme, et atteint son but sans engagement sérieux. Si l'ennemi eût marché sur lui, il aurait pu accepter la bataille avec ses trois corps bien réunis et convenablement basés sur Dahme et Luckau. Dès qu'on allait heurter contre Tauenzien qui ne pouvait défendre Juterbock que dans la position derrière le ruisseau de Dennewitz, il fallait s'attendre a être assailli par toute l'armée alliée qui accourrait à son soutien. L'espace qui sépare Seyda de Langen-Lipsdorf et de Sernow, n'offre il est vrai que des routes de traverse, mais dans cette saison elles étaient praticables et il fallut bien s'en servir pour opérer la retraite. A la rigueur même, si l'on était instruit de l'ajournement du projet contre Berlin, on aurait pu aisément gagner la ligne d'opérations de Dahme en longeant l'Elster par Jessen.

Il paraît du reste évident que le maréchal, de même qu'Oudinot à Gros-Beeren, se vit attaqué en marche quand il s'y attendait le moins. Ses dispositions furent décousues et même si bizarres, que son aile droite combattit à la gauche, et que l'aile gauche se trouva transportée à la droite; ce qui prouve assez que tout fut imprévu. Il y a du mérite aussi à gagner une bataille à l'improviste : on ne fit rien de ce qu'il fallait pour cela. Tout démontre que Ney prit la partie secondaire pour la principale, en s'attachant exclusivement au corps de Tauenzien qui couvrait Juterbock. Son rapport, loin de jeter du jour sur ses combinaisons, les rend incompréhensibles : il voulait, dit-il, refuser sa gauche, et il marche à sa tête, il en fait son avant-garde. Il a voulu manœuvrer, et tout indique qu'il n'avait pas le moindre indice des positions de l'ennemi. Le mouvement qui lui fut prescrit était certainement fort délicat et d'une exécution difficile, mais dès qu'on avait rencontré un corps d'armée entier le 5 au soir sur la direction de Sayda et de Juterbock, il n'était guères possible de songer à marcher sur Baruth sans risquer une bataille générale, ou pour l'éviter il eût fallu se diriger constamment à l'Est de la route de Juterbock. Dès que l'armée eut dépassé Seyda, il n'était plus possible de songer à aucune retraite sur Wittenberg; on ne devait donc pas prendre un front parallèle au cours de l'Elbe qui coule là, de l'Est à l'Ouest, mais il fallait établir sa ligne perpendiculairement au fleuve, c'est-à-dire, dans la direction du Nord au Sud, car toutes les masses alliées venant de l'Ouest, devaient tomber sur son extrème gauche si l'on agissait différemment.

Débouchant le 5 de grand matin, il eût été facile de pousser ce jour-là jusqu'à Oehna, de dépasser même ce village et de s'établir, la gauche à la grande forêt de Seyda, la droite au ruisseau de l'Agerbach vers Bocho, la réserve de cavalerie flanquant la marche vers Rohrbeck, et la ligne faisant face vers l'Ouest : les Prussiens n'auraient pu ainsi atteindre l'armée que le lendemain et l'eussent trouvée bien réunie. Si ce mouvement n'avait pu s'exécuter entièrement le 5, rien n'empêchait de l'achever le 6 au point du jour ; la nouvelle ligne d'opérations sur Dahme eût été assurée et la bataille évitée, du moins jusqu'à l'arrivée de Napoléon.

Dès qu'on n'adoptait pas ce système il n'y avait qu'un autre moyen de réussir, c'était de porter les 7ᵉ et 12ᵉ corps sur Rohrbeck le 6 dès le point du jour ; le 4ᵉ avec la réserve de cavalerie sur Dennewitz. A dix heures toute l'armée aurait pu déboucher de ces deux villages pour fondre sur Tauenzien et enlever Juterbock : c'eût été certes beaucoup mieux que ce qui fut fait ; mais dans l'hypothèse du retard de l'arrivée de Napoléon, mieux eût valu encore d'éviter tout combat et de marcher sur Langen-Lipsdorf en ne portant que la cavalerie sur la route de Dennewitz pour flanquer la marche autant que pour donner le change à Tauenzien.

Quoi qu'il en soit, l'armée française revint dans un affreux désordre sous le canon de Torgau, non sans avoir essuyé encore un échec à Luckau, que la division prussienne de Wobeser assaillit à l'improviste et où elle fit

12 cents prisonniers. Ney avait perdu ainsi 15 mille tués, blessés, ou prisonniers : c'était le pendant de la Katzbach.

Pour sauver la gloire de ce vaillant guerrier, on a prétendu qu'Oudinot et Reynier ne lui avaient pas obéi avec le zèle et la ponctualité nécessaires. Il est de fait qu'il y eut du retard et du décousu dans les mouvements ; mais l'ordre qui les prescrivait n'était pas clair. Oudinot arriva trop tard, parce qu'on lui avait enjoint d'attendre que le 7ᵉ corps eût filé. On a beaucoup controversé sur ce qui fût advenu si, au lieu d'aller soutenir les Saxons vivement pressés à Gohlsdorf, le 12ᵉ corps eût continué sa marche pour joindre le 4ᵉ corps à Dennewitz ou Rohrbeck. Il est certain que sous le point de vue d'atteindre le plus sûrement possible la route de Dahme, ce parti eût été avantageux, car on eût probablement culbuté Tauenzien et peut-être occupé Juterbock. Mais que serait devenu le corps de Reynier, écrasé par les 35 mille hommes de Bulow, auxquels devaient bientôt se réunir 40 mille Russes et Suédois? Et si les 4ᵉ et 12ᵉ corps seuls eussent voulu suivre leur marche vers la route de Baruth, assaillis le lendemain à revers par toutes les forces de Bernadotte réunies, quel eût été leur sort ?

D'ailleurs le général Guilleminot, voyant dans sa marche vers Dennewitz les Saxons vivement ramenés de Gohlsdorf, pouvait-il faire autre chose que de se former pour les soutenir? Lorsqu'il se trouva engagé à cet effet, le maréchal Ney réitéra plusieurs fois à Oudinot l'ordre de voler au soutien de Bertrand : s'il ne fût pas obéi à la lettre, ce n'est pas là qu'il faut chercher la cause de la défaite; car le point décisif était, à ce moment, celui d'où l'on rappelait le 12e corps. Cet ordre fut donc une des circonstances les plus funestes de la journée, et, joint au peu d'ensemble des attaques qui eurent lieu de dix heures à deux, il causa la perte d'une bataille qui ne pouvait se gagner que par des manœuvres bien combinées et un concert parfait dans l'exécution.

On a voulu insinuer que les Saxons n'avaient pas rempli leur devoir : leur désordre fut complet, il est vrai ; mais comment eussent-ils tenu sans l'appui du 12e corps, puisqu'ils avaient sur les bras au moins 25 mille hommes d'infanterie et 5 mille de cavalerie? Du reste, il faut l'avouer, la composition de l'armée de Ney laissait beaucoup à désirer ; le corps de Bertrand, composé de Wurtembergeois, d'Italiens et de Français, n'offrait pas la même consistance que s'il eût été entièrement composé de troupes nationales. Il en était de même des deux autres, du 7e surtout, car il ne régnait pas entre les Saxons et la division Duruttc, les sentiments de confraternité militaire si indispensables dans les moments de crise.

Les Prussiens au contraire, exaltés par le bulletin de la Katzbach, se battirent admirablement bien ; Bulow, Thumen et Tauenzien rivalisèrent ; le corps du dernier ne comptait que 12 mille combattants dont les trois quarts étaient de ces mauvais Landwehr pour lesquels on affectait tant de mépris.

On aurait dit qu'ils étaient instruits des paroles blessantes de Napoléon et qu'ils avaient à cœur de leur donner un démenti.

La circonstance qui avait forcé Napoléon à suspendre sa marche sur Luckau fut, sans contredit, très-fâcheuse ;

mais elle n'influa en rien sur les revers essuyés par Ney , car dans la supposition même que l'Empereur eût poussé sa tête de colonne le 6, jusque dans cette ville, cela n'eût apporté aucun remède à la défaite qui eut lieu à Dennewitz, cela n'eût servi qu'à rallier des débris.

Nous nous sommes un peu étendu sur ces trois désastres, parce qu'ils eurent une influence notable sur les résultats de la campagne. Ces échecs multipliés ont fait concevoir des doutes sur l'habileté du plan de l'Empereur et sur la solidité des principes sur lesquels il reposait. Rien n'est plus injuste à notre avis. Pour réussir, il ne lui manqua que des troupes un peu plus rompues aux fatigues, mais principalement une plus grande quantité de bonne cavalerie. Un plan basé sur l'emploi alternatif d'une masse supérieure au point décisif, exige que les armées secondaires qui restent sur la défensive soient organisées de manière à battre en retraite au besoin, pour ne pas se laisser entamer; or les retraites ne s'effectuent pas sans une bonne cavalerie, surtout avec de l'infanterie peu expérimentée. Pour juger si le système des positions et zones centrales est défectueux , il importerait d'établir parité de moyens, c'est-à-dire, il faudrait voir ce que Napoléon eût fait entre l'Elbe et la Katzbach, s'il avait eu, comme les Alliés, des soldats plus robustes et 80 mille chevaux.

On ne peut dissimuler néanmoins que le système des zones centrales ne soit plus avantageux avec une force de 100 mille hommes contre trois corps de 33 mille hommes, qu'avec une masse de 300 mille contre trois armées de

130 mille. D'abord, la difficulté des vivres devient extrême avec des armées aussi énormes, surtout dès qu'on arrive à les concentrer dans un espace étroit; ensuite, il est plus aisé de manœuvrer contre des fractions de 30 mille hommes, et de leur porter des coups mortels, qu'il ne l'est d'entamer 120 mille combattants. Plus les masses sont grandes, plus l'action du génie est soumise au caprice des accidents, et plus les événements secondaires ont de réaction.

Malgré ces vérités, ce n'était pas le système qui péchait, mais bien les mesures d'exécution. Pouvait-on prévoir que Macdonald s'exposerait à un sanglant revers, en agissant en sens contraire de ses instructions? Peut-être eût-on mieux fait de l'attirer derrière la Queiss à l'instant même où la question allait se décider auprès de Dresde. Oui, je le crois, il eût été plus sage d'attendre l'issue de la bataille pour attaquer Blücher; car si l'armée principale avait été vaincue à Dresde, tout succès en Silésie eut été éphémère, pour ne pas dire calamiteux.

On peut appliquer les mêmes reproches aux opérations d'Oudinot et de Ney contre le prince de Suède. En un mot, il aurait fallu frapper au point décisif avec la masse de ses forces, conduites par Napoléon en personne, et rester en observation sur la défensive partout où il ne serait pas. La première conséquence de ce système eût été de faire replier Macdonald sur Gœrlitz, quand il marcha vers Dresde; ce qui eût permis d'emmener le 5ᵉ corps sur l'Elbe, et d'y frapper à coup sûr avec des forces plus considérables, soit sur Prague, soit sur Dresde. Si l'Empereur dévia de ces maximes, ce fut sans doute dans l'espoir de diminuer les chances défavorables résultant de son infériorité numérique, en prenant partout l'initiative ; ainsi le non-succès de la campagne dépendit probablement de son excès de confiance dans l'application d'une règle si incontestable. Il en eût été autrement s'il avait pu se multiplier ; car il aurait bien su remédier par de bonnes manœuvres à une infériorité locale momentanée. Frédéric avait triomphé à Leuthen contre des forces triples ; Macdonald ne pouvait-il pas lutter avec 80 mille hommes contre 95 mille ?

Au fait, ce qui manqua le plus à l'Empereur dans cette campagne, ce furent deux lieutenants qui entendissent bien la grande guerre. Il n'était sûr de rien là où il ne se trouvait pas en personne. Si jamais il eût lieu d'éprouver que son système d'état-major était vicieux, ce fut dans ces opérations mémorables.

Au demeurant, Napoléon aurait eu mauvaise grâce d'attendre de ses lieutenants tout ce qu'il aurait pu faire lui-même ; cela était impossible. Arbitre des réputations comme grand capitaine ; maître de la fortune de ses officiers comme souverain, il tenait en ses mains les deux grands mobiles qui dominent les hommes : dès qu'il paraissait sur un point, la confiance, l'enthousiasme, l'ambition, la crainte, toutes les passions se réunissaient autour de lui, exaltaient ses subordonnés, leur déguisaient ou aplanissaient toutes les difficultés, et leur faisaient opérer des prodiges. Ses lieutenants, au contraire, rencontraient partout des rivalités, des défiances : à égalité de talent, ils n'eussent pu l'égaler dans leurs opérations ; à plus forte raison, lorsqu'il n'y avait pas plus de similitude de caractère et de génie que de moyens d'action.

On pourrait ajouter encore une considération importante. C'est que le quart de son armée était composé d'étrangers sur lesquels ses lieutenants n'exerçaient pas le même empire que lui. Toutefois, si ceux qui commandèrent ses armées secondaires, eussent mieux entendu son système de guerre, la campagne eût certainement pris une autre tournure.

<hr>

Suites de ces batailles.— Nouveaux plans d'opération.

Dans le moment même où ces trois sanglants échecs, essuyés par les lieutenants de Napoléon, renversaient toutes les espérances qu'il était en droit de concevoir de son habile plan de campagne, les souverains et le généralissime de l'armée de Bohème méditaient paisiblement à Tœplitz les moyens de se venger de l'affront qu'ils avaient reçu à Dresde.

Le général Jomini avait acquis la conviction que pour réussir dans une nouvelle invasion de la Saxe, il serait indispensable d'avoir une force suffisante pour couvrir la base d'opérations de la Bohème pendant que la grande armée se dirigerait vers Leipzig. L'armée de Blücher, après sa victoire de la Katzbach, se trouvait inutile pour couvrir l'Oder et la Silésie, d'autant plus que Beningsen, venant de Kalisch avec l'armée de Pologne, allait s'avancer sur Breslau. Le général Jomini proposa donc de faire venir cette armée de Blücher dans la position de Péterswalde, afin que l'armée de Schwarzenberg pût marcher ensuite en toute sûreté sur Leipzig, pour joindre celle du prince de Suède. L'Empereur Alexandre et le roi de Prusse jugèrent le mouvement convenable et l'ordre en fut donné. Mais Blücher et ses conseillers jugèrent que s'ils allaient se placer sous la direction immédiate des souverains, ils ne seraient plus que des subordonnés de la grande armée, et tout en avouant que la position de cette armée de Silésie devenait sans but, ils proposèrent, au lieu de marcher par leur gauche en Bohême, de se porter par leur droite sur Wittenberg, pour se réunir au prince de Suède et donner plus d'énergie à ses opérations, dans lesquelles ils n'avaient aucune confiance depuis les deux batailles gagnées sans sa participation.

Tous les militaires instruits conviendront que l'idée du général Jomini était plus conforme aux vrais principes de la stratégie; mais comme le mouvement proposé par les généraux prussiens avait toujours l'avantage de ne former que deux armées au lieu de trois; qu'il imprimait plus de force aux opérations du prince de Suède, et mettait Berlin tout à fait à l'abri des atteintes de Napoléon, on y adhéra et Beningsen fut appelé avec l'armée de Pologne vers Tœplitz pour prendre le rôle d'abord réservé à Blücher.

Chacun voulut plus tard revendiquer l'honneur de cette affaire, mais il est constant que le général Jomini fut le premier qui insista près de l'empereur Alexandre pour ce mouvement qui amena par suite la bataille de Leipzig.

Quoi qu'il en soit, cet incident allait imprimer une direction toute nouvelle aux opérations des deux partis ; et en attendant que l'arrivée de Beningsen permit à Blücher de commencer son mouvement de jonction, les armées alliées restaient dans un état de repos dont sans doute Napoléon ne se rendait pas bien compte. Il avait aussi ses motifs de rester en observation, car il attendait le corps d'Augereau venant de Wurzbourg avec trois belles divisions de dragons appelées d'Espagne dès le début de la campagne, et il espérait toujours que les Alliés lui fourniraient quelque occasion de remporter une victoire capable de rétablir ses affaires, qui menaçaient de s'empirer de plus en plus.

En effet, les grands avantages de la zone centrale que ses armées avaient occupée jusqu'ici, allaient s'évanouir, car la surface de son échiquier stratégique se resserrait à tel point qu'il devenait impossible de faire vivre des masses si nombreuses dans un pays déjà entièrement dévasté; outre cela, les forces alliées, ne formant plus que deux grandes armées, se rapprochaient tellement l'une de l'autre qu'on n'aurait plus assez d'espace ni de temps pour les battre séparément.

En attendant toutefois l'occasion de frapper quelque coup sérieux, Napoléon se borna pour l'instant à éloigner de son centre d'action les corps qui s'en approchaient assez pour le gêner.

N'ayant rien pu entreprendre de sérieux contre l'armée de Bohême malgré le grand détachement qu'elle avait fait sur la rive droite de l'Elbe, et ayant de nouveau couru sans succès contre Blücher en Lusace, l'Empereur, revenu encore une fois à Dresde, quitta de nouveau cette capitale le 14 septembre pour rejoindre avec ses gardes les troupes laissées au camp de Dohna, et repousser les avant-gardes, russes et prussiennes qui s'étaient avancées jusque vers Gishubel. Le 15, Napoléon fit déloger les Alliés de Péterswalde et de Nollendorff; le 17, ses colonnes descendirent des montagnes et firent mine de vouloir s'emparer de Culm et de Tœplitz : mais le moment opportun était passé, le retour des forces autrichiennes détachées sur Rombourg permit aux Alliés de jeter des forces considérables sur son avant-garde qui fut assez sérieusement maltraitée; l'Empereur retourna le 18 à Pirna et revint ensuite à Dresde.

Malgré tant de contrariétés dans ses tentatives, Napoléon espéra encore une fois de pouvoir prendre sa revanche sur Blücher, qu'il savait être affaibli d'un gros corps détaché sur Camentz. Le 22, il se rendit à l'armée de Macdonald, et la poussa en avant sur Bautzen. Après avoir traversé la forêt de Gœdau, il se trouva, le 23 septembre, en présence de l'armée de Blücher, qui occupait la position de Bautzen; tandis que le corps qu'il avait dirigé sur Camentz, revenant sur ses pas, menaçait la gauche et les communications des Français avec Dresde. Une bataille, livrée dans ces circonstances contre un ennemi supérieur en nombre, eût pu avoir les plus fâcheuses conséquences. Obligé de renoncer momentanément à tout projet d'offensive, Napoléon sentit aussi la nécessité de rétrécir le cercle de sa défensive. Il ramena l'armée de Macdonald dans la position de Weissig, à deux lieues de Dresde, méditant sans doute déjà la grande résolution qu'il prit quelques jours plus tard.

Après la bataille de Dennewitz, tout le mois de septembre

s'était ainsi passé de part et d'autre , en marches. contre-marches et entreprises entièrement secondaires.

Bernadotte, attendant de nouvelles combinaisons concertées avec les autres armées , s'appliquait à préparer les moyens d'assurer un passage de l'Elbe ; il faisait couvrir de retranchements le pont jeté à Roslau près de Dessau, ordonnait les préparatifs pour assiéger formellement Wittenberg, et faisait, vers son extrême gauche, construire un pont à l'embouchure de l'Elster-Noire dans l'Elbe , tandis que sa droite en jetait un à Acken ; opérations qui étaient facilitées par la retraite de Ney sur Eulenbourg. Dès le 25 septembre, la parallèle fut ouverte et Wittenberg vigoureusement bombardé ; en même temps la droite de Bernadotte passa l'Elbe vers Roslau et poussa ses avant-gardes sur Bernbourg et Halle.

Le maréchal Ney ayant résolu de dégager Wittenberg, se dirigea avec deux corps, le 26 septembre, sur Dessau et fit tenter l'attaque de la tête de pont de Roslau le 29, avant qu'elle ne fût achevée, mais les troupes suédoises s'y maintinrent bravement.

Si les grandes armées demeuraient inactives durant le mois de septembre, il n'en était pas de même des partisans détachés par les Alliés sur les communications des Français. Le général saxon Thielman, exaspéré contre Napoléon depuis la campagne de 1812 qu'il avait faite avec lui , et compromis par le refus qu'il avait fait de remettre la place de Torgau , avait été accueilli au service de Russie comme lieutenant général. Sachant par expérience que les Français, si braves au combat, se gardent avec beaucoup de négligence, particulièrement sur les derrières, il avait demandé un corps de cavalerie pour faire cette guerre de partisans qui offre tant de chances et d'attraits à ceux qui savent la faire. On lui avait donné une division d'environ 2 mille hommes avec laquelle il battit efficacement le pays; le 11 septembre, à Weissenfels, il surprit un corps de 3 mille hommes qui escortait un grand convoi; une partie du corps fila, mais l'autre ayant occupé la ville, dut mettre bas les armes au nombre d'environ 1,200 hommes. Huit jours après il s'empara de Mersebourg, fit 600 prisonniers et délivra près de 3 mille prisonniers des troupes alliées; mais s'étant dirigé sur Naumbourg, il fut vigoureusement reçu par Lefèvre-Desnouettes. Néanmoins, il s'empara à Kösen d'un précieux convoi d'équipements pour la cavalerie, puis se rapprocha de l'armée de Zeitz pour joindre les renforts promis.

Napoléon, inquiété de ces courses sur toutes les lignes d'étapes, renforça le général Lefèvre-Desnouettes, pour y mettre un terme. Mais d'un autre côté, les Alliés, appréciant un peu tard peut-être le parti qu'ils pouvaient tirer de leur immense cavalerie légère, avaient détaché le hetman Platof, secondé du brave prince Koudascheff, avec huit régiments de cosaques d'élite, pour appuyer le général Thielmann. Ces corps réunis attaquèrent Lefèvre-Desnouettes à Altenbourg, le 26 septembre, le rejetèrent sur Zeitz où il fut contraint d'abandonner l'infanterie dont on l'avait renforcé, et qui fut en grande partie prise. Les Alliés firent près de 1,400 prisonniers. Cependant la mésintelligence qui éclata entre Platof et Thielmann mit un terme à ces succès, qui empiraient de jour en jour la situation de l'armée française.

CHAPITRE V.

Blücher passe l'Elbe à Wartenburg. — La grande armée de Bohême débouche en Saxe. — Napoléon marche contre Blücher. — Plan de Duben. — Concentration des Alliés vers Leipzig.

Tandis que Napoléon s'agitait pour chercher vainement une de ces victoires éclatantes auxquelles il avait habitué l'Europe, et qu'il harassait ses jeunes troupes par des marches continuelles dans des contrées sans ressources, les souverains et leur grande armée étaient restés paisiblement à Tœplitz, comme on l'a déjà dit, pour y concerter toutes les mesures nécessaires à l'exécution d'une nouvelle invasion de la Saxe, mieux combinée que la première. Il fut convenu qu'aussitôt après l'arrivée de l'armée de Beningsen vers Tœplitz, celle de Blücher filerait par la droite vers l'embouchure de l'Elster (¹) et passerait l'Elbe entre Torgau et Wittenberg ; l'armée du prince de Suède en ferait autant au dessous de cette ville près de Dessau et d'Acken. En même temps l'armée des souverains, laissant à Beningsen le soin de masquer les débouchés de Dresde et de Kœnigstein, reprendrait le projet de marcher sur Leipzig qu'on avait eu au mois d'août.

Cette résolution, très conforme aux lois de la stratégie

(¹) Il y a deux rivières de ce nom : l'une qui coule à Leipzig ; l'autre, *Elster-Noire,* à la rive droite de l'Elbe : c'est de la dernière qu'il s'agit ici.

dans la situation respective où se trouvaient les armées des deux partis à l'époque du mois d'octobre, ne manqua pas de faire chanter victoire aux auteurs du plan primitif de Trachenberg, qui prétendirent démontrer par là qu'on avait eu tort de l'abandonner au mois d'août. Telle était leur légèreté qu'ils ne jugeaient point que dans cette marche du mois d'octobre tous les rôles étaient intervertis ; alors Napoléon, au lieu d'être à Dresde et en Lusace, à portée de s'emparer de l'Ertzgebirge par Kœnigstein, se trouvait avec le gros de ses forces vers Wittenberg ; la grande armée alliée, renforcée des 60 mille hommes de Beningsen, pouvait masquer Saint-Cyr à Dresde avec des forces supérieures, et marcher avec 200 mille hommes du midi vers le nord contre Napoléon, qui eût pu être refoulé sur le bas Elbe. On opérait ainsi précisément dans le sens contraire du plan de Trachenberg, car on plaçait l'armée française dans cette situation périlleuse où les Alliés se fussent trouvés eux-mêmes au mois d'août si, marchant sur Chemnitz, ils eussent été attaqués à revers par Napoléon sorti de Dresde. Ajoutez à cela qu'au mois d'octobre Blücher et Bernadotte se trouvaient réunis sur la Saale et tous les deux victorieux dans plusieurs batailles (Katzbach, Gros-Beeren, Dennewitz), qu'une nouvelle armée avait renforcé les Alliés. Il y avait donc une mauvaise foi insigne, ou ignorance stratégique complète, à vouloir mettre en parallèle deux opérations entreprises dans des conditions entièrement inverses.

Le mois d'octobre devait donc amener une révolution

totale dans les affaires des deux partis : et pour en apprécier toute la portée, il importe de résumer l'état des armées respectives à l'époque du 2. Celle de Beningsen relevait à Tœplitz et Peterswalde les forces de Schwarzenberg qui se disposait à franchir les montagnes, et préludait en poussant des détachements vers Chemnitz et Zwickau. L'armée de Blücher qui s'était groupée sur sa droite vers Elsterverda, se met en marche pour passer l'Elbe entre Torgau et Wittenberg, afin de se lier avec Bernadotte qui depuis plusieurs jours a déja porté une partie de son armée par Roslau et Dessau sur Bernbourg et bloque Wittenberg; de nombreux corps-volants battaient le pays entre la Saale et l'Elbe.

Napoléon de son côté, renonçant à reprendre la Lusace, concentrait ses forces entre Torgau et Dresde. Il a appelé à lui le corps d'Augereau laissé à Wurzbourg, pour maintenir la Bavière et le centre de l'Allemagne : il attend l'arrivée de ce renfort avec trois belles divisions de dragons, tirées de l'armée d'Espagne ([1]), pour frapper quelque coup vigoureux. Jusque là il se borne à faire observer les défilés de l'Erzgebirge par les corps de Bellune, Poniatowsky et Lauriston placés vers Freyberg et Mittweida : il parait n'avoir aucun soupçon du projet formé par les Alliés de réunir les deux armées de Blücher et de Bernadotte, car le 2 octobre, au moment même où le premier marche à l'embouchure de l'Elster-Noire, l'Empereur des Français écrivait au duc de Bellune la lettre suivante :

([1]) Quelques relations disent deux divisions seulement.

« Dresde, 2 octobre.

» Mon Cousin,

» Je reçois votre lettre : le prince Poniatowsky est arrivé
» à Altenbourg, le général Lauriston est à Mittweyda. Il est
» important que vous poussiez l'ennemi sur Chemnitz. Une
» des deux choses arrivera : ou l'ennemi a peu de monde à
» Chemnitz (et les renseignements du prince Poniatowsky
» sont qu'il n'y a que 2 régiments); dans ce cas vous le
» culbuterez, vous entrerez à Chemnitz, vous vous lierez
» avec Lauriston et vous aurez des nouvelles : ou l'ennemi
» y a une armée, et dans ce cas il est important que vous
» dirigiez en conséquence Lauriston ainsi que le prince
» Poniatowsky pour qu'ils ne soient pas compromis et que
» vous m'en teniez instruit. *Je regarderais comme une*
» *nouvelle bien heureuse la certitude que l'ennemi s'enfournât*
» *avec une armée de 80 mille hommes sur Leipzig, la guerre*
» *serait alors bientôt finie; mais je pense qu'il connaît trop ma*
» *manière de faire pour s'engager à pareille aventure.* Sachez
» donc ce que l'ennemi a à Chemnitz et marchez-y vous-
» même.

» N. »

Cette mission fut facile à exécuter, car les Alliés n'avaient
poussé sur cette ville qu'un détachement léger et ne devaient
s'y porter en forces que quelques jours après.

Le 4 octobre, l'avant-garde de Klénau se présenta à Chemnitz; mais à peine y était-elle entrée que le duc de Bellune
l'assaillit avec une de ses divisions, l'expulsa de la ville et
la força à se retirer sur les hauteurs; par un heureux hasard,

le corps de Platof, revenant de ses excursions, vint à son secours, et repoussa les Français.

Dans ces entrefaites, et conformément au nouveau plan arrêté, Blücher avait fait ses dispositions préparatoires pour assembler son armée près de Wartenbourg, où il réussit à franchir l'Elbe le 3 octobre, grâces aux pontons russes qui suivaient le corps de Langeron, et aux habiles mesures prises par le général York. Le corps de Bertrand, accouru un peu tard pour s'y opposer, fut repoussé à la suite d'un combat assez vif et se replia sur Kemberg : l'armée de Blücher se dirigea aussitôt sur le même point pour prendre la route de Duben. Le prince de Suède, instruit du succès de cette opération, comprit qu'il était temps d'agir de son côté ; il porta son armée entière sur la rive gauche de l'Elbe et se dirigea le 6 sur Radegast et Zorbig par la rive gauche de la Mulde.

Les chefs des deux armées eurent, le lendemain 7, une entrevue à Muhlbeck, et dans la persuasion que Napoléon était encore occupé avec l'armée de Bohème et qu'ils rencontreraient peu d'obstacles à s'emparer de Leipzig, ils convinrent d'y marcher sans délai.

Ln maréchal Ney, auquel il ne restait pas 50 mille combattants un peu démoralisés par deux défaites, ne pouvait résister à ces grandes armées ; il réunit donc ses deux corps à Dölitsch, puis se replia sur Eulenbourg.

L'intention des Alliés était visiblement de s'établir avec toutes leurs masses réunies sur les communications de l'armée française, afin de lui couper toute retraite. Il ne

restait donc à l'Empereur d'autre ressource que de se jeter
avec le gros de ses forces entre leurs armées, pour tâcher
de les battre séparément. Il résolut d'abord de se porter
contre Blücher. Espérant encore conserver la ligne de l'Elbe,
il laissa Saint-Cyr à Dresde avec 27 mille hommes, et détacha le roi de Naples à Freyberg avec 50 mille : ces deux
corps devaient contenir Schwarzenberg du côté de la Bohème.
Avec le reste de ses forces, il marcha sur Eulenbourg, où,
le 9, il rallia à lui l'armée de Ney, ce qui lui forma une
masse de 125 mille combattants (').

Il pouvait d'autant mieux en espérer de grands succès
que la meilleure intelligence ne régnait pas entre Blücher
et Bernadotte ; le premier, renonçant alors à son système
de temporisation, cherchait les batailles et le second s'effor-
çait de les éviter, soit qu'il voulût épargner son armée suédoise, soit qu'un reste de sentiment français le retint. Les
deux généraux étaient néanmoins convenus, ainsi que nous
l'avons dit, de marcher de concert sur Leipzig, le 8.

A peine Blücher était-il arrivé à Duben, se préparant à
cette entreprise, que l'on reçut la nouvelle du départ de
Napoléon pour marcher contre eux. Le prince de Suède
parlait déjà de se retirer derrière l'Elbe, et ne consentait à
rester sur la rive gauche que si l'armée de Silésie voulait se

---

(') L'armée avait reçu une nouvelle organisation nécessitée par la
perte de plusieurs corps. Celui d'Oudinot (le 12ᵉ) avait été incorporé
dans le 4ᵉ. L'ancien corps de Ney, commandé par Souham (le 3ᵉ), avait
été réduit à trois divisions ; celle d'Albert avait renforcé le corps de Macdonald après la Katzbach ; et celle de Marchand, composée de troupes
allemandes, avait renforcé le 7ᵉ corps, qui avait souffert à Dennewitz.

porter avec lui derrière la Saale, ce qui décida Blücher à quitter Duben pour se prolonger par sa droite vers l'ouest. Les corps de York et de Langeron, quittant le 9 octobre les environs de Duben, se portaient vers Jessnitz : le corps de Sacken qui devait les remplacer à Duben, ayant reçu l'ordre un peu tard, se présenta devant cette ville au moment où les colonnes de Napoléon venaient de l'occuper. Malgré la longue marche exécutée par ses troupes, le général russe comprit qu'il serait perdu s'il ne réussissait pas à passer la Mulde plus bas et à rejoindre l'armée combinée ; il marcha donc toute la nuit et gagna les bivouacs de Blücher le 10 au matin. Napoléon, mal informé sans doute de l'état des choses, ne tira pas tout l'avantage qu'il aurait pu s'en promettre et la vigueur de Sacken tira son corps d'un fort mauvais pas.

Le moment d'une crise décisive approchait à grands pas, car au même instant où ceci se passait, Murat annonçait qu'il était sérieusement menacé par les masses formidables qui venaient de déboucher de nouveau des montagnes de l'Erzgebirge. En effet, les souverains instruits de la marche de Blücher vers l'Elster-Noire et connaissant son intention de passer l'Elbe le 3 ou le 4, laissèrent à l'armée de Pologne le soin d'investir Dresde et débouchèrent le 5 octobre sur Zwickau et Chemnitz, opérant cette fois par leur gauche pivotant sur la droite ; ce qui était beaucoup plus raisonnable que la singulière marche du 22 août.

Murat, comprenant qu'il ne pouvait lutter contre des forces presque triples, évacua ses positions de Freyberg, et après

quelques engagements d'arrière-garde se replia sur Altenbourg, qu'il ne tarda même pas d'abandonner aux Alliés pour
couvrir Leipzig de concert avec le corps d'Augereau, qui
allait y arriver malgré les efforts des partisans ennemis.
Dans une telle situation, une victoire éclatante contre
Blücher et Bernadotte devenait indispensable.

Napoléon était ainsi arrivé à une de ces époques de sa
carrière où il avait dû prendre de vigoureuses et subites
résolutions. Il comprit que tout l'avantage de sa zone centrale
disparaissait par l'énorme disproportion des forces et le grand
rapprochement des masses ennemies contre lesquelles il
n'avait plus ni l'espace ni le temps nécessaire pour les frapper
séparément. Recevoir une bataille décisive dans le centre de
ce cercle de fer, c'était jouer gros jeu. Il ne lui restait cependant que deux autres partis, ou de se mettre en retraite
vers le Rhin, ou de chercher le moyen de transporter le
théâtre de ses efforts, du centre sur une des extrémités du
front d'opérations des Alliés. Ce dernier était certes le plus
habile, car c'était la même manœuvre qui avait eu tant de
succès contre Mélas en 1800, contre Mack en 1805, contre
les Prussiens à Iena, mais c'était aussi le plus difficile à
exécuter.

Avec cet admirable coup-d'œil stratégique qui lui avait
inspiré le projet de Stolpen pour passer l'Elbe à Kœnigstein,
Napoléon jugea qu'il n'y avait qu'un seul moyen d'atteindre
son but. C'était de brûler les ponts des Alliés, d'Acken,
Roslau et Wartenbourg ; de les laisser courir sur la Saale
et de porter toute son armée sur la rive droite de l'Elbe,

dont lui seul tenait les cinq ponts fortifiés entre Magdebourg et Kœnigstein. Avant que les Alliés pussent se pro-
curer de nouveaux équipages de pont, et tenter un passage
de vive force en face de son armée, il pourrait s'emparer de
Berlin, détruire les Landwehr qui bloquaient Stettin, Custrin et Glogau, ravitailler les places, ou en retirer les garnisons; faire supporter à la Prusse tout le poids de la guerre;
et pardessus tout cela il aurait .a facilité de se rabattre vivement par sa gauche sur le haut Elbe, et de déboucher par
Dresde sur les derrières des Alliés, afin de se rouvrir la
communication par la Franconie avec Mayence et de tomber
sur les parties isolées de leurs armées qui s'offriraient à ses
coups. Enfin ce nouveau système le dispenserait de former
ces doubles armées secondaires dont les revers avaient détruit toutes ses combinaisons; il pourrait garder la masse de
ses forces sous la main et se borner à détacher de simples
corps d'armée pour des observations momentanées.

L'échiquier stratégique sur lequel il allait mettre ainsi en
jeu les destinées de l'Europe, a la figure d'un carré : l'Elbe
et l'Oder forment les deux côtés dont il était maitre. La
Baltique qui figure le troisième, était un obstacle pour les
deux partis. En manœuvrant pour s'emparer du quatrième
côté, il se rendait maitre de tout le théâtre de la guerre, et
plaçait l'ennemi entre deux lignes de forteresses, la mer et
son armée.

Il se décida le 10 octobre, à Duben, à tenter cette hardie
opération qui, avec des forces moins disproportionnées, eût
été une admirable combinaison stratégique, et qui même
dans l'état des choses paraissait une habile témérité. Toute-

fois, avant de s'y décider, il résolut de tomber d'abord sur l'armée de Blücher qui, privée de son pont de Wartenbourg, pourrait être refoulée sur Wittenberg et détruite avant d'être secourue par Bernadotte. Si ce dessin ne pouvait s'accomplir, il serait temps alors d'exécuter son nouveau plan d'opérations.

La première condition de réussite était que Murat conservât assez d'aplomb pour le rejoindre sans se laisser trop entamer : Napoléon recommanda donc au prince de Neuchatel, le 10 octobre à 4 heures du soir, de lui communiquer son projet en lui adressant l'instruction suivante (¹) :

« Mon cousin, vous écrirez au roi de Naples que j'ai
« reçu sa lettre; que j'ai fait lever le blocus de Wittenberg;
« que j'ai séparé le corps de Sacken du corps de Langeron
« et du corps d'York; que j'ai ordonné au duc de Padoue
« de renvoyer tout ce qui l'embarrasse à Eulenbourg et à
« Wittenberg; que le duc de Castiglione est à Lutzen ou
« à Leipzig ce soir; que le duc de Padoue, débarrassé de
« tout ce qu'il renverra, aura au moins 15 mille hommes,
« ce qui, réuni au duc de Castiglione, fera au roi un ren-
« fort de 30 mille hommes; qu'une des deux choses sui-
« vantes arrivera : ou que j'attaquerai demain l'ennemi et
« le battrai, ou que, s'il se retire, je brûlerai ses ponts en
« me portant sur la rive droite de l'Elbe. Ainsi le roi de
« Naples doit manœuvrer pour conserver Leipsig, et me

(¹) On me permettra de citer cette lettre, modèle de lucidité et de précision, pour la faire comparer aux singulières dispositions qui émanaient chaque jour de l'état-major des Alliés.

« donner le temps de battre l'armée de Silésie ; mais obligé
« de quitter Leipzig, il doit tout diriger sur la Mulde ; que
« les ponts d'Eulenbourg et Duben sont gardés ; que mon
« intention, dans ce cas, est de passer sur la rive droite
« de l'Elbe, et de manœuvrer entre Magdebourg et Dresde,
« débouchant par une de mes quatre places pour sur-
« prendre l'ennemi.

« Le roi de Naples doit manœuvrer en conséquence… etc. »

Napoléon fondait de grandes espérances sur la réussite
de ce plan, qu'il croyait susceptible de relever ses affaires,
et pour préluder à son exécution, il ordonna à Ney de
pousser un corps de Wittenberg par les deux rives de
l'Elbe sur Roslau et un autre de Duben sur Dessau, dans
l'espoir de culbuter l'ennemi au moment où l'on détruirait
ses ponts ; Bertrand, d'un autre côté, détruirait celui de
Wartenbourg. Mais la fortune vint encore se mettre en
travers de tous ses projets, car cette expédition devint une
cause de désastre en retardant la concentration de toutes les
forces à Leipzig.

La réunion des deux armées alliées, opérée le 11 vers
Zorbig, avait été, comme nous l'avons dit, décidée dans
l'intention de continuer leur mouvement derrière la Saale.
Toutefois cette réunion n'avait pas aplani toutes les difficultés entre le fougueux général prussien et le méticuleux
Bernadotte ; il fallait marcher à Halle et, selon l'ordre de
bataille convenu entre eux dans l'entrevue du 7 octobre,
c'était à l'armée du nord à occuper cette ville, qui formerait
la droite de la nouvelle position ; Bernadotte s'y refusait sous

prétexte qu'il ne devait pas perdre de vue sa communication avec l'Elbe et la Suède! il était évident qu'il voulait ainsi rester indépendant et maître de prendre part à une bataille décisive ou de s'y refuser, dans le cas où Napoléon se jeterait sur eux : c'était précisément ce que Blücher redoutait. Toutefois il n'avait pas à balancer; il devait se résigner à repasser l'Elbe sans délai, ce qui n'était pas facile, ou à franchir la Saale pour se mettre en communication par la droite avec l'armée des souverains et s'assurer leur appui dans le cas où Bernadotte l'abandonnerait à ses propres forces. Le général prussien marcha donc sur Halle le 11 octobre et poussa même ensuite le corps de Saint-Priest sur Mersebourg.

On voit ainsi que cette marche hardie, dont on a tant exalté le mérite, fut en quelque sorte le résultat fortuit des démêlés entre les chefs des armées alliées, car elle avait été demandée par Bernadotte dans la seule intention d'éviter une attaque sérieuse de la part de l'Empereur.

Napoléon comprit alors qu'il s'était mépris en supposant que sa marche sur Dessau déciderait Blücher et Bernadotte à descendre l'Elbe vers Balbi pour y retrouver un passage; Bernadotte seul se replia le 13 octobre sur Köthen, mais Blücher tint ferme à Halle. Ses conseillers jugèrent qu'il devait renoncer à sa ligne d'opérations sur Berlin ou sur Wartenbourg, et qu'il n'y avait de base réelle pour lui que la grande armée des souverains avec laquelle il était désormais certain de pouvoir opérer sa jonction par un mouvement concentrique des deux parties. Cette combinaison hardie fit honneur aux généraux prussiens qui, il faut l'avouer, manœuvrèrent bien dans cette campagne. Les habitants et les cosaques les instruisaient de tous les mouvements et ils agissaient fort à propos.

Ce nouvel incident ne laissait plus à Napoléon d'autre parti que de se porter en toute hâte sur Leipzig ou d'en revenir au nouveau plan dont nous venons de parler : son premier mouvement fut d'y persister, et ce fut un malheur, car chaque heure perdue devait être fatale.

Il faut bien l'avouer, ce plan sortait tellement des règles ordinaires de la guerre, qu'il fallait un génie hors ligne pour en comprendre tout le mérite. Si d'un côté, il y avait quelque chose de sublime à voir un monarque, naguères arbitre de l'Europe, mettre en jeu son empire et peut-être sa liberté pour le plaisir d'exécuter une savante conception de stratégie ; il faut convenir aussi que le commun des généraux devait, dans l'état des affaires, n'y voir qu'une héroïque témérité. Ce fut en effet ce qui arriva ; les maréchaux présents protestèrent contre une entreprise dont ils ne voyaient que le côté aventureux, sans bien en saisir toutes les chances stratégiques : partant de ce point de vue, ils devaient trouver étonnant que l'Empereur osât se jeter avec 200 mille hommes entre l'Elbe et l'Oder (¹), en laissant 500 mille Alliés entre lui et la France, maîtres de soulever toute l'Allemagne. Et en définitive, soit qu'on voulût déboucher

(¹) Si on avait évacué Hambourg et Magdebourg, ainsi que les places da l'Oder, Stettin, Custrin, Glogau, puis successivement Torgau et Dresde, Napoléon, filant vers le Sud, eût ramené 250 mille hommes au moins sur Wurzbourg ou sur la Bavière ; mais, occupant les places, il ne lui restait que 200 mille hommes en campagne.

par Magdebourg ou par Dresde, une armée qui ne pourrait plus recevoir de renforts de France serait tôt ou tard forcée à se frayer une issue pour regagner le Rhin ; et pourrait-elle le faire alors avec quelque espoir de succès ? Ne serait-elle pas forcée de passer sous les fourches caudines ? Ne valait-il pas mieux tenter le sort des armes encore une fois, sauf à se replier sur le Rhin ensuite ?

Il en coûtait trop à Napoléon de voir toutes ses espérances déçues ; il hésita durant trois jours, les 11, 12, 13 octobre, avant de prendre un parti , et ce délai devait lui être aussi funeste que le projet aurait pu le devenir lui-même. Enfin, la nouvelle de la défection de la Bavière vint faire cesser toutes les incertitudes.

Depuis le commencement de la campagne, ce pays était travaillé par les suggestions du Tugendbund et de l'Autri-che : le roi était sincèrement attaché à la France, au service de laquelle il avait passé une partie de sa jeunesse ; il était plein de loyauté et de reconnaissance, mais trop bon homme. Un grand parti trouvait que la Bavière perdait en indépen-dance ce qu'elle avait gagné en territoire, et que l'électeur était plus roi en 1804, que Maximilien Joseph premier souverain de la confédération du Rhin. D'un côté, la coali-tion garantissait à la Bavière la conservation de son terri-toire et le rétablissement de son indépendance, si elle se prononçait contre les Français ; tandis que de l'autre, on la menaçait d'être envahie et morcelée si elle prenait les armes contre les Alliés : l'ambitieux Wrède se laissa entraîner, et devint bientôt le bras droit de ce parti. La présence de la petite armée d'Augereau vers Wurzbourg , les premiers succès de Napoléon, et les sentiments bien prononcés du roi, avaient d'abord imposé à ces sectateurs de l'Autriche ; mais dès que les défaites de la Katzbach et de Dennewitz eurent forcé Napoléon à rappeler le corps d'observation en Saxe, il fut impossible à Maximilien Joseph et à son ministre de Montgelas de résister au torrent, et les meneurs du parti l'emportèrent sur les volontés mêmes du roi. Un traité d'alliance fut signé avec l'Autriche à Ried, et la Bavière accéda à la coalition.

Le coup qui priva l'Empereur d'un allié si nécessaire diminuant le nombre des chances favorables, il renonça donc à son projet de manœuvrer entre l'Elbe et l'Oder, dont le mérite consistait moins dans la faculté de se jeter en masse par Magdebourg sur la Westphalie, que dans la possibilité de remarcher par Dresde en Bohême en se basant sur la Bavière. Dès que cette alternative lui était ravie, il eût été absurde de conduire une armée française entre l'Elbe et l'Oder, en laissant derrière soi une armée déjà forte du double et que la défection de la Bavière eût infaillibement grossie de toute la population jusqu'au Rhin.

Dès que l'on renonçait à ce projet, il était dangereux de rester vers Duben, et urgent de revenir du côté de Leipzig, dont la grande armée des alliés s'approchait, malgré les efforts de Murat pour retarder sa marche. En se portant sur Blücher, Napoléon avait cru dérober son mouvement pendant plusieurs jours, avoir le temps de le battre et de le culbuter dans l'Elbe, puis de revenir sur la grande armée. Si celle-ci n'avait pas eu elle-même le projet de prendre vivement l'offensive, ce calcul eût été couronné de succès ;

malheureusement les Alliés, plus forts qu'on ne le croyait, avaient résolu de déboucher en Saxe avant même de savoir qu'il en était parti.

Nous avons déjà dit qu'aussitôt après l'arrivée de Beningsen autour de Dresde, l'armée des souverains avait pris ses mesures pour franchir les montagnes et que, dès le 5, elle avait poussé ses avant-gardes au-delà de Chemnitz.

Les mouvements ultérieurs furent dirigés avec circonspection et, le 8, le gros de l'armée était encore à Chemnitz et Zwickau avec l'avant-garde de Wittgenstein sur Altenbourg et des corps légers battant toujours les bords de la Saale jusque vers Naumbourg et Weissenfels. Ce fut ce jour-là que les souverains furent informés du départ de l'armée française de Dresde pour marcher contre Blücher et qu'ils prirent la résolution d'activer leur marche pour le soutenir.

Les intentions évidentes du quartier général étaient d'amener Napoléon à l'évacuation de l'Allemagne en menaçant de lui couper toute retraite sur le Rhin, et s'il fallait en venir à une grande bataille, de manœuvrer de manière à ce que les quatre armées alliées pussent entrer en action, résultat assez difficile à obtenir en face d'un rude jouteur comme Napoléon dont toutes les victoires attestaient l'habileté à tirer parti des positions centrales.

Dans ce but, l'armée de Bohême manœuvra du 8 au 12 dans la direction de Zeitz, annonçant l'intention de se porter entre l'Elster et la Saale; en même temps le général Beningsen reçut l'ordre de ne laisser devant Dresde que les troupes indispensables pour l'observer à distance, et d'amener lui-même ses vieilles bandes sous Doctorof et Paskiewicz avec la division autrichienne de Bubna vers Leipzig par Nossen et Waldheim. Le corps de Colloredo, devenu disponible par la même raison, dut prendre aussi le chemin de Leipzig par Altenbourg. Pour se rendre compte des événements que nous avons à raconter. il est essentiel de résumer la situation générale des armées à cette époque.

Le 13 octobre, le quartier général des souverains se trouvant à Altenbourg, reçut l'ordre de marcher le lendemain sur Zeitz (ce qui fut ensuite contremandé).

1° L'aile droite, sous les ordres du comte Wittgenstein, composée des corps de Kleist, Klénau, Gortschakof et Eugène de Wurtemberg, se trouvait entre Pombsen, Espenhaym et Rotha, sur la droite de la Pleisse.

2° Au centre toutes les réserves russes et autrichiennes à Altenbourg.

3° A gauche le corps de Merfeldt à Zeitz.

Celui de Giulay à Melsen (route de Lutzen).

Platof avec ses cosaques à Zwenckau.

Thielman et Lichtenstein vers Lutzen.

4° L'armée de Beningsen part de Dresde pour Wilsdruff et Nossen afin de se réunir à celle des souverains.

Le corps de Colloredo marche de Chemnitz sur Altenbourg dans le même but.

5° L'armée de Blücher est à Halle avec le corps de Saint-Priest détaché à Mersebourg pour communiquer par la Saale avec l'armée de Bohème.

6° L'armée de Bernadotte se retire de Halle sur Köthen dans l'idée que Napoléon manœuvre contre Berlin; Blücher refuse de la suivre, et Bernadotte se ravisant, revient le lendemain sur ses pas vers Zòrbig.

Au nord de Leipzig, Napoléon se trouve encore à Duben avec les 4ᵉ et 11ᵉ corps, toutes les gardes et la cavalerie.

Ney est vers Dessau avec les 3ᵉ et 7ᵉ corps.

Marmont marche de Dölitsch sur Leipzig, puis est rappelé sur Breitenfeld.

Au sud, Murat garde la rive droite de la Pleisse entre Grobern et Liebert-Wolkwitz avec les corps de Lauriston, Bellune, Poniatowsky et celui d'Augereau, arrivé le jour même de Weissenfels (¹).

CHAPITRE VI.

Situation générale du 13 au 15 octobre. — Batailles de Leipzig : 16-18 octobre 1813.

La grande armée des Alliés se trouvait ainsi presque sous les murs de Leipzig. Il était bien important pour les Français de ne pas se laisser prévenir sur ce centre de toutes les communications du pays. Napoléon résolut donc d'y réunir la totalité de ses forces : sentant que les coups qui allaient se porter seraient décisifs, il ne négligea aucun

(¹) On nous pardonnera ces nombreuses répétitions de la situation respective des corps belligérants, mais elles sont indispensables à ceux des lecteurs qui veulent bien se rendre compte des événements; en effet, pour juger une partie, il faut nécessairement connaître la situation des pièces sur l'échiquier, à chacune des grandes époques de cette terrible tragédie, la plus compliquée que présente l'histoire militaire.

moyen de les augmenter de tous les détachements. D'après la tournure que prenaient les affaires, il eût été bien désirable de pouvoir retirer les troupes de Dresde et de Hambourg, car si la victoire restait aux Alliés, leur perte serait inévitable, à moins que Saint-Cyr et Davoust ne fussent assez avisés et assez habiles pour opérer leur jonction avec les garnisons de Torgau et Magdebourg, afin de s'ouvrir de concert un passage. On leur envoya, dit-on, des ordres dans ce sens, mais tous furent interceptés.

Le 14, Napoléon quitta enfin Duben, et arriva dans la nuit près de Leipzig : il était temps ; car Murat, ne pouvant lutter contre des forces triples, s'était replié avec beaucoup d'ordre sur cette ville ; mais il venait de terminer cette retraite honorable par une faute grave. Se trouvant en position, le 12, derrière le défilé de Magdeborn (le Goselbach), la droite vers Crostewitz, la gauche à Stormthal, il y reçut la dépêche de Duben, qui l'informait du changement de plan d'opérations et du prochain retour de l'Empereur. Il assura alors qu'il tiendrait une position en avant de Leipzig jusqu'au 14, et fit ébaucher quelques retranchements pour couvrir celle qu'il occupait. Marmont avait reçu l'ordre de le joindre, et devait être le 13 sous Leipzig, en sorte que le roi de Naples aurait ainsi cinq corps d'armée avec une cavalerie nombreuse.

Cependant, de crainte de compromettre une partie si considérable de l'armée dans un engagement général, et plein de l'idée que Napoléon frapperait d'abord au nord de Leipzig contre les armées combinées, Murat se détermina subitement à se replier derrière la Partha, et à ne tenir

Leipzig que comme une tête de pont : l'ordre envoyé par l'Empereur à Marmont de revenir sur ses pas, pour observer la route de Halle vers Skeuditz, confirma son lieutenant dans cette idée. Déja son mouvement de retraite était commencé le 13, lorsqu'un officier lui apprit que l'Empereur serait à Leipzig le lendemain; Murat s'arrêta alors vers Liebert-Wolkwitz, après avoir cédé aux avant-gardes alliées les défilés importants de Grœbern et de Gœhren : circonstance qui eut les suites les plus fâcheuses.

Menacé le 14 par les Alliés, Murat sentit qu'il fallait réparer sa faute. Encouragé encore par la persuasion que l'Empereur arriverait dans la journée, il tint vigoureusement Liebert-Wolkwitz, et se jeta entre Wachau et Magdeborn, sur la nombreuse cavalerie de Barclay qui le pressait. Les dragons qui arrivaient d'Espagne, brûlant de se signaler, firent des merveilles; malgré les talents et la bravoure de Pahlen, malgré les charges d'une partie des réserves russes, ces vieux braves étaient sur le point de remporter la victoire, lorsqu'une charge de cuirassiers prussiens sur ces soldats harassés et encore épars par suite de leurs attaques, rétablit le combat en faveur des Alliés.

Pressé de dissiper la tempête qui s'avançait de tous les points de l'horizon, Napoléon avait accéléré, autant qu'il était en lui, le retour des troupes engagées entre Duben et Dessau. Il eût été convenable de livrer bataille le 15; mais la chose devint matériellement impossible : le gros de ses forces était encore trop éloigné. Bertrand, la jeune garde, arrivèrent dans la nuit du 14 vers Euterisch; Macdonald dépassa Duben; Souham, avec le 3ᵉ corps, n'y arriva qu'à minuit : il fut obligé de prendre le lendemain la route d'Eulenbourg pour éviter l'encombrement ; voyant ici le pont brûlé, il longea la Mulde pour trouver un passage, et n'arriva le 15, à la nuit, qu'à Rothenhahn sur le chemin de Duben à Leipzig.

Le corps de Reynier, qui avait descendu la rive droite de l'Elbe jusqu'à Rosslau, chercha à rétablir le pont de bateaux de Bernadotte pour revenir directement ; mais l'impossibilité et la lenteur de l'opération forcèrent ce général à rétrograder sur Wittenberg, ce qui le retarda de deux marches.

Napoléon revenu le 15, au point du jour, à Reudnitz près de Leipzig, était loin d'être sorti d'embarras, car il avait une terrible décision à prendre. Il semblait impossible de se maintenir plus longtemps sur l'Elbe, et une marche rétrograde derrière la Saale, en abandonnant cinq places avec les 80 mille hommes qu'on y avait laissés, ne pouvait être que le prélude d'un retour sur le Rhin. Il s'agissait toutefois de s'y décider immédiatement, ou de manœuvrer de manière à refouler l'armée de Bohème sur ses montagnes pour tâcher d'atteindre le point de Chemnitz d'où l'on pourrait retirer du moins les 27 mille hommes laissés à Dresde, avant de gagner le Haut-Meyn.

L'un ou l'autre de ces partis était également difficile à exécuter, car si l'on eût même voulu filer sur la route d'Er-furt sans livrer une bataille, le cercle dans lequel on se trouvait resserré par les masses alliées occupant à la fois Skeuditz au nord, Zwenckau et Rotha au sud, Mersebourg et Lutzen à l'ouest, ne laissait aucun espoir de prévenir les ennemis au passage de la Saale, et de ne pas y être sérieusement entamé. D'ailleurs pour l'exécuter il eût fallu que, dès le 15 au matin, le mouvement rétrograde pût s'effectuer ; or la moitié de l'armée qui revenait de Wittenberg et de Duben n'étant pas encore arrivée, eût pu se trouver compromise entre les masses de Schwarzenberg et de Blücher.

Il fallait donc nécessairement commencer par rompre cette formidable ceinture, afin de rejeter l'armée de Bohême sur Penig, ce qui eût permis de gagner la route de Zeitz sur Naumbourg ou celle d'Altenbourg sur Gera : direction la plus favorable, soit qu'on voulût filer sur Erfurt, soit que l'on se décidât au pis aller, à prendre les routes de Cobourg et Saalfeld, que l'armée avait suivies en 1806 pour couper les Prussiens de Berlin.

Mais pour exécuter ce projet avec un succès complet il aurait fallu avoir toute l'armée sous la main dès le 15 au matin, et malheureusement celle de Duben cheminait ce jour-là encore en longues colonnes par les deux rives de la Mulde, tandis que les 3ᵉ et 7ᵉ corps, qui avaient été poussés par les deux rives de l'Elbe sur Dessau, atteignaient à peine Duben.

Si l'on remportait une victoire complète sur l'armée de Bohême on pouvait concevoir l'espérance de percer jusqu'à Chemnitz, afin de dégager Dresde. Néanmoins cela devenait toujours fort épineux, car on ne pouvait guères y parvenir qu'en portant ses efforts par la gauche contre la droite de Schwarzenberg ; or, en manœuvrant ainsi on allait heurter de front sur l'armée de Beningsen, et on laissait toujours la communication avec la France exposée aux coups de Schwarzenberg et de Blücher qui ne manqueraient pas de se réunir entre l'Elster et la Saale. Mais laissons là les conjectures pour en venir aux sombres réalités qu'un miracle seul aurait pu conjurer.

Toujours imbu de l'idée que Schwarzenberg était trop circonspect pour oser l'attaquer, et que Blücher persisterait aussi dans son système de prudence, l'Empereur se flattait néanmoins d'avoir le temps de battre l'armée de Bohème avant que celle de Silésie pût prendre part à l'action ; il passa donc toute la journée du 15 à étudier les environs de Leip-zig entre la Partha et la Pleisse, afin de tomber sur l'armée de Schwarzenberg dès que Ney serait revenu de Duben. Malheureusement ce qui se passait dans le même instant dans les différentes armées alliées devait encore lui préparer une déception.

Nous avons vu que, jusqu'au 14 octobre, toutes les idées du quartier-général autrichien avaient été dirigées sur des mouvements stratégiques étendus par la gauche dans la direction de Lutzen, où le corps de Giulay avait même été poussé, ainsi que les partisans de Lichtenstein, Thiel-man, etc. : c'était dans ce but aussi que le centre de l'armée avait été dirigé entre Pegau et la Pleisse. On se flattait, en manœuvrant ainsi, de décider Napoléon à l'évacuation de la Saxe, et dans le cas où il persisterait à rester sur l'Elbe, on se mettrait en communication directe avec Blücher, qui se trouvait, comme on sait, à Halle et avait fait occuper Mer-sebourg par le corps russe du comte Saint-Priest.

L'idée stratégique était bonne, mais elle forçait à une extension démesurée de la ligne si l'on prétendait couvrir en même temps les routes qui mènent de Leipzig à Dresde et à Chemnitz, puis soutenir à la fois Klénau à Liebert-Wolkwitz et Giulay à Lutzen.

Revenu, le 13 octobre, au quartier-général d'Altenbourg, et interpellé, dès son arrivée, à dire ce qu'il pensait des opérations probables, le général Jomini n'hésita pas à affirmer qu'il fallait s'attendre à être incessamment attaqué par Napoléon, et que dès lors il importait de concentrer assez de forces pour recevoir bataille. Le comte de Nesselrode fut témoin de ce qu'il dit, à ce sujet, à l'empereur Alexandre, qui fut entièrement de cet avis.

Il suffisait, en effet, de réfléchir sur tous les antécédents de Napoléon et sur sa situation entre Leipzig et Dessau pour résoudre la question, et reconnaître qu'il ne lui restait rien de mieux à faire qu'à se jeter sur l'armée de Bohême avec toutes ses forces, car le dilemme était facile à poser. « Dès le 13 octobre, Napoléon devait avoir accablé Blücher « ou du moins il l'aurait forcé à repasser l'Elbe, et à rom- « pre ses ponts. Dès le 16, la grande armée de Bohême « pouvait emporter Leipzig : c'était donc là que serait le « dénouement de la grande tragédie et Napoléon ne pouvait « manquer d'y revenir ; car outre que c'était le point déci- « sif, il faut ajouter que Napoléon, se trouvant vers Dessau, « serait fort compromis si on le devançait dans la direction « de Halle et de Kœthen pour le refouler dans l'angle de « l'Elbe entre Acken et Pretsch. »

On renonça donc à la marche sur Zeitz : mais comme il fallait s'assurer en tous cas la coopération de Blücher et du prince de Suède, on marcha, le 15, à Pegau afin de se rapprocher d'eux, et de communiquer par Mersebourg ; en se disposant en même temps à faire attaquer, le 16, l'armée de Murat qui couvrait Leipzig, sans attendre les renforts considérables que Beningsen et Colloredo amenaient de Dresde à marches accélérées et qui se trouvaient, le premier, vers Waldheim, le second, à Penig. On sentit la haute importance de s'emparer de ce point décisif de Leipzig, seul espoir qui restât à l'armée française depuis l'abandon du grand projet de Duben : la suite prouva la sagesse de cette résolution, mais elle prouva aussi que ce n'est pas tout de prendre de bonnes mesures stratégiques et qu'il faut encore savoir faire de sages dispositions pour le choc décisif ; car il ne suffisait point, en effet, d'occuper Halle avec une armée et Lutzen ou Pégau avec l'autre, si l'on exposait l'une des deux à être écrasée par de mauvaises dispositions tactiques.

Le grand jour approchait donc où l'Europe entière, liguée contre un seul homme, allait décider de l'indépendance des nations ou du triomphe du grand empire. Trois cent cinquante mille hommes, la plupart anciens soldats, munis de 12 à 1500 pièces de canon, cherchaient à entourer, sur le même champ de bataille, une armée de 170 mille Français, la moitié conscrits de la veille, exténués par des marches incessantes, n'ayant pas la moitié d'artillerie, mais électrisés par la présence de l'homme étonnant que chacun regardait comme le génie de la victoire.

Notre but n'est point de faire la relation détaillée de ces trois fameuses journées de Leipzig, car il faudrait un volume entier pour en raconter toutes les péripéties ; les mémoires précieux de MM. Fain et Pelet ont fourni d'excellents docu-

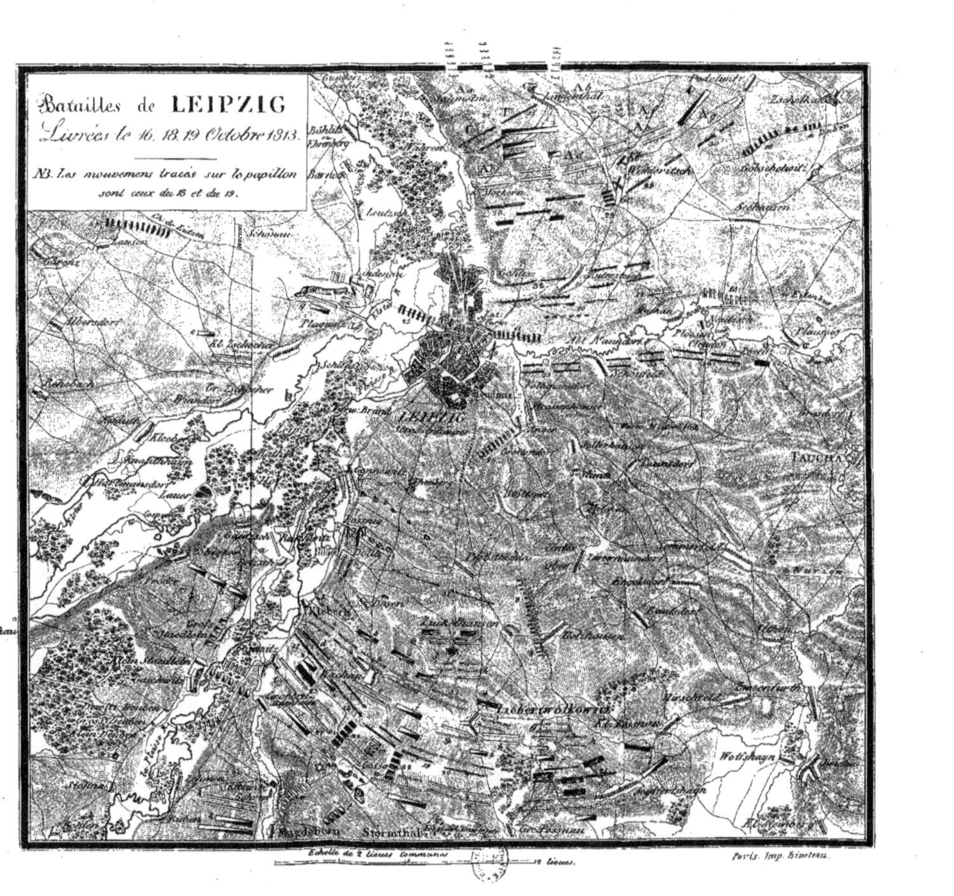

Batailles de LEIPZIG
Livrées le 16, 18, 19 Octobre 1813.
NB. Les mouvemens tracés sur le papillon sont ceux du 18 et du 19.
Echelle de 2 lieues communes
2 lieues.
Paris. Imp. Bineteau.

ments pour les Français; plusieurs écrivains allemands en ont fait autant pour ce qui concerne les armées alliées ; mais il reste à faire une bonne relation *impartiale,* qui réunisse les combinaisons des deux partis, et sache faire coïncider ce qui se passait dans les divers quartiers généraux aux mêmes moments de la journée. Non-seulement nous ne nous sentons pas le courage d'entreprendre une tâche aussi ardue, mais une pareille relation paraîtrait déplacée dans ces *Souvenirs* essentiellement personnels.

Nous avons dit que le quartier général des souverains s'était porté à Pégau le 15 ; le général Jomini se retrouva ici en proie à toute la malveillance dont les conseillers de Schwarzenberg l'avaient accablé à l'époque des affaires de Dresde : non-seulement on avait oublié de lui assigner un logement pour le forcer à perdre son temps à en chercher un, ce qui n'était pas chose facile au milieu de cet immense quartier général de toutes les nations, mais on lui cacha, comme à Dresde, le projet de disposition rédigé pour l'attaque du 16 octobre (¹). Avant de parler à nos lecteurs de ce singulier projet, il convient d'examiner avec attention le plan de bataille dont nous joindrons ici une esquisse.

Leipzig est, comme chacun sait, une grande et riche ville située à la droite de l'Elster ; elle avait jadis une sorte d'enceinte fortifiée, mais il n'y avait plus qu'une muraille, et de riches faubourgs s'étaient élevés autour de cette vieille

---

(¹) On nous pardonnera de parler de semblables minuties au milieu du récit de si grands événements ; si nous avons osé le faire, c'est dans la conviction que nos lecteurs en apprécieront le motif, car on ne saurait juger les actions d'un général, sans connaître bien sa position.

enceinte. Le lit de l'Elster est divisé là en plusieurs bras, peu larges, mais assez profonds, et dont les bords sont marécageux ; le plus grand bras coule à une demi-lieue à l'ouest de la ville, par le village de Lindenau, où se trouve un pont en pierre précédé de deux autres ponts plus petits.

Au delà de ce village un bras se détache, et sous le nom de *Luppe*, coule vers le nord-ouest, se confond avec la Nahle, se relie ensuite avec l'Elster et forme ainsi l'immense île marécageuse qui s'étend depuis Leipzig jusqu'à Mersebourg.

A une lieue au sud de Leipzig, la Pleisse, venant des confins de la Bohême, se rapproche tellement de l'Elster, près du village de Connewitz, que plusieurs filets d'eau les réunissent et semblent n'en former qu'une rivière, bien que la Pleisse continue son cours, baigne les faubourgs de la ville et ne se jette dans l'Elster qu'en aval du parc de Rosendal, après avoir reçu les eaux de la Partha.

Cette dernière rivière venant des environs de Grimma (au sud-est) tourne brusquement à l'ouest près de Taucha, contourne le faubourg du nord jusqu'au susdit jardin de Rosendal où elle se réunit à la Pleisse.

On voit par ce simple exposé que cet échiquier tactique entre Connewitz, Gautsch, Lindenau et Rosendal est un véritable labyrinthe aquatique, où il est difficile d'opérer, car tout cet espace forme un bas-fond coupé de cent filets d'eau, et couvert de magnifiques forêts de hêtres et de chênes.

Sur la rive droite de la Pleisse il en est tout autrement ; le terrain compris entre Leipzig et le ruisseau de Gosselbach, qui forme le ravin de Magdeborn, offre trois grandes ondulations ou vallons successifs, dont les pentes sont douces et dont les sommets présentent autant de plateaux peu développés : le premier est celui d'Auenheim et Gossa à Liebert-Wolkwitz, le second s'étend de Gröbern par Wachau et la ferme de Meusdorf sur Zuckelhausen ; enfin, le troisième qui court de Dosen par le Thonberg, à Probstheyda et Stotteritz, domine entièrement les environs.

Toutes les routes de Dresde et de Bohême à Leipzig suivent la rive droite de la Pleisse, et l'armée entière des Alliés aurait pu facilement y arriver dès le 14 octobre.

Les conseillers de Schwarzenberg imaginèrent de ne laisser que trois corps d'armée sur ces routes de Liebert-Wolkwitz et Wachau, et de porter l'armée autrichienne, le quartier général et toutes les réserves russes et prussiennes dans l'entonnoir entre la Pleisse et l'Elster, pour forcer le passage de la Pleisse à Connewitz. On prétendit même un moment pousser le corps de Merfeldt au soutien de celui de Giulay dans la direction de Markranstedt, en sorte que la ligne eût été coupée par deux rivières, et l'armée scindée en trois parties sans compter celle de Blücher.

Sans doute l'idée stratégique d'appuyer la direction générale des efforts des Alliés sur la gauche était juste; mais il ne fallait pas lui sacrifier la sûreté de l'armée en l'exécutant contre tous les principes de la tactique : et si l'on voulait manœuvrer entre Leipzig et Lutzen, il fallait y marcher avec le gros de l'armée en y portant également celle de Blücher et du prince de Suède, au lieu de se morceler en cinq fractions presque impossibles à réunir.

L'empereur Alexandre ayant fait appeler le général Jomini pour lui communiquer ce projet qu'il ignorait, celui-ci
s'éleva avec une grande force contre cette idée ; les généraux
Toll et Diebitsch, que le prince Wolkonsky avait convoqués
pour s'en expliquer, n'eurent, comme le prince lui-même,
qu'une voix contre un projet tellement absurde qu'on aurait
pu le croire dicté par Napoléon pour lui assurer la victoire
la plus décisive.

L'empereur Alexandre qui n'avait sans doute pas attendu
cette improbation unanime pour juger une pareille combinaison, fit prier le maréchal de se rendre chez lui. Là chacun employa tous ses talents pour dissuader le prince
généralissime de son idée, chacun des généraux y mit toute
son éloquence. Le général Jomini, toujours un peu vif, lui
dit même : « Qui osera nous justifier dans la postérité
« d'avoir cherché volontairement le danger et l'embarras de
« forcer le passage d'une rivière au milieu de 150 mille
« ennemis, tandis que la moitié de notre armée l'a déjà
« passée sur un autre point plus rapproché (¹) ; et que dira
« l'histoire de généraux qui coupent leur ligne de bataille
« par trois rivières ? »

Enfin l'Empereur lui-même ayant longtemps parlé au
prince sans pouvoir le convaincre, en fut tellement piqué,
qu'il lui dit avec une expression amère, bien rare sur la
figure extraordinairement gracieuse de ce monarque : « Eh
« bien ! Monsieur le maréchal, puisque vous persistez, vous

(¹) Les Alliés avaient 70 mille hommes à la droite de la Pleisse vers
Vachau ; 70 autres mille qui étaient à la gauche, n'avaient qu'à passer à
Rotha pour les joindre.

« ferez avec l'armée autrichienne ce que vous voudrez, mais
« quant aux troupes russes, du grand-duc Constantin et de
« Barclay, elles iront à la droite de la Pleisse où elles doi-
« vent être, et pas ailleurs. »

Le prince, qui avait défendu avec une opiniâtreté inconcevable un projet qui était probablement un des chefs-
d'œuvre de Languenau ou du général Radetzki, et dont tout
militaire éclairé appréciera le danger, se trouva heureux
d'avoir gagné la moitié du procès, et comme il ne pouvait
empêcher l'empereur Alexandre de disposer de son armée,
il saisit avec empressement une proposition qui lui permettait aussi de suivre son idée favorite, sinon avec toutes ses
forces, du moins avec une partie.

Conformément à ce singulier *mezzo-termine*, l'armée alliée
s'ébranla le 16, au matin, en 6 ou 7 colonnes.

L'armée de Barclay, renforcée, comme on sait, du corps
de Klénau, en forma quatre sur la rive droite de la Pleisse.

Schwarzenberg en dirigea deux entre la Pleisse et
l'Elster, une troisième sous Giulay marcha de Lutzen sur
Lindenau.

On sait que Blücher de son côté marchait au nord de
Leipzig, de Skeuditz vers Gohlis et la Partha.

Pour juger le choc qui en résulta, il faut rappeler que
Murat avait placé le corps de Lauriston en face de Liebert-
wolkwitz, Bellune à Wachau, Poniatowsky à Marck-Kleeberg. Augereau avec deux divisions gardait les passages de
Dœlitz et de Connewitz.

Napoléon, revenu le 15 à Leipzig, s'établit à Reudnitz avec
les gardes et Macdonald ; le corps de Bertrand fut dirigé sur

Lindenau. Le corps de Marmont, rappelé pour couvrir la marche de l'armée de Duben prit poste à Lindenthal. Ney avec le corps de Souham, retardé comme nous l'avons dit, arrivait sur la Partha, Reynier avec les grands parcs se trouvait encore à Eulenbourg.

Première journée, ou batailles de Wachau et Mockern.

A huit heures du matin les Alliés s'ébranlent pour assaillir l'armée de Murat.

A l'extrême droite, le corps de Klénau, soutenu par la division prussienne de Ziethen, se porte sur Liebert-Wolk-witz, défendu par Lauriston. La cavalerie de Pahlen engage le combat ; à sa gauche marche le corps de Gortschakoff.

Au centre, le comte de Wittgenstein porte le corps du prince Eugène de Wurtemberg, soutenu par la division prussienne de Pirch sur Wachau que défend le duc de Bel-lune. (¹)

A la gauche, le général Kleist avec la division du prince Auguste de Prusse, et la division russe de Helfreich attaque

(¹) Dans cette journée les troupes prussiennes furent réparties dans les différentes colonnes, la division Ziethen fut assignée à Klénau, celle de Pirch au comte Wittgenstein ; en échange, le général Kleist fut renforcé par des troupes russes. Barclay de Tolly commandait en chef toute cette armée à la rive droite de la Pleisse.

Marck-Kleeberg que lui dispute le faible corps de Poniatowsky, soutenu par la cavalerie de Milhaud.

L'empereur Alexandre, arrivé à 9 heures, se place entre
ces lignes assaillantes, et ses réserves qui sont restées derrière le défilé de Magdeborn un peu loin du champ de
bataille.

Le prince de Schwarzenberg se porte de sa personne
entre la Pleisse et l'Elster, et s'avance pour reconnaître son
point favori de Connewitz vers le confluent des deux rivières.
Il est suivi du corps de Merfeldt, des divisions Bianchy
et Weissenwolf; enfin des cuirassiers de Nostitz et autres
réserves sous le prince de Hesse-Hombourg.

A peine arrivé à 500 mètres du pont de Connewitz avec
son état-major et sa petite escorte, le prince de Schwarzenberg se voit chargé par quelques escadrons français placés
en avant du pont, et contraint de venir chercher un refuge
vers les bataillons du corps de Merfeldt. Il perd là deux
heures d'un temps précieux dans un entonnoir où il ne
peut rien voir et rien entreprendre. Cependant dans cet
intervalle, une canonnade formidable tonne sur sa droite
dont une rivière le sépare. La direction du feu, au lieu de
se rapprocher de Leipzig, s'en éloigne et en le débordant lui
annonce que Barclay et Klénau trouvent plus que de la
résistance dans leurs attaques et que ce n'est pas à Murat
seul que l'on a affaire.

Il n'y avait pas à douter que cette moitié de l'armée alliée
allait être battue par Napoléon. Le général Jomini s'approcha à plusieurs reprises du prince avec lequel il avait eu
jadis les rapports les plus agréables; il le conjura, au nom

de sa gloire, de sortir du cul-de-sac où il s'était fourré si
malencontreusement. Voyant l'inutilité de ses efforts, il alla
jusqu'à dire aux officiers russes qui étaient autour de lui :
    « Vous allez voir comment on perd une bataille, quand un
« général en chef se met avec son armée dans un fond de sac,
« d'où il ne peut sortir, tandis qu'on écrase l'autre moitié
« de son armée. »

Le général Jomini revint même à la charge près du prince,
en lui proposant d'envoyer un de ses aides-de-camp de confiance avec lui, sur le clocher d'un village d'où l'on découvre
tout le pays à dix lieues à la ronde, et d'où l'on verrait de
quel danger l'on était menacé (¹). Comme la canonnade
semblait annoncer les progrès des Français, le prince se
rendit à cette proposition. Deux officiers autrichiens (je
crois Clam et Wrbna), furent envoyés avec le général Jomini
sur le clocher, et il ne fut point difficile de leur prouver
l'urgence de retourner en toute hâte à la rive droite de la
Pleisse, si l'on ne voulait pas voir Barclay et Klénau écrasés
par Napoléon avec toutes ses forces. En même temps Jomini
expédia son aide-de-camp le baron Frédérichs à l'Empereur,
avec un billet au crayon qui informait Sa Majesté des masses qui allaient fondre sur elle, de la nécessité de rapprocher promptement les réserves russes trop éloignées à
Magdeborn, et de la probabilité qu'enfin le prince de

(¹) Nous croyons que c'est le village de Gautsch, bien que ce puisse
être aussi celui de Detsch. On pense que le général ne songea guère,
au milieu du fracas des batailles, à s'enquérir du nom, et les habitants
étaient d'ailleurs tous en fuite. C'était le village situé au bout du plateau
en face de Dolitz.

Schwarzenberg se déciderait à faire le mouvement qu'on sollicitait de lui depuis vingt-quatre heures.

En effet, le général Jomini étant descendu du clocher, trouva le généralissime instruit par ses aides-de-camp de l'état des affaires et résolu à marcher enfin sur la rive droite de la Pleisse : mais au lieu de le faire franchement par une marche rétrograde pour passer la rivière derrière Kleist vers Marck-Kleeberg, il voulait encore s'obstiner à tenter un passage par Dolitz. Cependant il se décida ensuite pour une résolution mixte : le corps de Meerfeldt dut passer à Dolitz, tandis que les grenadiers sous Bianchy et les réserves du prince de Hesse-Hombourg revinrent sur leurs pas pour passer le gué de Gaschwitz.

Dès que ce passage fut effectué, le général Jomini prit les devants au galop pour annoncer cette nouvelle à l'Empereur et le féliciter d'une résolution dont tout lecteur saura décerner le mérite à qui il appartient, et qui sauvait l'armée d'une défaite probable. Revenons un moment sur ce qui se passait à l'armée française.

Tandis que les Alliés perdaient tant d'heures précieuses en face d'un homme qui dévorait le temps et se signalait ordinairement par des prodiges d'activité, Napoléon, qui ne s'attendait sans doute point à être prévenu par les Alliés, dès qu'il fut instruit de leurs attaques, hâta sa marche de Reudnitz vers Probsthayda avec les huit divisions qu'il avait sous la main, se disposant effectivement à fondre sur Barclay dans l'espoir de l'écraser.

Il est dix heures et demie. Lauriston a repoussé les premiers efforts de Klénau sur Liebert-Wolkwitz. Bellune a déjoué l'attaque de Wittgenstein sur Wachau. Poniatowsky défend vigoureusement Marck-Kleeberg contre Kleist : ce village est pris et repris.

Vers onze heures. toute la garde, le corps de Macdonald et la cavalerie de Latour-Maubourg arrivent avec l'Empereur et se groupent vers Zuckelhausen.

Napoléon n'avait que trois manœuvres à choisir pour assaillir l'armée de Barclay : il pouvait tomber sur le centre selon son système favori, ou bien fondre sur l'extrème droite (Klénau), ou, enfin, jeter son effort principal contre la gauche, c'est-à-dire sur Kleist à Marck-Kleeberg.

On sait que les attaques contre le centre, lorsque l'ennemi ne fait pas la faute de l'affaiblir ou de l'isoler des ailes, est la plus scabreuse de toutes, car c'est vraiment prendre le taureau par les cornes : il semblait donc plus avantageux de porter ses efforts sur l'une des extrémités. En accablant Klénau vers Possnau, on prenait toute la ligne en flanc, et on la culbutait dans tout son prolongement, comme Frédéric-le-Grand l'avait fait à Leuthen (Lissa), on la jetait sur la Pleisse en la coupant des routes directes de Dresde. Mais, d'un autre côté, on laissait à découvert les communications avec la Saale et le Rhin.

En tombant en forces sur Kleist on le culbutait dans la Pleisse, on le séparait de Barclay dont la ligne, battue dans son prolongement de l'ouest à l'est, serait rejetée sur Grimma et séparée de Schwarzenberg. C'était là réellement le moyen d'enfoncer le centre général de l'armée de Bohème, tandis que tous les efforts sur Wachau et Gossa, tombant sur le point le plus fort de Barclay, ne devaient point donner d'aussi grands résultats.

Napoléon, étonné sans doute d'être ainsi prévenu par Schwarzenberg, ne songea d'abord qu'à renforcer tous les points vulnérables de son ordre de bataille, en portant néanmoins son premier effort sur sa gauche. En conséquence deux divisions de la jeune garde sous Oudinot doivent seconder le duc de Bellune. Deux autres sous le maréchal Mortier se porteront au soutien de Lauriston. Le corps de Macdonald tombera par Holzhausen sur le flanc droit de Klénau que la cavalerie de Sébastiani tournera en même temps, de sorte que la ligne ennemie, accablée sur son extrême droite, sera culbutée dans tout son prolongement, et coupée de la route directe de Dresde.

Ce n'est pas tout encore. L'Empereur a confié à Ney le commandement des corps d'armée qui sont au delà de la Partha au nord de Leipzig (¹). Il compte qu'un de ces corps suffira pour garder Leipzig et la Partha, et que les deux autres, ou au moins celui de Marmont, pourra soutenir sa redoutable attaque. Il lui envoye l'ordre de venir le rejoindre sans retard.

La victoire semble devoir couronner ces mesures et lui jeter un dernier sourire ; mais ces apparences sont trompeuses.

Toutefois les premiers renforts de la jeune garde permettent à Bellune de repousser le prince Eugène de Wurtemberg de Wachau, et de refouler le centre de Barclay sur Gossa.

_____
(¹) On l'a dit ainsi, cependant il paraît que Marmont ne fut point sous les ordres de Ney, mais seulement les corps de Souham, Bertrand et Reynier (3ᵉ, 4ᵉ et 7ᵉ).

Poniatowsky, secondé par une division d'Augereau et par la droite d'Oudinot, rentre pour la seconde fois dans la moitié du bourg de Marck-Kleeberg.

A l'extrème droite des Alliés les choses vont plus mal encore. Klénau, renforcé par la division prussienne de Ziethen, et soutenu à sa gauche par la cinquième division russe du prince Gortschakof et la cavalerie du comte Pahlen, parvient d'abord à se maintenir entre Liebert-Wolkwitz et Gros-Possnau contre Mortier et Lauriston, mais le corps de Macdonald et la cavalerie de Sébastiani, débouchant vers midi de Holzhausen sur Possnau et Sayfertshayn, assurent aux Français une supériorité décidée sur ce point important.

Si Marmont pouvait arriver à temps pour appuyer cette attaque, le résultat serait assuré, mais encore ici la fortune se montra inconstante envers son favori. Vers une heure, au moment où le grand effort se prépare contre l'armée de Barclay, une forte canonnade tonne tout à coup sur les derrières de Napoléon, au nord de Leipzig; plus de doute qu'une seconde bataille ne s'engage entre Blücher et les troupes de Ney. Il serait donc imprudent d'attendre leur concours et il devient plus urgent de donner, sans différer, un vigoureux coup de collier vers Wachau.

Au moment où tous les préparatifs nécessaires préludent à cette attaque, le prince de Schwarzenberg ayant enfin traversé la Pleisse au gué de Gaschwitz avec deux divisions d'élite, Bianchy et Weissenwolf, et deux divisions de cuirassiers du général Nostitz, débouche après une heure derrière Kleist. Le général Jomini a quitté comme on l'a dit le généralissime pour courir annoncer l'arrivée des Autrichiens à l'empereur

Alexandre et réitérer ses instances pour faire accélérer celle des réserves russes.

A peine a-t-il rempli cette tâche, qu'il aperçoit, dans le lointain, une masse noire jusque là dérobée en grande partie par un petit bois et par les plis du terrain et qui s'ébranle d'un pas déterminé. Pour quiconque sait se rendre compte de l'état des affaires, nul doute que ce ne soit là le coup qui doit décider de la journée. Le général Jomini dit vivement à l'empereur Alexandre : « Sire, voici une bagarre sérieuse qui se prépare et Votre Majesté n'a autour d'elle ni infanterie ni artillerie : il est urgent qu'elle monte à cheval pour se rapprocher de sa réserve. »

Le mot de bagarre, mal compris par le roi de Prusse, paraît blesser ce prince ; il se retourne avec cet air sec et mélancolique qui ne l'abandonna jamais et dit avec humeur : « Comment une bagarre?... Il n'y en a pas là où il y a de braves soldats!... » Il est évident que le roi confond ce mot avec celui de *déroute* qui est fort différent, car dans une grande charge il y a bagarre même parmi les vainqueurs. Mais il n'était guère possible de faire une dispute grammaticale dans un moment pareil !!! Le général, un peu piqué à son tour, ne put donc s'empêcher de répondre au roi avec vivacité : « Sire, j'en demande pardon à Votre Majesté, mais j'ai vu plusieurs fois de terribles bagarres parmi les plus braves troupes du monde! et Votre Majesté ne tardera pas à en voir une ! »

En effet, au moment où ces paroles étaient prononcées, la grosse masse noire s'était lancée. C'étaient deux corps de cavalerie, les cuirassiers de Latour-Maubourg et la cavalerie de Kellermann, suivis au pas de charge par trois colonnes d'infanterie et protégés par cent cinquante pièces de canon de la garde, sous les ordres de Drouot.

Cet orage vient fondre sur le prince Eugène de Wurtemberg et sur Gortschakof formant le centre de l'armée de Barclay.

Latour-Maubourg enfonce une division russe à gauche de Gossa, enlève 26 pièces de canon en batterie, et pénètre jusqu'aux étangs ou prairies marécageuses derrière Gossa à 5 ou 600 mètres de l'empereur Alexandre ; mais, malgré son zèle, l'infanterie qui doit l'appuyer ne peut arriver assez tôt pour compléter la défaite du centre ; elle parvient toutefois plus tard à s'emparer de Gossa.

La cavalerie légère de la garde russe qui veut accourir au secours des bataillons du prince de Wurtemberg, prêtant le flanc par un mouvement hasardé, est culbutée jusque sur la prairie marécageuse : le général qui la commande est tué.

Le moment était critique, car, sans quelques incidents heureux, la bagarre eût été complète. L'empereur Alexandre jugea qu'il était temps de suivre l'avis de son aide de camp. Il monta à cheval, ordonna de faire accélérer l'arrivée de toutes les réserves, celles de cavalerie surtout ; puis, en conservant beaucoup de calme, le monarque ordonna au superbe régiment des cosaques de la garde qui formait toujours son escorte, de se porter au devant des escadrons français victorieux, en attendant l'arrivée des réserves ; la nombreuse artillerie à cheval de ces réserves dut se porter en toute hâte sur la ligne.

Heureusement pour les Alliés que le général Latour-Maubourg eut la cuisse emportée par un boulet. Les cuirassiers français, désunis par leur belle charge même, n'ayant plus de chef, et voyant déboucher les superbes cosaques de la garde au milieu d'une digue. sur un terrain marécageux, où la supériorité du nombre ne pouvait rien. furent arrêtés dans leur élan et durent songer à se rallier. Le comte Orloff-Denisoff en profite pour rallier aussi la division légère de la garde à l'aide de ses cosaques et décider les cuirassiers à la retraite.

Dans ces entrefaites, Barclay avait pris aussi ses mesures pour reprendre Gossa. Le corps des grenadiers commandé par Rayefski, qui avait reçu l'ordre d'avancer, sur les premières instances du général Jomini apportées du clocher de Gautsch par le baron Frédérichs, venait d'arriver sur le point menacé. La première division se précipite sur Gossa; la seconde suit de près et se forme entre Gossa et Auenheim. Plus de 200 bouches à feu russes, sans parler des batteries prussiennes et autrichiennes, tonnèrent depuis le bois de Liebert-Wolkwitz jusqu'à Auenheim sur les masses de Bellune et de Lauriston, et les forcèrent à s'arrêter. Un combat acharné s'établit autour de Gossa : l'intrépide général Rayewski, qui conduit les grenadiers russes, est blessé grièvement ; mais ces braves soldats résistent à tous les efforts de l'ennemi et se maintiennent. Pendant ce temps les cuirassiers russes, puis l'infanterie de la garde, viennent se placer en ligne et rendre ce centre désormais inattaquable.

Dans ces entrefaites, la cavalerie française de Kellermann a aussi exécuté, de son côté, avec succès la charge simultanée qui lui avait été prescrite ; à l'aide des dragons de la garde qui se couvrent de gloire, elle a renversé la brigade russe de Lewaschof, chargée de lier la gauche du prince Eugène de Wurtemberg avec la droite de Kleist. La position de ce général près de Marck-Kleeberg devient fort périlleuse; mais dans cet instant, les deux divisions de cuirassiers autrichiens, amenées avec tant de peine à la droite de la Pleisse, venaient de déboucher par le gué de Gaschwitz et de se former vers Grobern. Le général Nostitz s'élance à à leur tête sur les escadrons français encore désunis par leur charge; il ne leur laisse pas le temps de se rallier et les mène battant jusque vers Wachau, non loin de l'éminence où se tenait Napoléon; circonstance qui contribua aussi puissamment à amortir l'effet de la grande attaque sur Gossa. Les réserves autrichiennes qui ont suivi ces cuirassiers de Nostitz arrivent peu après et se forment au soutien de Kleist. Le général Bianchy qui les conduit se trouve dépassé par les colonnes de jeune garde d'Oudinot, parvenues jusqu'à la bergerie d'Auenheim; il dirige son artillerie sur le flanc droit de ces colonnes, en sorte qu'elle les bat en écharpe et les force à s'arrêter. A dater de ce moment, les deux partis se disputent cette bergerie et le village de Gossa avec un égal acharnement; la bataille dégénère pour l'instant en une canonnade meurtrière.

L'Empereur des Français avait eu l'honneur d'une demi-victoire en gagnant le premier champ de bataille et en ramenant les Alliés sur Gossa et Auenheim; mais c'était un résultat négatif, et les nouvelles inquiétantes qui lui venaient du côté de la Partha et de Marmont le décidèrent à tenter, entre 5 et 6 heures, un dernier effort pour enfoncer le centre des Alliés : manœuvre qui pouvait difficilement réussir depuis que toutes les réserves russes et autrichiennes étaient prètes à le soutenir. Les corps de Lauriston et de Bellune se reformèrent en colonnes d'attaques et se lancèrent, précédés par une charge de cavalerie, sur Gossa et Auenheim. Le premier de ces villages fut enlevé, la division de Gortschakof repoussée; mais Wittgenstein, soutenu par la division Pirch, par une brigade des gardes russes et par 80 bouches à feu des réserves, le reprit bientôt et déjoua ainsi ce dernier effort, auquel l'Empereur put d'autant moins donner suite que, dans le même moment, le corps de Merfeldt venait enfin de forcer le passage de la Pleisse à Dolitz, comme nous le dirons bientôt. Bellune et Oudinot, plus heureux contre le prince Eugène, se maintinrent en possession de la bergerie d'Auenheim jusqu'à la nuit. Une dernière tentative de Bianchy et du prince Eugène les décida alors à replier leur ligne.

Quittons un moment ces luttes meurtrières pour nous reporter à l'aile droite des Alliés.

Supérieur de beaucoup à Lauriston dans les deux premières heures de la journée, le général Klénau avait poussé facilement jusque vers Liebert-Wolkwitz; mais l'arrivée du maréchal Mortier avec les deux divisions de jeune garde avait rétabli l'équilibre des forces. Nous avons déjà dit que ce général autrichien, renforcé de la division prussienne de Ziethen et appuyé à sa gauche par la division russe du prince Gortschakof, se trouvait ainsi en mesure de lutter à chances égales; il tint donc sa position entre Possna et Liebert-Wolkwitz jusques vers une heure; mais l'arrivée du corps de Macdonald et de la cavalerie de Sébastiani, qui déborda sa droite, le contraignirent à la retraite. Le général Barclay le fit soutenir par la division de cuirassiers russes de Kretow, ce qui ne l'empêcha pas d'être repoussé de Seifertshayn sur Gross-Possnau. Les choses en restèrent là sur ce point : les deux partis continuèrent à se canonner avec acharnement comme sur le reste de la ligne. Si la grande charge dirigée sur Gossa, l'eût été contre Klénau au moment où il était débordé, sa defaite totale eût entrainé celle de Barclay. Klénau, au contraire, favorisé par l'absence de Lauriston qui s'était dirigé sur Gossa, put rentrer en possession du village de Fuchsenhayn.

Dans ces entrefaites, deux péripéties d'une nature bien différente se passaient à l'ouest du champ de bataille; l'une était l'attaque du corps de Merfeldt qui franchit la Pleisse à Dolitz, et l'autre était l'attaque de Giulay à la rive gauche de l'Elster sur Lindenau.

On sait comment Schwarzenberg, revenu de son erreur, avait rappelé le gros de ses forces sur la rive droite de la Pleisse après avoir fait faire quelques tentatives inutiles contre Connewitz et Dolitz. Voyant les attaques menaçantes que Napoléon réitérait sur Gossa et Auenheim, le généralissime jugea devoir utiliser le corps d'armée du général Merfeldt, qu'il avait laissé entre les deux rivières, et lui ordonna de déboucher par Dolitz : la tentative pouvait avoir son mérite, si elle réussissait... Mais pouvait-elle réussir ? Jeter 12 mille hommes à travers un défilé, au milieu des deux armées de Ney et de Napoléon, semblait plus que hardi; aussi le résultat ne fut-il pas longtemps douteux.

A peine Merfeldt eut-il débouché avec sa première brigade, qu'il fut assailli par une des divisions d'Augereau et par les chasseurs de la vieille garde, culbuté dans la Pleisse et pris lui-même avec la tête de sa colonne. Cet événement, facile à prévoir, eut cependant l'avantage de contribuer à ralentir les efforts de Bellune et Oudinot sur Gröbern et Auenheim.

L'approche de la nuit vint enfin mettre un terme à cette lutte sanglante, dans laquelle l'armée française n'avait pas tiré moins de quatre-vingt-cinq mille coups de canon, auxquels les Alliés ripostèrent par un nombre au moins égal.

Combat de Lindenau.

Afin de compléter l'esquisse de cette journée si compliquée dans ses détails, nous avons à retracer ce qui se passait dès le matin à l'ouest et au nord de Leipzig.

On se rappelle que le corps autrichien de Giulay, avec la division légère du prince Maurice de Lichtenstein et le corps volant de Thielmann, manœuvraient depuis plusieurs jours entre l'Elster et la Saale sur la grande communication des Français : autant pour l'intercepter que pour assurer au besoin les communications avec l'armée de Blücher campée vers Halle et occupant même Mersebourg.

Pour concourir à l'attaque de Leipzig le 16 octobre, Giulay, qui avait déjà poussé jusqu'à Lutzen et Marckranstett, dut marcher ce jour-là sur Lindenau, afin de s'emparer de ce défilé dont nous avons déjà signalé l'importance... On espérait qu'il serait secondé dans ce dessein par le corps de l'armée de Silésie qui de Mersebourg s'était avancé le 15 jusqu'à Guntersdorf. La position de ces différents détachements leur donnait certainement une grande importance, cependant ils manquaient d'unité, et les instructions données à Giulay étaient tellement vagues que l'on ne pouvait guères en attendre de grandes choses.

Quoi qu'il en soit, ce général reçut par la disposition du 15 l'ordre de s'avancer de Marckranstett sur Lindenau pour favoriser l'attaque sur Leipzig, de concert avec le corps de Saint-Priest que l'on supposait encore à Gunstersdorf : mais Blücher, s'attendant à une bataille avec les troupes de Napoléon qui revenaient de Duben, avait jugé plus convenable de se renforcer de 8 mille hommes de bonnes troupes que de les employer à une démonstration, et il avait rappelé ce corps à Skeuditz dans la nuit. Dans le fait c'était une faute, car Blücher se trouvait plus fort qu'il ne fallait pour tenir tête aux colonnes françaises revenant de Duben, et 20 mille hommes emportant Lindenau, le 16, auraient pu en détruire tous les ponts.

Giulay, réduit ainsi à ses propres forces, s'affaiblit encore en les divisant. Après avoir dépassé Schönau il les forma en trois colonnes divergentes ; l'une se porta à gauche vers Leutsch sur les rives de la Luppe ; la seconde colonne au centre, conduite par le prince de Hesse, se porta par la grande route sur Lindenau et s'empara de la moitié de ce village où il lui fut difficile de se maintenir sous le feu

supérieur des Français. La troisième à droite se dirigea au
sud sur Klein-Zoscher. Ces efforts morcelés ne produisirent
rien... la moitié de Lindenau fut prise et reprise, mais les
troupes du 4° corps (Bertrand), débouchant sur ce village
par la route et par Plagwitz, forcèrent les Autrichiens à
replier le gros de leurs colonnes sur Marckranstett; leurs
troupes légères restèrent sur leurs deux ailes vers Klein-
Zoscher d'un côté et dans les prairies de la Luppe vers
Leutsch de l'autre. Cette attaque, quoique manquée, répandit d'autant plus l'alarme dans Leipzig, qu'au même
instant une effroyable canonnade tonnait à la fois au sud du
côté de Wachau et au nord sur la route de Halle, d'où
Blücher accourait à pas précipités et où il est temps de nous
transporter.

Bataille de Möckern.

Bien que cette bataille paraisse un fait isolé, elle eut trop
d'influence sur celle de Wachau pour ne pas être considérée
comme un simple épisode de la grande journée. Les circonstances qui l'amenèrent ont été racontées de manières
si diverses que nous éprouvons quelque embarras dans le
choix de la version que nous devons adopter, et pour nous
guider nous devons entrer dans quelques détails.

On se rappelle que Napoléon avait détaché Marmont de

Duben le 12 octobre pour aller renforcer l'armée de Murat chargée de couvrir Leipzig. Arrivé à Stötteritz, ce corps d'armée n'étant plus jugé nécessaire par suite du changement dans les projets, revint le 14 à Leipzig et reçut de l'Empereur l'ordre de choisir une bonne position à deux lieues au nord pour couvrir la route de Halle. Le duc de Raguse choisit cette position près de Lindenthal et Breitenfeld (célèbre par la victoire de Gustave Adolphe), mais il déclara que pour la défendre il fallait 30 mille hommes, et il n'en avait que 18 mille. On lui promit le 15 de le renforcer par le 3° corps, ce qui autorise à croire que Napoléon s'attendait à être attaqué de ce côté.

Tous les rapports qui arrivèrent ce jour-là, constataient l'approche de l'armée de Blücher, et Marmont en prévint deux fois l'Empereur. Malgré ces avis et contrairement à la première pensée qui avait fait promettre le renfort du 3° corps, Napoléon répondit à Marmont « qu'il était dans « l'erreur et ne serait point attaqué, puisque l'armée de « Silésie marchait sur la rive gauche de l'Elster; qu'il « n'avait devant lui que de la cavalerie : en conséquence il « devait laisser au 4° corps le soin de couvrir Leipzig et « marcher lui-même en toute hâte à Stötteritz pour se « joindre à lui. »

Quelle fut la cause de ce complet revirement dans la première résolution de l'Empereur? C'est ce que nous ne saurions dire : il est probable toutefois que ce fut l'apparition du corps russe de Saint-Priest détaché par Blücher sur Mersebourg et qui s'avança le 15 de cette ville dans la direction de Lindenau, ainsi que nous l'avons déjà dit.

Marmont reçut cet ordre le 16 au point du jour, presque
au moment même où il venait de reconnaitre en personne,
du haut de la tour de Lindenthal, les immenses feux de
l'armée de Silésie vers Skeuditz. Il ne pouvait l'exécuter
qu'après avoir été relevé par les troupes du maréchal Ney
auquel devait être dévolue la tâche de contenir Blücher.

Nous ignorons également les instructions qui furent
données au maréchal Ney et les mesures qu'elles lui inspi-
rèrent; il serait même impossible de les préjuger d'après
les différentes relations qui ont été publiées jusqu'à ce jour,
car elles sont aussi peu en harmonie entre elles qu'avec les
faits. La plus grande obscurité règne donc sur tous les mouvements opérés dans la matinée du 16 par les douze divisions françaises encore détachées au nord de Leipzig (¹).
Voici tout ce que nous avons pu résumer des différents
renseignements qui nous sont parvenus. Le corps de Reynier était encore vers Eulenbourg avec tous les *impedimenta*
du grand quartier général. Les divisions Brayer et Riccard
du 3ᵉ corps, ayant passé la nuit, comme on l'a dit plus haut,
près de Rottenhahn, venaient d'arriver sur la Partha, se
dirigeant sur Reudnitz et Leipzig. Celle de Delmas, venant de Duben avec l'artillerie du corps d'armée, était en
marche sur Wideritsch.

Le corps du duc de Raguse se trouvait, dès la veille, en
position à Lindenthal. Celui de Bertrand (le 4ᵉ) se trouvait,
selon les uns, à Lindenau dès le 15 au soir, selon d'autres,

(¹) Le corps de Marmont, Bertrand, Souham, Reynier et la division
Dombrowski.

il n'y marcha que le 16 au matin. Dans tout etat de cause
on voit que, le 16 au point du jour, le maréchal Ney se
trouvait de sa personne à Leipzig attendant les deux divisions du 3ᵉ corps qui n'arrivèrent que vers 9 ou 10 heures;
il ne pouvait donc, jusques-là, disposer d'un seul bataillon, puisque Bertrand suffisait à peine à couvrir Lindenau.

Tel était l'état des affaires lorsque Marmont, ne voyant
venir aucune troupe pour le relever, se mit en marche
pour obtempérer à l'ordre direct qu'il avait reçu de se
porter à Stötteritz. A peine ses colonnes étaient-elles en
mouvement qu'on lui annonça l'approche de fortes masses
ennemies du côté de Radefeld et de Lutschena. S'il continuait sa marche rétrograde, il pouvait être fort maltraité
au passage de la Partha, et la division Delmas serait perdue. Il envoya donc un aide de camp au maréchal Ney
pour savoir s'il pouvait compter sur l'appui du 3ᵉ corps ou
non. La réponse, dit-on, fut affirmative, attendu que les
divisions Brayer et Riccard venaient d'arriver vers Leipzig,
Cette réponse aurait ainsi déterminé le duc de Raguse à
arrêter son mouvement et à défendre la position entre
Möckern et Euterisch.

Cette version, puisée à de bonnes sources, ne s'accorde
guère avec celles beaucoup moins vraisemblables qui prétendent que le maréchal Ney, commandant les 6ᵉ et
3ᵉ corps réunis vers Möckern, avait été informé, vers
9 heures qu'aucune force ennemie ne se montrait sur la route
de Halle (¹), et qu'entendant, vers 10 heures, la violente

―――――

(¹) Cette assertion est singulière, car aucun corps, si ce n'était celui canonnade qui tonnait autour de Wachau, il avait généreusement pris sur lui de s'affaiblir sur la Partha pour envoyer le 3ᵉ corps au secours de l'Empereur : assertion fort peu d'accord avec celles du duc de Raguse et avec les ordres de l'Empereur à ce chef du 6ᵉ corps, qui ne fut point réuni au 3ᵉ, ni placé sous les ordres de Ney, puisqu'il devait marcher vers Wachau. Quoi qu'il en soit, Ney, instruit sans doute que l'Empereur avait demandé le 6ᵉ corps, et jugeant que le 3ᵉ, plus rapproché de Stötteritz que celui de Marmont, y arriverait par conséquent beaucoup plus tôt, prit subitement la résolution de se porter là où le canon se faisait entendre avec une violence qui signalait un événement décisif : maxime de brave, qui a souvent de très-heureux résultats, mais qui entraîne aussi parfois à commettre des fautes, ainsi qu'on l'avait vu tout récemment à Bautzen.

Ney mit donc en marche, vers onze heures, les divisions Brayer et Riccard, qu'il venait, assure-t-on, de promettre à Marmont, résolution dont les suites devinrent doublement fatales, comme on va voir.

On nous pardonnera la longue digression à laquelle nous venons de nous livrer, car elle semblait indispensable pour constater la situation incertaine et décousue des douze divisions françaises éparses depuis Eulenbourg jusqu'à Lindenau au moment où l'orage vint fondre sur Marmont.

de Marmont, n'aurait pu faire ces reconnaissances. Or, ce maréchal était bien certain d'être attaqué ; du reste, il n'était pas aux ordres de Ney et les deux corps ne furent réunis que le soir après la bataille.

Les souverains alliés, en informant Blücher de l'intention où ils étaient d'attaquer l'armée de Murat devant Leipzig, le 16, l'avaient invité à faire, de son côté, un effort pour leur faciliter cette entreprise... Il n'en fallait pas tant pour exciter le zèle du vainqueur de la Katzbach, à qui il en avait dû coûter beaucoup de se retirer trois ou quatre fois devant Napoléon, sans oser engager de combat : il comprit que son activité et sa vigueur allaient puissamment contribuer au grand événement qui se préparait, et décidé à donner tête baissée sur l'ennemi, il rappela à lui le corps du comte Saint-Priest, détaché, comme on sait, sur la Luppe ; puis il se mit en marche, le 16 au matin, de ses bivouacs de Skeuditz, la droite, sous les ordres de Yorck, par la route de Leipzig, la gauche, sous Langeron, dans la direction de Radefeld, sur le chemin de Landsberg ; le corps de Sacken suivait en réserve. Cette armée formait un total de 60 à 65 mille combattants.

En arrivant à la hauteur de Stameln et de Radefeld, ses avant-gardes rencontrèrent celles de Marmont. Les rapports des reconnaissances signalaient la position principale des Français vers Lindenthal. Blücher croyait que l'armée française, toujours disposée à manœuvrer pour le couper de la Mulde, l'attendrait dans la position de Breitenfeld, célèbre par la victoire de Gustave-Adolphe ; il porta le corps de Langeron de Radefeld sur Lindenthal et Breitenfeld, soutenu par Sacken ; le général Yorck se porta, par la route de Leipzig, sur Möckern. Le faible corps de Saint-Priest, encore un peu éloigné, s'avançant vers Lindenthal, devait lier ces deux masses principales.

Marmont s'étant mis en marche pour exécuter l'ordre reçu, ses éclaireurs ne défendirent que faiblement Lindenthal et se replièrent sur la position définitive prise par le corps d'armée, la gauche à Möckern, la droite vers Euterisch. Ces mouvements préparatoires durèrent jusqu'à midi.

Le corps de Yorck, fort de 22 mille hommes, n'eut ainsi aucune peine à déloger les troupes avancées de Lindenthal et de Wahren, mais en se présentant devant Möckern il fut chaudement accueilli. Langeron dirigea son attaque sur Widderitsch où venait d'arriver la division Dombrowsky; Sacken resta en réserve entre Radefeld et Lindenthal : la cavalerie s'étendit à gauche jusque près de Podewils.

Vers une heure, le général Yorck avait assailli Möckern avec vigueur; deux fois il pénétra dans le village, deux fois il en fut expulsé. Langeron qui avait dû faire un long circuit pour se mettre en ligne vers Wideritsch, n'ayant pas encore commencé son attaque, le général Yorck comprit l'importance de rester maître de ce point important de Möckern. Bien que, sous le rapport tactique, ce fût attaquer le taureau par les cornes, il était évident qu'en l'emportant et en pénétrant jusqu'à Gohlis, on prévenait à Leipzig les colonnes françaises revenant de Duben, et d'un autre côté on pouvait au besoin y passer l'Elster pour opérer la jonction complète avec l'armée de Schwarzenberg par Leutsch ou Lindenau. Le général Yorck, pénétré de ces vérités, renouvela donc ses efforts ; mais l'artillerie de Marmont, parfaitement disposée sur un monticule à l'est de Möckern, jointe à la vigoureuse défense des bataillons occupant le village, rendit ce troisième assaut encore inutile : le général prussien y jeta alors l'élite de sa réserve (la division de Steinmetz) sollicitant en même temps Blücher de lui envoyer des renforts. Grâce à cette réserve, le combat se renouvela avec plus d'intensité et une véritable boucherie eut lieu jusques vers trois heures ; le même acharnement fut déployé des deux côtés, les généraux Frédérichs et Compans furent mis hors de combat : on eût dit que toutes les haines entassées depuis Jena s'étaient donné rendez-vous sur ce point.

Dans cette situation le général Yorck ne voyant arriver aucun renfort de St-Priest ni de Langeron, et convaincu que le corps de Sacken était trop éloigné pour le sauver d'une défaite totale, se décidait à faire un dernier effort, lorsqu'il fut tiré de cet embarras par un de ces coups du sort difficiles à prévoir. Le maréchal Marmont, engagé malgré lui dans une situation déplorable, mais encouragé par l'absence du gros des forces de Blücher qui s'étendait vers Wideritsch, et par le succès de la belle défense de Möckern, avait jugé de son côté devoir profiter de l'effet produit sur l'ennemi par tant d'attaques repoussées ; il se mit en personne à la tête de deux masses d'infanterie, entre lesquelles marchait une batterie de douze pièces de gros calibre, afin d'achever la défaite du corps prussien. Le général Yorck, faisant diriger toute son artillerie sur ces colonnes, fit sauter plusieurs caissons qui blessèrent beaucoup d'hommes et le maréchal lui-même. Une pareille explosion causa naturellement du désordre dans les bataillons voisins. Le général prussien saisit vivement cet heureux incident et se jeta impétueusement à la tête de sa cavalerie sur ces bataillons où le désordre devint d'autant plus grand que toute la ligne

d'infanterie prussienne s'avançait pour soutenir la charge.
Ce coup vigoureux, exécuté presque au même moment que
celui de Latour-Maubourg sur Gossa, eut plus de succès
encore.

Privés de leurs généraux hors de combat, les Français
ne purent se rallier; plus la résistance avait été vive, plus le
découragement devint grand. Cependant les braves régiments d'infanterie de la marine formèrent heureusement le
carré et protégèrent la retraite sur Euterisch, en abandonnant toutefois trente pièces et 1,500 prisonniers. Le combat
avait été si chaud que le corps de Yorck seul perdit près de
six mille tués ou blessés.

La tâche de Langeron avait été plus facile ; et malgré la
vive résistance opposée par Dombrowsky, il s'empara de
Wideritsch... Dans ce moment parut la division Delmas
qui ramenait de Duben l'artillerie de l'armée de Ney. Ce
général se porta aussitôt à la droite de Dombrowsky et
s'efforça de concert avec lui à reprendre ce village ; mais la
supériorité des forces russes ne permettait pas d'espérer
d'autres résultats de ces tentatives que celui de protéger
l'arrivée des parcs : ceux-ci filèrent sur Euterisch non sans
avoir laissé une dixaine de canons aux mains de la cavalerie
de Sacken.

Le corps de Langeron ne rendit pas dans cette journée
tous les services qu'on aurait pu attendre de lui, soit en se
jetant par sa droite sur celle de Marmont afin de seconder
les attaques de Yorck, soit en poussant vivement sur Euterisch ou du moins sur la route de Duben, pour enlever la
division Delmas.

Pendant que ces choses se passaient, le maréchal Ney était resté dans les environs de Leipzig ou de Stötteritz, en proie à la plus vive anxiété. Déjà les colonnes du troisième corps avaient atteint les environs du Thonberg à l'est de Connewitz, lorsqu'une formidable canonnade, venant à la fois du côté de Lindenau et du côté de Möckern, lui signala de sérieux dangers pour Marmont et pour Bertrand. Ces deux généraux ne tardèrent pas en effet à expédier aides-de-camp sur aides-de-camp au maréchal, pour réclamer son appui. La situation était des plus critiques : en continuant vivement sa marche sur Wachau, Ney pouvait y rendre la victoire plus complète : mais un peu plus ou moins de succès équivaudrait-il à la perte de Leipzig si Giulay et Blücher venaient à s'en rendre maitres? Le brave d'Elchingen ne le pensa pas et se décida à rétrograder vers la Partha; résolution qui eut absolument les mêmes résultats que les marches et contre-marches du corps d'Erlon à la bataille de Ligny en 1815; ces deux divisions du troisième corps qui eussent empêché la défaite de Marmont à Möckern si elles étaient restées avec lui, ou qui eussent achevé la victoire de Wachau si elles n'avaient pas rétrogradé, se promenèrent ainsi sans utilité entre les deux armées.

Telle fut dans son ensemble la célèbre journée du 16 octobre sur laquelle nous nous permettrons plus tard de faire encore quelques réflexions; revenons d'abord à ce qui se passa le lendemain dans les deux camps.

Journées des 17 et 18 octobre.

Ce sanglant épisode de la lutte désespérée que soutenait Napoléon, assombrissait de plus en plus sa position. Il n'était plus question pour lui de vaincre, mais bien de pouvoir regagner le Rhin. Il avait obtenu à Wachau le stérile honneur de repousser l'armée de Barclay d'un ou deux kilomètres des premières positions, et de rester maitre d'un champ couvert de morts et de mourants ; mais la barrière d'airain dans laquelle il était enveloppé, se trouvait de plus en plus rétrécie, et elle allait être fortifiée le 17 par l'arrivée de l'armée de Beningsen et de Colloredo comptant 60 mille hommes, puis par celle de l'armée du prince de Suède d'une force au moins égale. Quelle manœuvre entreprendre contre des armées qui reçoivent des renforts de 120 mille hommes en vingt-quatre heures ?

L'embarras devenait effrayant. Napoléon devait attendre l'arrivée du corps de Reynier qui marchait d'Eulenbourg à Leipzig avec tous les *impedimenta* du grand quartier général, ses équipages particuliers, le duc de Bassano, ses chancelleries, et les grands parcs de l'armée.

Dans l'espoir sans doute de gagner du temps, l'Empereur profita de la capture du général de Merfeldt, moitié diplomate moitié militaire, avec lequel on sait qu'il avait eu plusieurs fois l'occasion d'entamer des négociations : il lui rendit la liberté et l'envoya dans la nuit au quartier général des souverains pour proposer une suspension d'hostilités. S'il mit la moindre confiance dans le succès d'une telle proposition, l'empereur des Français se faisait une idée bien fausse des passions qui animaient alors toutes les armées coalisées contre lui et les gouvernements plus encore que les armées. Toutefois, s'il faut en croire les précieux mémoires de M. Fain, Napoléon n'aurait proposé rien moins que d'évacuer l'Allemagne et de consentir à toutes les exigences du congrès de Prague, ce qui semblait devoir lui assurer l'acceptation d'un armistice dont le moindre avantage était d'éviter une si effrayante effusion de sang. Mais toutes les versions n'ont pas été d'accord sur ces conditions, et selon les rumeurs qui circulèrent le 17 octobre au quartier général des Alliés, *Napoléon n'entendait se retirer d'abord que derrière la Saale, où l'on traiterait définitivement sur les bases de l'évacuation de l'Allemagne, de l'indépendance de la Hollande et de l'Espagne.* Formulée dans ce sens d'une simple retraite derrière la Saale, cette proposition devait éveiller les soupçons des Alliés sur les suites qu'elle pouvait entraîner, et il ne serait point surprenant qu'ils l'eûssent repoussée dans la conviction que Napoléon, une fois sorti du mauvais pas où il était engagé, ne négocierait plus sérieusement sur les mêmes bases. Mais si Fain a dit vrai, s'il proposait l'évacuation immédiate de l'Allemagne, l'humanité reprochera aux Alliés tout le sang qui fut répandu jusqu'en 1815.

Quoi qu'il en soit, les Alliés, renforcés de 120 mille hommes, étaient certains de vaincre; l'empereur Alexandre avait soif de gloire militaire; les Prussiens avaient soif de vengeance; les Autrichiens tenaient aussi à réparer les échecs de Dresde, de Wagram, d'Ulm; et d'ailleurs, leur souverain et son ministre n'étaient pas au quartier-général militant, et y eussent-ils été, on est fondé à croire que le cabinet de Vienne n'accepterait plus les bases de Prague sans être indemnisé des énormes frais de la guerre. Tous résolurent donc d'éluder une réponse et de s'en remettre au sort des armes.

Les dispositions furent prises en conséquence pour renouveler la bataille dès le 17 à midi. Cependant, sur l'avis que les deux armées attendues arriveraient trop tard pour y prendre part, on fit remettre l'attaque au 18 à 9 heures du matin. La journée se passa donc sans autre événement qu'un combat très-vif, au nord de la Partha, entre la cavalerie russe de Langeron, commandée par Wassiltschikof, et celle du général Arrighy, qui fut fort malmenée, même derrière la ligne, jusqu'au faubourg de Pfaffendorf.

Par une de ces contradictions dont l'état-major de Radetzky fournit tant de preuves dans cette campagne, le corps de Giulay, qu'on avait lancé le 16 sur la route de Lutzen, quand la victoire était plus que douteuse et quand son appui sur la Pleisse aurait pu être désirable, fut rappelé, le 17, sur Gautsch et Zoscher, lorsqu'on avait plus de forces qu'il n'en fallait pour vaincre et que la retraite de l'armée française n'était un doute pour personne. Il semblait bien plus naturel de le renforcer alors de toutes les réserves du prince de Hesse-Hombourg, sinon pour barrer entièrement le passage, du moins pour entamer sérieusement les colonnes en retraite, lorsqu'elles défileraient de Lindenau sur Lutzen.

L'armée de Beningsen arriva le 17, à la suite d'une

marche de nuit, entre Machern et Possnau à la droite de Klénau. Le corps de Colloredo joignit l'armée autrichienne à onze heures.

Bernadotte, revenu à Zorbig. se porta par Landsberg sur la Partha et se réunit à Blücher. L'armée de Bohème resta dans ses positions du 16.

Napoléon, ayant vainement attendu, toute la journée du 17, le retour de M. de Merfeldt, comprit qu'il s'était fait illusion et se trouva plus embarrassé que jamais. Quel parti prendre? Décamper de Leipzig par un seul défilé avec 150 mille hommes, 700 bouches à feu et un matériel immense, à la barbe de 300 mille hommes victorieux, acharnés à sa ruine et disposant d'environ 70 mille chevaux. était une rude tâche; même en cas de réussite il fallait s'attendre à la payer cher. A la vérité, Leipzig pouvait être regardé comme une tête de pont qu'il serait facile de défendre toute une journée, si l'on savait profiter des faubourgs et de la vieille enceinte comme on l'avait fait à Dresde. Il semblait donc naturel qu'à l'entrée de la nuit du 17, toute l'armée se concentrât autour de Leipzig, que la cavalerie et les *impedimenta* commençassent à défiler avant le jour : le 18 à midi, les trois quarts de l'armée auraient dépassé Lindenau quand les Alliés, venant de Liebert-Wolkwitz et de Wachau, seraient à peine arrivés devant Leipzig. Les trois corps d'armée laissés à l'arrière-garde eussent commencé à filer avant une attaque sérieuse, en laissant 8 mille hommes pour couvrir la vieille enceinte et la ville elle-même, et en incendiant quelques portions des faubourgs pour suspendre la marche de l'ennemi. Ces

8 mille hommes eussent sans doute été fort compromis ; toutefois il eût été possible qu'une partie de ces bataillons pût encore gagner le pont de l'Elster avant de le faire sauter.

Le corps de Reynier, resté jusques là en arrière à Eulenbourg, était arrivé ; rien ne s'opposait donc plus à la retraite. Cependant, soit que Napoléon se flattât encore que ses propositions soumises à l'empereur d'Autriche n'avaient éprouvé qu'un retard et pourraient être acceptées le 18 ; soit que se considérant comme victorieux à Wachau le 16, il crût pouvoir tenter encore le terrible jeu des batailles dans lequel il avait tant de supériorité ; il se borna à faire quelques dispositions préliminaires pour quitter Leipzig, et à resserrer sa ligne en rapprochant sa droite et son centre de Probsthayda et de Stötteritz. Ce mouvement fut exécuté avec beaucoup d'ordre le 18, avant le jour, et les Alliés étonnés ne trouvèrent plus que des arrière-gardes sur les positions défendues avec tant d'acharnement l'avant-veille.

On ne saurait affirmer si ce premier mouvement rétrograde avait eu lieu en vue de faciliter l'évacuation de Leipzig dans la nuit du 18 au 19, ou si l'Empereur voulut réellement faire un dernier appel aux faveurs de la victoire, malgré les désavantages incontestables d'une position désespérée, et d'un champ de bataille resserré par deux rivières, sur lequel les masses ennemies entassées ne présentaient aucune partie faible, et ne donnaient par conséquent lieu à aucune manœuvre de grande tactique qui pût suppléer à l'infériorité en hommes et en artillerie.

C'était un champ clos, un duel sur place entre deux fronts

parallèles, où l'ennemi ne pouvait pas plus commettre de fautes que Napoléon ne pourrait faire d'habiles combinaisons.

Bataille du 18 octobre.

S'il faut en croire quelques relations, Napoléon attendait
encore, le 18 au matin, la réponse aux propositions de
Merfeldt, lorsqu'on lui annonça de toutes parts l'approche
des colonnes ennemies. Il avait passé au bivouac de Mens-
dorf une nuit pleine d'agitation et d'activité; la pluie tom-
bait à torrents. Malgré les fatigues excessives des journées
précédentes, l'Empereur monta à cheval à une heure du
matin et se rendit à Reudnitz pour donner ses ordres à
Ney, puis il traversa Leipzig et se rendit à Lindenau au
corps de Bertrand qu'il mit aussitôt en marche sur Weissenfels, afin de s'assurer des passages de la Saale; les
équipages dûrent le suivre : les deux divisions de la jeune
garde du duc de Trévise vinrent remplacer Bertrand à Lindenau. M. Fain affirme que l'Empereur visita ensuite les
passages de l'Elster et prescrivit la construction de trois
ponts pour les rendre plus faciles (¹).

(¹) Un seul de ces ponts fut exécuté, et il était si mauvais qu'il fut, dit-on,
rompu par les premières voitures qui passèrent. N'eût-il pas été du
devoir du major général, au défaut de l'empereur lui-même, d'envoyer,

Parvenu, à 8 heures du matin, près du nouveau bivouac qu'il a fait établir au Thonberg près de Stötteritz, au lieu du parlementaire qu'il attend, Napoléon découvre les innombrables troupes des Alliés en pleine marche pour l'attaquer. Heureusement pour lui, toutes les dispositions étaient prises pour les recevoir. En effet, d'après ce qui avait été convenu entre les souverains et les chefs des différentes nations, tout s'était ébranlé dès le jour, afin d'assaillir l'armée française non plus avec cinq colonnes, mais avec cinq armées.

Celle des Autrichiens, renforcée par Colloredo et par le retour de Giulay, comptant ainsi quatre corps d'armée avec les réserves, devait attaquer la droite des Français vers Losnig et Dösen.

Barclay, avec ses trois corps (Kleist, Wittgenstein et les réserves russes), se portait sur Probsthayda.

Beningsen, auquel on avait assigné, outre la division autrichienne de Bubna, le corps entier de Klénau, avait la mission d'opérer la jonction de la grande armée avec celles du prince de Suède, et pour en faciliter les moyens on lui avait donné aussi les six régiments de cosaques réguliers de l'hetman Platof. Après avoir manœuvré pour débusquer Macdonald de Holzhausen, le général Beningsen porta la divisoin Bubna sur Molkau, tandis que Platof s'étendit à droite dans la direction de Paunsdorf. La gauche

dès le 15 au soir, des compagnies de sapeurs pour en construire de solides... S'il y en avait eu deux sur chaque bras, indépendamment de ceux établis sur la chaussée, c'eût été bien suffisant.

de cette armée, composée des vieilles bandes russes de Doctorof (divisions Paskiewicz, Kavansky, Markof), devait attaquer Macdonald entre Holzhausen et Zwei-Nauendorf, se liant à Klénau et à la division prussienne de Ziethen pour emporter Stœtteritz.

La quatrième armée, celle de Bernadotte, ayant franchi la Partha entre Taucha et Schœnfeld, se porterait vers la route de Wurtzen contre Paunsdorf, se liant ainsi avec la droite de Beningsen. Pour exciter le zèle du prince de Suède, Blücher se réunit à son armée avec le corps russe de Langeron qui assaillirait Schœnfeld. Enfin, le reste de l'armée de Silésie sous Yorck et Sacken, demeuré sur la rive droite de la Partha, tentera de s'emparer des faubourgs de Leipzig vers Pfaffendorf.

Napoléon dut être saisi à l'approche d'un tel ouragan dont sans doute il ne connaissait pas encore exactement toute la violence et la force : néanmoins il conserva ce calme et cette admirable présence d'esprit dont il ne se démentit jamais, et fit prendre à son armée la position plus concentrée où il avait résolu de faire un dernier appel à la fortune.

Dès 5 heures du matin, l'armée française avait commencé son mouvement de concentration. Bellune et Lauriston ont quitté Wachau pour se placer, le premier, à l'ouest de Probsthayda, le second, à gauche dans la direction de Stötteritz. Ils sont suivis, pied à pied, par les Alliés qui débordent un moment leurs arrière-gardes sans néanmoins les entamer : Augereau se place à leur droite ; Poniatowsky, appuyant à la Pleisse, ferme la ligne entre Losnitz et Connewitz (¹) : Oudinot, avec ses deux divisions de jeune garde, sert de réserve à cette aile droite. Napoléon se place au centre à un kilomètre de Probsthayda, avec la vieille garde et la réserve de cavalerie. Macdonald, qui disputera Holzhausen aux troupes russes de Beningsen pour favoriser la concentration, se rapprochera de Stötteritz et de Molkau avec le 11ᵉ corps et la cavalerie de Sébastiani, afin de se lier, d'un côté, à Lauriston et, de l'autre, à l'armée de Ney qui formait l'aile gauche et s'étendait entre Paunsdorf et la Partha ; le corps de Reynier dans ce village, Marmont à Schœnfeld, Souham en réserve. La ligne formait ainsi en quelque sorte un angle obtus dont Probsthayda occupait le sommet.

Par la disposition des forces respectives, on voit que Ney, avec les débris des corps de Souham, de Marmont et de Reynier, comptant au plus 50 mille hommes dont 10 mille de troupes allemandes, allait avoir à soutenir les efforts de 100 mille Russes et Prussiens encore secondés par Bubna et Platof.

Macdonald et Lauriston, avec 30 mille hommes, avaient à lutter contre Beningsen et Klénau qui en comptaient 80 mille : encore ceux-ci étaient-ils secondés par la droite de l'armée de Barclay.

Enfin, Bellune et la droite de Lauriston devaient lutter autour de Probsthayda contre Kleist et Wittgenstein, soutenus des réserves russes, tandis que Augereau et Ponia-

(¹) Quelques relations placent, au contraire, Poniatowsky sur la Pleisse et Augereau à sa gauche le liant à Bellune.

towsky combattraient toute l'armée autrichienne, à l'aide que les deux divisions de jeune garde leur donneraient si elles n'étaient pas appelées du côté de Probsthayda.

Le roi de Naples dirigeait toute cette aile droite comme Ney la gauche ; Macdonald, placé au centre vers Holzhausen, liait les deux armées françaises, et Napoléon, avec la vieille garde et la cavalerie, restait derrière Stötteritz, pouvant se porter au secours des points menacés.

Les masses alliées employèrent une partie de la matinée à franchir l'espace entre les positions de la veille et la nouvelle ligne de défense de Napoléon; vers midi, l'engagement devint général ; nous allons le suivre à partir de leur gauche.

Les Autrichiens, entassés dans le vallon de la Pleisse, sont d'abord contenus par le faible corps de Poniatowsky, favorisé par un terrain coupé de ruisseaux et d'étangs : ils le poussent néanmoins jusqu'à Dolitz ; les divisions d'Augereau le soutiennent et un combat des plus ardents s'engage, Napoléon y envoye les deux divisions de jeune garde du maréchal Oudinot et s'y porte lui même ; les Autrichiens sont repoussés et le prince de Hesse-Hombourg qui les commande est blessé ; un feu des plus vifs se prolonge sur ce terrain coupé sans résultat notable.

Dans l'intervalle, les troupes de Kleist et Wittgenstein sont arrivées devant Probsthayda ; les souverains alliés semblent vouloir frapper un coup décisif sur ce saillant que forme ici la ligne française et qui devient le point de mire des efforts de l'armée de Barclay. Ce général, excité par les progrès de Beningsen sur sa droite et par le violent combat qui tonne à sa gauche, lance les deux corps russes et prussiens sur ce village formidablement défendu et dominant le vallon. En même temps il pousse le comte Pahlen avec sa cavalerie à droite pour tomber sur les colonnes de Macdonald qui regagnaient Stötteritz harcelées par Doctorof; mais les escadrons de Sébastiani, accourus à temps, déjouèrent cette tentative.

Vers 2 heures, Wittgenstein lance le corps du prince de Wurtemberg sur Probsthayda pour l'attaquer à droite : en même temps les divisions prussiennes du prince Auguste et Pirch se précipitent sur le village de front, et par la gauche elles en enlèvent une partie, que les réserves de Bellune et de Lauriston ne tardent pas à leur reprendre. Excités par ce succès, les Français débouchent même offensivement du village, mais criblés par l'artillerie nombreuse disposée pour le soutien des assaillants, et chargés par les bataillons prussiens, ils sont vivement ramenés. Ceux-ci se lancent alors de nouveau et avec plus d'ensemble sur Probsthayda, de concert avec les Russes, ils y pénétrent avec valeur. Dans ce moment Napoléon revenait de sa droite ; il porte les grenadiers de la vieillle garde au soutien des jeunes soldats de Bellune et de Lauriston, et les Prussiens aussi bien que le prince Eugène de Wurtemberg sont forcés à revenir sur leurs pas. Ils se rallient au pied du talus ; alors les batteries de réserve de la garde française se deployent avec celles de Bellune et de Lauriston et les foudroyent. Barclay de son côté amène tout le canon dont il peut disposer, et la lutte dégénère en un carnage sans aucun résultat : les troupes des deux partis rivalisent de stoïque résignation.

Tandis que ces premiers efforts contre Probsthayda

échouaient, Beningsen avait porté la division prussienne de Ziethen sur Zuckelhausen, dont elle s'empara après une vive résistance ; en même temps, Klénau attaquait Macdonald à Holzhausen, soutenu à quelque distance par Doctorof, dont la gauche sous Strogonof se portait sur Zwei-Nauendorf : enfin, Bubna et Platof se prolongeaient à droite vers Sommerfel et Molkau sur la route de Wurzen, afin de remplir le grand espace qui séparait encore les armées alliées, et d'assurer ainsi l'entière jonction de toutes leurs forces.

Le combat fut très-vif vers Holzhausen dont Klénau, secondé à sa gauche par Ziethen, parvint à s'emparer, mais d'où Macdonald réussit à le deloger à l'aide d'une belle charge du corps de Sébastiani. Beningsen lança alors les braves divisions de Paskiewicz et du prince Kavansky à droite et à gauche du village, qui fut emporté, ainsi que les hauteurs en arrière. Macdonald, sans se rebuter de la grande supériorité des Alliés, tenta encore de les rejeter sur le village, et Sébastiani vint charger jusque sur l'infanterie russe, sans pouvoir l'entamer ; le 11e corps vint alors prendre position entre Stötteritz et Molkau.

Dans les entrefaites, les armées de Blücher et Bernadotte remplissaient facilement la tâche qui leur était dévolue. Après avoir repoussé les corps avancés de Ney qui bordaient la Partha, depuis Schœnfeld jusques à Ste-Thecla et Taucha, et enlevé un bataillon saxon laissé là par Reynier, Bernadotte avait dirigé le corps prussien de Bulow et les Suédois vers Paunsdorf et Sellershausen, pour se lier aux troupes que Beningsen devait y porter, afin d'assurer la jonction si ardemment desirée ; en même temps Blücher, avec les corps de Langeron et de Saint-Priest, attaquerait vigoureusement Schœnfeld : ce village était, comme on l'a dit, défendu par la gauche de Marmont ; le corps de Reynier, par un changement de front en arrière, était venu se placer à sa droite vers Paunsdorf, et celui de Souham devait leur servir de réserve. Marmont défendit vigoureusement Schœnfeld qui fut pris et repris.

Reynier, à peine établi dans sa position, vit déboucher les longues colonnes de Bulow contre sa gauche, tandis que celles de Bubna et de Platof défilaient vers Molkau. Résister à une telle masse était impossible, et le général du 7ᵉ corps n'avait rien de mieux à faire qu'à se replier sur Sellershausen ; la division Durutte exécuta ce mouvement en bon ordre, mais un incident affreux vint mettre le comble à la position déjà si déplorable de cette aile gauche.

Le général Reynier avait laissé entre Paunsdorf et Taucha une petite avant-garde, composée d'une brigade de cavalerie wurtembergeoise du général Nordmann et d'un bataillon saxon. Cette troupe voyant arriver les colonnes de Platof, au lieu de se retirer, vint fraterniser avec elles et se réunir ensuite aux colonnes prussiennes ou autrichiennes : ceci se passait au moment où la division Durutte se repliait sur Sellershausen. A cette vue, toute la division saxonne, précédée de 30 pièces d'artillerie, au lieu de suivre la marche rétrograde, s'avance vers l'ennemi. On attribue d'abord ce mouvement à un excès d'audace ; mais tout à coup leur artillerie, tournée contre les Français, vient signaler à ces braves étonnés une défection dont l'histoire ne conserve aucun autre souvenir(¹). Reynier, réduit à la seule division Durutte, menacé à droite par Bubna, à gauche par Bulow, fut trop heureux de trouver un refuge à Sellershausen. Le maréchal Ney le fait soutenir par la division Delmas; Marmont replie sa droite pour se maintenir en ligne, et continue à défendre Schœnfeld par sa gauche.

Le combat se prolonge avec animosité sur cette partie de la ligne; il ne fut pas difficile au corps de Bulow, secondé par Bubna et soutenu des Saxons et des Suédois, de percer jusqu'à Sellershausen, malgré la belle défense de la poignée de braves aux ordres de Durutte et de Delmas. La droite de Ney est ainsi ramenée dans la direction de Reudnitz.

Instruit à Probsthayda de la défection de ses alliés et de la retraite du 7ᵉ corps, et appréciant tout ce qui peut en résulter de fâcheux si l'ennemi pénètre jusqu'aux faubourgs de Leipzig, Napoléon vole avec les cuirassiers de Nansouty sur le point menacé; il trouve Ney occupé à rallier sa droite près de Strassenhauser; il le lance sur Bulow, qu'il fait attaquer en flanc par les cuirassiers de Nansouty du côté de Molkau, et dont la tête est ramenée sur Sellershausen. Un peu rassuré sur sa gauche, l'Empereur retourne au centre, qui réclame toute sa sollicitude. Le combat dégénère alors, en avant de de Strassenhauser comme à Probsthayda, en une

---

(¹) Les Saxons, voyant leur pays abîmé par la guerre et prêt à être évacué par l'armée française, purent hésiter à verser le reste de leur sang pour une cause désormais perdue; mais l'idée de tourner à l'instant même leurs canons pour mitrailler leurs camarades d'armes était une monstruosité sans exemple et sans précédent, car ils eussent aussi bien atteint leur but en demeurant neutres derrière la ligne.

canonnade meurtrière. Bernadotte amène sur le premier de ces points l'artillerie saxonne, celle des Suédois et jusqu'aux batteries anglaises de fusées à la congrève, dont il accabla les braves de Delmas et de Durutte : le premier de ces généraux, l'intrépide, le républicain Delmas, tombe sous le feu meurtrier; ces troupes, cédant de nouveau à une supériorité accablante, reviennent jusqu'à Strassenhauser (¹).

Tandis que ceci se passait, Napoléon, rappelé à son centre par la formidable canonnade qui tonne vers Probsthayda, s'y reporte en toute hâte, et il trouve heureusement les intrépides défenseurs de ce poste résolus à le défendre jusqu'à la mort. Du reste, autant l'artillerie de Beningsen et de Bernadotte avait de supériorité sur celle de Delmas et de Reynier, autant le canon des Français avait d'avantage à Probsthayda contre les masses alliées qui persistent à rester sous leur feu sans reculer d'un pas. En vain, Barclay a fait avancer le corps de grenadiers et les réserves d'artillerie pour appuyer les efforts de Wittgenstein et de Kleist, cela ne fait qu'augmenter les pertes sans ébranler les défenseurs.

Étonné d'un acharnement qui coûte si cher sans promettre de résultats, le général Jomini propose à l'empereur Alexandre de le faire cesser, et dans la certitude que la retraite des Français serait inévitable le lendemain, il propose précisément ce que l'on aurait dû faire dès la veille, de porter Giulay, renforcé d'un corps d'infanterie et des

---

(¹) C'était la première fois que ces raquettes ou fusées étaient employées sur le continent ; elles occasionnèrent d'autant plus de trouble par leur sifflement menaçant, qu'elles firent sauter quelques caissons derrière la ligne de Delmas, déjà abîmée sur son front par les boulets et la mitraille.

nombreuses réserves de cavalerie, sur la direction de Zwen-kau à Marckranstett.

Ce conseil, quoique approuvé d'abord par l'empereur Alexandre, ne fut pas immédiatement exécuté, grâce aux obstacles qu'y apporta le prince de Schwarzenberg; le mouvement proposé aurait dû naturellement s'opérer par les réserves autrichiennes du prince de Hesse-Hombourg qui se trouvaient les plus voisines et parfaitement disponibles; le généralissime, tout victorieux qu'il fût, ne voulut pas affaiblir sa ligne autrichienne et prétendait qu'on y fit marcher les réserves russes, dont il n'était point aussi facile de disposer, puisqu'elles soutenaient les corps fortement engagés vers Probsthayda et Stötteritz, et qu'elles se trouvaient, en outre, beaucoup plus éloignées : c'était donc un refus déguisé. Toutefois les souverains alliés prirent le parti de retirer une partie des masses qui étaient restées si long-temps sous le feu.

Dans ces entrefaites Blücher et Langeron n'avaient pas éprouvé moins d'obstacles à l'attaque de Schœnfeld, que les divisions du 6ᵉ corps défendirent avec la même valeur qu'elles avaient déployée à Möckern, car forcées à plusieurs reprises de céder ce poste, elles l'avaient repris chaque fois. Cependant Langeron ayant fait donner une partie de ses réserves, ces troupes de Marmont, affaiblies par les combats du 16, étaient sur le point de succomber malgré les plus glorieux efforts, lorsque Ney lance sur les vainqueurs les deux divisions du 3ᵉ corps demeurées en réserve. Schœn-feld, pris et repris de nouveau, restait en son pouvoir, lorsque les mouvements rétrogrades de sa droite et l'approche des réserves de Langeron décidèrent Ney à reployer sa gauche à portée de fusil de ce village.

Au nord de Leipzig, les corps de Sacken et d'Yorck avaient tenté sans succès d'emporter le faubourg de Halle, mis à l'abri d'un coup de main et défendu par la division Dombrowski avec la cavalerie du duc de Padoue.

Du côté de Lindenau, Bertrand, ayant reçu quelques renforts, chassa aisément la faible division Lichtenstein du corps de Giulay, et ouvrit la route de Weissenfels.

On voit, par ce récit, que les Français perdirent peu de terrain à la gauche ; le reste de la position principale fut maintenu, et aucun de leurs corps n'avait été entamé, grâce au peu d'usage que les Alliés surent faire de leur cavalerie. C'était beaucoup pour la gloire, ce n'était rien pour le résultat de la campagne ; car telle était la situation désespérée de leurs affaires, qu'un demi-succès équivalait à une défaite.

Il était six heures lorsque les deux partis, fatigués d'une lutte si acharnée, se séparèrent avec la conviction qu'il faudrait recommencer le lendemain. Mais leurs chefs respectifs, avant de rentrer à leurs quartiers généraux, avaient des réflexions bien différentes à faire sur le parti qu'ils avaient à prendre.

Les souverains alliés, réunis aux principaux chefs de l'armée de Bohème, bien convaincus que l'armée française commencerait sa retraite, résolurent de porter toutes leurs forces sur Leipzig dès le point du jour, et d'emporter cette ville. En attendant, l'empereur Alexandre, se rappelant les justes observations faites par le général Jomini au moment de l'attaque de Probsthayda, jugea que la présence de tant de forces sur un front d'attaque raccourci de plus de moitié ne serait qu'un embarras; Sa Majesté proposa donc de porter toutes les réserves tant russes qu'autrichiennes sur Pégau, d'où elles seraient en mesure de tomber au besoin sur la ligne de retraite par Weymar; mais on lui objecta la grande fatigue de ces troupes et le manque de vivres. Toutefois, le corps de Giulay, si intempestivement retiré des environs de Lindenau, reçut ordre de marcher sur Pégau et de là sur la Saale vers Weissenfels et Naumbourg. Au même instant Blücher, inspiré par le même motif, ordonnait au corps de Yorck, qui n'avait pas été engagé ce jour-là, de marcher dans la nuit de Gohlis sur Mersebourg pour s'emparer des passages de la Saale, et le maréchal vint le remplacer avec le corps de Langeron en face du faubourg de Halle, d'où il pourrait au besoin suivre Yorck ou concourir à l'attaque de Leipzig avec Sacken.

Conformément aux dispositions arrêtées, toutes les masses des Alliés s'ébranlèrent au jour. L'armée de Bernadotte devait assaillir le faubourg de Reudnitz; Beningsen celui de Grimma; Barclay tomberait de Probsthayda par Strassenhauser, et l'armée autrichienne, marchant par la route de Connewitz, se dirigerait sur le faubourg du Sud. Enfin au Nord, Langeron et Sacken assailliraient Pfaffendorf et la porte de Halle.

Napoléon, de son côté, avant de gagner son quartier général qu'il avait fait transférer de Stötteritz à Leipzig, dicta à la lueur des feux de bivouacs les dispositions pour exécuter la retraite. Toute la cavalerie inutile dans une défense de faubourgs dut la commencer au milieu de la nuit. Les gardes, Augereau et Bellune devaient suivre au point du jour; les autres corps défendraient d'abord les approches des faubourgs, puis fileraient successivement. Ceux de Poniatowski et Macdonald fermeraient la marche, secondés par Reynier avec la division Durutte et le peu de troupes allemandes qui lui restaient.

L'Empereur, entré à huit heures du soir à Leipzig, y passa la nuit la plus anxieuse qu'il ait jamais eue de sa vie, à l'exception de celle qui précéda le passage de la Beresina. La position, en effet, n'était guères moins critique, car si son armée était encore nombreuse et en meilleur état, les quatre armées ennemies l'étaient à proportion bien davantage encore, et, enivrées de leurs succès, elles avaient encore des avantages stratégiques inouïs.

Pour pouvoir opérer cette retraite d'une manière convenable, il eût fallu dès le 16 au matin jeter plusieurs ponts secondaires sur l'Elster et sur la Luppe, faire filer le 17 Bertrand et les impedimenta sur Lutzen, et rapprocher dans la nuit l'armée de la ville de Leipzig, sans livrer la bataille du 18, où l'on acheva de consommer ce qui restait de munitions: cependant, en se décidant même à cette sanglante bataille, si les ponts eussent été suffisants et les mesures de logistique bien prises à temps, l'opération aurait pu se faire sans trop de pertes. Non seulement le major général ne songea à rien, mais dominé par la crainte de dévoiler trop tôt la retraite, et de semer par là le découragement, il repoussa, dit on, les mesures de prudence que les officiers d'état-major les plus ordinaires eussent adoptées ; comme s'il eût été convaincu que Napoléon reprendrait son ascendant sur les Alliés ([1]).

Le général Rogniat, chef du génie, aurait dû y suppléer pour ce qui concernait les ponts, et si ses parcs étaient restés à Eulenbourg comme on l'a dit, il ne manquait ni de sapeurs dans les corps ni d'ouvriers dans Leipzig.

Napoléon avait bien ordonné, comme on l'a dit, le 18 au matin, de construire 3 ponts suplémentaires sur l'Elster ; mais cet ordre donné à la hâte et deux jours trop tard fut encore mal exécuté, on n'en construisit qu'un qui se rompit. Au fait, tout dans l'armée reposait sur lui seul, il fallait qu'il prévît tout.

On avait passé le Danube dans une seule nuit à Wagram

([1]) Toute mesure faisant présumer une retraite était proscrite dans l'armée ; était-ce par ordre de Napoléon ? C'est ce que nous ne saurions affirmer ; mais l'auteur de ces *Souvenirs* eut une scène des plus vives avec le maréchal Ney devant Ulm, en 1805, parce qu'il avait inséré dans les ordres à Dupont et à Loison ce qu'ils auraient à faire *en cas de retraite ;* précaution d'autant plus nécessaire qu'ils étaient séparés par le Danube, et qu'ils pouvaient être détruits faute de savoir où se réunir et se rallier au reste du corps d'armée. Le maréchal s'emporta fort et lui dit : » Comment ! Vous pensez que des Autrichiens puissent battre une armée » comme la nôtre, conduite par l'Empereur ? *Les gens qui pensent à la » retraite avant le combat peuvent rester chez eux.* » Le chef de bataillon suisse, qui servait comme volontaire, répondit en demandant un ordre pour retourner dans son pays, mais le maréchal, plus calme, sentit son tort et le répara. Berthier eût jeté les hauts cris, le 16 octobre, contre tous ceux qui fussent venus lui parler de retraite. Mais le général du génie Rogniat eût été fort bien autorisé à proposer ou à ordonner, même de son chef, la construction des ponts nécessaires dans toute éventualité.

avec 150 mille hommes; mais c'était sur six beaux ponts où chaque corps rangé à l'avance avait son débouché, et où les impedimenta ne passaient que long-temps après l'armée. En retraite, à travers les rues d'une ville, par un seul pont étroit, l'opération est bien différente; il y a nécessairement un encombrement horrible : les lâches veulent passer les premiers, et il ne faut que deux ou trois voitures brisées pour tout arrêter dans un défilé si resserré. Tous ces malheurs arrivèrent à l'armée française.

L'aube du jour la trouva le 19 dans tous les embarras d'une affreuse retraite. Il fallait recevoir encore une bataille pour l'opérer. Les troupes étaient rangées autour de l'enceinte des faubourgs qu'on avait eu le soin de barricader. On pouvait s'y défendre aisément 12 heures, si l'on voulait combattre comme à Dresde. On aurait eu ainsi le temps de faire écouler la multitude, et les corps se seraient retirés successivement du combat pour passer à leur tour avant la nuit. A la vérité cela eût donné aussi aux souverains alliés le temps de porter la moitié de leurs masses par Zwenkau sur la rive gauche de l'Elster, pour tomber sur l'armée en retraite au passage de la Saale.

Du reste, tactiquement parlant, la position n'était point si désespérée, puisque Leipzig pouvait être considéré comme une tête de pont couvrant le défilé. Il n'y manquait que des ponts pour accélérer l'écoulement et ne pas le faire dépendre du moindre accident. Il en eût fallu deux au-dessus et autant au-dessous de la grande route : mais l'armée n'était revenue de Duben que le 15, on se croyait certain de gagner une bataille le 16; on compta sur l'armistice le 17 :

enfin, comme nous l'avons observé, personne n'osait prendre l'initiative de préparatifs de retraite.

Toutefois, dans l'état où les choses étaient restées, on eut peut-être pu gagner encore le temps nécessaire en faisant incendier les faubourgs pour arrêter la poursuite, et en ne laissant que 8 à 10 mille hommes à la garde de la ville et de son ancienne enceinte. M. Fain affirme que la proposition en fut faite, mais que l'Empereur repoussa ce moyen comme barbare.... Il lui parut blâmable de détruire ces riches faubourgs, en présence d'un roi qui s'était dévoué si généreusement à sa cause. Si le fait est vrai, il est fort honorable; cependant l'opération n'ayant pas été préparée d'avance, on est autorisé à croire que les Alliés s'étaient précipités avec trop de vigueur sur les traces des arrière-gardes françaises, pour donner le temps de l'exécuter le 18, au matin.

L'Empereur passa la nuit du 18 au 19 à dicter toutes les mesures que nécessiterait la position pleine de périls, dans laquelle il allait se trouver en revenant sur ses frontières du Rhin, puis, dès que le jour parut, il se rendit chez le roi de Saxe pour l'engager à remettre son sort à la générosité des souverains qui l'avaient reconnu. Il y montra son calme impertubable comme s'il eût attendu les rapports de ses lieutenants la veille d'une victoire.

Dès le milieu de la nuit toute la cavalerie avait filé, puis ensuite les gardes, les corps de Bellune et d'Augereau s'étaient mis en retraite; mais les colonnes affluant de différentes directions, à travers des rues inconnues des troupes,

devaient nécessairement occasionner un désordre d'autant
plus affreux que le combat s'était engagé sur toute la ligne,
à la première démarche que les corps d'armée avaient faite
pour se rapprocher des faubourgs.

En effet, dès l'aube du jour, les armées alliées, instruites
que les corps d'armée français avaient disparu des positions si vaillamment défendues la veille, se précipitèrent à
l'envi sur Leipzig. Mais le front de bataille se rétrécissant à
mesure qu'on se rapprochait de la ville, leurs colonnes
s'encombraient de manière à ce que les plus éloignées du
point convergent ne purent y prendre part.

Au Nord, Langeron et Sacken assaillirent Durutte à
Pfaffendorf, et à la porte de Halle, Bernadotte lança Bulow
et les Suédois sur Reudnitz et les portes d'Hinterthor et
Kohlgarten ; Strogonof assaillit la porte de l'hôpital. Une
lutte des plus chaudes s'engagea sur ces deux points. Le
prince prussien de Hesse-Hombourg y fut blessé et sa division un moment repoussée.

Beningsen ayant refoulé devant lui les arrière-gardes de
Macdonald, lança les divisions Paskiewicz et Kavansky sur
le faubourg de Grimma, accompagnées d'une compagnie
de sapeurs pour abattre les barricades et les haies de jardins.
Le combat fut rude et acharné surtout à l'arrivée des assaillants sur les allées qui séparaient les boulevards de la ville :
les Polonais et les troupes de Macdonald y luttèrent en gens
déterminés, mais furent bientôt forcés à regagner la ville
en abandonnant 26 pièces à Paskiewicz.

Ici comme à Dresde, nous ne saurions décrire le détail de
ces combats partiels que se livrent les deux partis au milieu

des embarras inextricables des jardins et des ruelles des faubourgs; assauts dans lesquels l'enivrement de la victoire, et le désespoir de la défaite produisent des exploits également glorieux.

Dans ces entrefaites les souverains alliés qui avaient passé à Rotha une nuit aussi calme que celle de Napoléon avait été agitée, en partirent à 8 heures et après avoir inspecté les affreuses traces du combat de Probsthayda (¹), arrivèrent vers midi sur la hauteur du Thonberg. Instruits alors, autant par leurs propres yeux que par les rapports, de la retraite et de la concentration des Français dans les faubourgs de Leipzig, ils ordonnèrent de les emporter d'assaut. Les troupes de Barclay se jetèrent en toute hâte sur la direction de Strassenhauser, mais déjà les colonnes de Beningsen pénétraient dans les faubourgs et toute l'armée de Bohème ne put prendre aucune part à ce dernier épisode de la lutte.

Hors d'état de prescrire aucune manœuvre, et devant s'en rapporter à chacun des chefs commandant les différents fronts de défense, pour les mesures d'évacuation successives, Napoléon après avoir fait au roi de Saxe et à sa famille

---

(¹) Nous fûmes témoin ici d'un trait de courage admirable. Tous les abords du village étaient remplis de soldats amputés. L'empereur Alexandre remarqua un jeune homme, auquel on avait amputé les deux jambes, Sa Majesté s'approcha de lui, et cherchait à le consoler, en lui disant que c'était à l'ambition de Napoléon qu'on devait attribuer tous ces malheurs... Ce brave jeune homme, prenant l'empereur pour un général ordinaire, lui répondit : Monsieur, qu'est ce que cela nous fait... Nous ne sommes pas venus ici pour des prunes!!! Résignation sublime qui émut tous les témoins.

des adieux touchants, se rendit à 10 heures à la porte de Ranstett, où l'encombrement était tel qu'il dut revenir par les boulevards pour gagner le pont de l'Elster, qu'il franchit heureusement mais non sans peine (¹) : les corps de Marmont et Souham purent en faire autant, et Lauriston ébranla le sien pour passer à son tour.

Cependant cette évacuation successive affaiblissait la force numérique des défenseurs, à mesure que les colonnes alliées, plus animées et plus nombreuses, se ruaient de tous côtés sur la ville. Déjà elles avaient forcé l'entrée des faubourgs de l'Est et gagnaient la partie orientale des boulevards lorsque les Badois leur abandonnent la porte de Saint-Pierre et livrent ainsi l'accès dans la ville, où bientôt plusieurs colonnes se précipitent. Les trois corps d'armée restés pour la défendre n'ont plus d'autre parti à prendre qu'à gagner en toute hâte la grande route de Lindenau, en cherchant à se défendre de droite et de gauche, à la faveur des maisons du faubourg de Ranstedt.

Ils parviennent à se jeter dans cet espace; mais, affluant par directions opposées et croisés par les immenses parcs qui obstruaient tout, ils ne forment bientôt plus qu'une

______

(¹) Nous savons que le général Chateau, chef d'état-major du duc de Bellune, envoyé pour reconnaître les moyens de passer, rencontra un homme dans un costume singulier et peu accompagné ; il sifflait l'air de *Malborough s'en va-t-en guerre,* bien que profondément absorbé dans ses pensées : Chateau le prenait pour un bourgeois et voulut s'en approcher pour le questionner... C'était l'Empereur qui, avec son flegme ordinaire, semblait étranger aux scènes de désolation qui l'entouraient, et méditait. sans doute déjà les moyens de les réparer!!!

cohue. Néanmoins cette cohue se fût écoulée peu à peu, si le colonel du génie préposé à la destruction des ponts après le passage n'avait pas confié cette importante besogne à un simple caporal de sapeurs, pour le pont du moulin situé sur le grand bras de l'Elster ([1]). Langeron, en suivant les boulevards du nord, se prolongeait parallèlement à l'ouest pour gagner la ligne de retraite : ses tirailleurs s'étant répandus dans les jardins, en passant à la nage ou autrement les petits bras qui les arrosent, pénétrèrent ainsi jusqu'auprès du pont. Le caporal, les voyant arriver, croit qu'il ne reste qu'un petit nombre de pelotons français au delà du pont, et qu'il est temps d'exécuter sa consigne; il se hâte de mettre le feu aux pondres, et fait sauter l'unique voie de salut qui reste à l'arrière-garde. Les troupes de ces trois corps, pressées entre les masses ennemies et l'Elster sans pont, sont réduites au désespoir : les plus hardis se précipitent dans les flots ; Bellune et Macdonald se sauvent ; Poniatowski y trouve la mort ; quelques milliers d'hommes parviennent à échapper ; mais près de 15 mille, après avoir jeté leurs armes, se rendent à la discrétion de l'ennemi. Lauriston, Reynier, le prinde Émile de Hesse et une vingtaine d'autres généraux furent prisonniers ; les Alliés firent un butin immense en matériel.

Les souverains alliés, informés bientôt que les colonnes

([1]) Le colonel Monfort, à qui on reprocha cette faute, a cherché à se justifier en disant qu'il avait quitté une minute le pont pour s'assurer des causes qui empêchaient la colonne de filer, et qu'il lui avait été impossible de regagner son poste, tant la masse était compacte. Pourquoi n'avait-il pas au moins un officier avec lui pour le laisser au pont ?

victorieuses étaient maîtresses d'une grande partie de la ville, se décidèrent à y entrer.

Ce fut un spectacle curieux que l'arrivée sur la grande place de tant de hauts personnages divers... L'empereur d'Autriche, voulant avoir sa part du triomphe, était venu dès le milieu de la bataille du 18 rejoindre ses alliés ; l'empereur Alexandre, le Roi de Prusse, Bernadotte et Blücher, Beningsen, Barclay de Tolly, Wittgenstein, Schwarzenberg, une légion entière de généraux de toutes les nations, de tous les uniformes, chamarrés de grands cordons et de crachats, avaient peine à se faire jour au milieu d'une population toute radieuse d'être délivrée des charges excessives de la guerre qui pesaient sur elle, et des angoisses que deux mille pièces de canon tonnant depuis quatre jours répandaient autour de ses foyers. L'enivrement était peint sur toutes les figures ; chacun semblait se croire le héros de la fête et jamais l'histoire moderne n'avait rien offert qui pût être mis en parallèle. L'entrée de Napoléon à Berlin était la seule qui pût donner une idée de ce spectacle ; mais toute grandiose que fût celle-ci, elle était plus pacifique et bien loin d'offrir cet inconcevable rassemblement, auquel vinrent bientôt se réunir le prince de Hardenberg et Metternich, les vétérans de la diplomatie, puis le fameux baron de Stein avec son état-major des sociétés secrètes du Tugendbund, auquel on avait confié le soin d'insurger toute l'Allemagne.

Les exclamations se succédaient à chaque pas, à chaque rencontre de ces personnages plus ou moins célèbres, dont la joie fut néanmoins un moment troublée par une détonation subite : le bruit se répandit bientôt que c'était un retour offensif des corps français accumulés entre Leipzig et Lindenau, qui voulaient reprendre la ville pour protéger l'écoulement de leurs cohues. Mais c'était l'explosion fatale qui devait coûter si cher aux vaincus.

CHAPITRE VII.

Retraite des Français derrière le Rhin. — Campagne de France. — Chute de Napoléon.

Napoléon se trouvait, avec la garde, au delà de la Luppe, en arrière du dernier pont de Lindenau, lorsque le pont de l'Elster sauta : il fit aussitôt former la garde en bataille et placer ses batteries. Il se vit ainsi chargé de protéger la retraite des débris de l'armée jusqu'à la Saale; ils purent heureusement atteindre cette rivière, quoique serrés d'assez près par Yorck du côté de Freybourg, et par Giulay du côté de Kosen. L'ordre le plus complet régna dans le passage de Weissenfels, où l'état-major avait redoublé de précautions, comme pour réparer l'oubli impardonnable qu'il avait commis à Leipzig.

L'armée française marcha sans relâche jusqu'à Erfurth, où elle arriva le 23 octobre. Le corps de Giulay voulut y mettre obstacle en s'emparant du célèbre défilé de Kosen qui avait eu tant d'importance à la bataille de Jena en 1806, mais le 4ᵉ corps et la division Guilleminot surtout le repoussèrent vertement.

Les trois batailles de Leipzig avaient coûté 60 mille

hommes aux Français en y comprenant les pertes cruelles
essuyées par l'arrière-garde. Avec ce qui restait, il était
impossible de se soutenir en deçà du Rhin. Le 25, l'armée
se remit en marche pour repasser ce fleuve.

Les Alliés, satisfaits d'un triomphe qui avait outrepassé
leurs espérances, s'arrêtèrent deux ou trois jours à Leipzig
pour convenir des opérations qu'ils allaient entreprendre.
Klénau fut détaché sur Dresde, Bernadotte et Beningsen
sur Hambourg. Blücher dut poursuivre Napoléon en tournant Erfurth au nord, pour redescendre sur Gotha; Bubna
le suivit en queue par Naumbourg.

La grande armée des souverains se jeta au sud, dans la
forêt de Thuringe, pour prendre une marche parallèle. Une
foule de partisans se montra de tous côtés pour inquiéter
cette retraite menacée par un danger plus sérieux.

Napoléon apprit à Erfurth que les Bavarois, réunis aux
Autrichiens, étaient déjà en pleine marche sur Wurtzbourg
pour lui couper sa retraite. Quoiqu'il connût depuis dix
jours le traité d'alliance conclu à Ried, il ne s'attendait pas
de leur part à une agression aussi prompte. Dès que l'alliance
fut ratifiée, les deux armées autrichienne et bavaroise con-
fondirent leurs rangs et marchèrent contre lui. La coalition
venait donc d'acquérir une nouvelle armée de 58 mille
hommes, dont Wrède prit le commandement. Le 15 octobre, il quitta Braunau, passa le Danube le 19 à Donawerth,
et arriva le 24 devant Wurtzbourg. Le 27, il campa à
Aschaffenbourg, d'où il détacha 10 mille Bavarois sur
Francfort, et, avec le reste de son armée, il alla s'établir
le 29 à Hanau, barrant le passage de la vallée du Meyn :
c'était une parodie de la Bérésina.

Quoique l'histoire fournisse bien des exemples de défec-
tions pareilles, et que Napoléon ne pût ignorer que Maurice
de Saxe en avait fait autant à Charles-Quint en 1655, et le
duc de Savoie à Louis XIV en 1706, celle-ci fut la plus
sensible de toutes celles qu'il éprouva. La Bavière lui devait
d'être un royaume, et le protectorat de la Confédération du
Rhin n'était pas pour elle un joug plus difficile à porter que
la vassalité de l'Empire romain perpétué dans la maison de
Hapsbourg; l'enthousiasme que les Bavarois avaient montré
encore en 1809 semblait le garantir contre un pareil événement, car il ne voyait que les services qu'il avait rendus,
sans tenir compte des sacrifices qu'il imposait. Mais l'esprit
national allemand se réveilla lorsqu'il devint évident que le
sang bavarois, versé sur la Duina et dans les déserts de la
Lithuanie, pour le seul intérêt d'une ambition démesurée,
pourrait être prodigué encore pour river les chaînes de la
Germanie. Outre cela l'Empereur devait comprendre que
chaque petit État est intéressé, comme un grand, à la conservation de son existence et doit souvent, si ce n'est toujours, se ranger du côté le plus fort, pour ne pas payer les
frais de la guerre au prix de son indépendance. Quoi qu'il
en soit, si Napoléon devait s'attendre à ce que Wrède in-
quiétât son arrière-garde, il ne pouvait lui supposer la pré-
somption de lui donner des fers.

L'armée suivait donc avec sécurité la route d'Erfurth par
Gotha, Fulde et Schluchtern. Ce ne fut que dans ce dernier
endroit que l'Empereur apprit la manœuvre audacieuse de
Wrède par les fuyards de l'avant-garde, qui était venue
donner contre les Austro-Bavarois. Il n'y avait pas à tergi-

verser ; il fallait se hâter de passer sur le ventre à ces nouveaux ennemis, pour ne pas donner le temps à ceux qui suivaient de prendre part à la fête. Blücher, quittant la chaussée d'Eisenach, s'était élevé au nord par Her* Hersefeld, vers les sources de la Nidda, pour fondre sur le flanc des colonnes en retraite ; Bubna suivait en queue, et la grande armée alliée gagnait la droite au sud par les montagnes de Franconie. Napoléon, s'élevant à la hauteur du danger, loin de perdre courage, marcha vivement sur Hanau.

L'armée comptait encore 80 mille hommes disponibles, non compris 25 mille traîneurs ou blessés ; mais ils formaient une longue procession jusqu'à Fulde : l'Empereur n'en avait que 30 mille sous la main. Wrède en comptait 50 mille ; il se plaça imprudemment au débouché de la forêt de Lamboi, adossé à la Kinzig : on l'attaqua le 30. Pendant que les tirailleurs, répandus dans la forêt, contenaient sa droite et son centre, la cavalerie française enfonçait la gauche et la jetait en partie dans la Kinzig. Grâces aux Cosaques qui précédaient la marche de Blücher vers Bergen, la moitié de cette aile enfoncée put regagner Hanau, le reste fut noyé ou pris. Wrède, jugeant le danger de sa position, manœuvra par sa droite pour changer de front, et s'assurer une retraite sur Aschaffenbourg. La vieille garde, sous Friant, le repoussa. Si les corps de Bertrand, de Ney et de Marmont fussent arrivés, c'en était fait de l'armée bavaroise ; on l'aurait jetée dans le Mein, en lui coupant cette route ; mais on n'avait pas de temps à perdre, il fallait filer sur Francfort dès que la route fut ouverte, sous peine d'être atteint et enveloppé, car Blücher et Schwarzenberg pou-

vaient arriver d'un moment à l'autre. Les colonnes marchèrent donc toute la nuit pour atteindre cette ville.

Cependant l'arrière-garde, forte de 14 mille hommes,
n'avait point encore atteint la hauteur de Hanau : il fallait
donc tenir sur ce point jusqu'à son arrivée. On laissa cette
tâche à Marmont, en lui recommandant, pour être plus sûr
de la réussite, de prendre l'offensive. Le 31, au matin, il
attaqua et enleva la ville de Hanau. Sur sa gauche, il força
le pont de Lamboi sur la Kinzig, et fit plier la droite de
l'ennemi; il gagna ainsi le temps nécessaire pour rallier
l'arrière-garde. Celle-ci étant arrivée, Marmont se disposa
à se mettre à son tour en retraite, laissant à Bertrand la
garde de Hanau jusqu'à ce que tout fût écoulé. Wrède
voulut laver sa défaite en prenant l'initiative; il pénétra dans
Hanau, où il fut grièvement blessé et repoussé.

La division bavaroise qui occupait Francfort n'osa y attendre les Français; à leur approche, elle repassa le Mein, dont
elle détruisit le pont. Le 2 novembre, Napoléon arriva à
Mayence : son armée y franchit le Rhin. La division Guilleminot qui fermait la marche, voulant tenir ferme sur les
hauteurs de Hocheim, y fut accablée par les forces quadru-
ples des Autrichiens, et eut cependant le bonheur de rentrer
à Cassel sans avoir éprouvé toute la perte à laquelle on aurait pu s'attendre.

La tâche que nous nous étions imposée semble finir ici.
Toutefois avant de la terminer par quelques observations,
nous devons revenir un moment sur nos pas pour faire
connaître le sort des corps encore assez nombreux que

l'Empereur avait dû abandonner sur l'Elbe et sur l'Oder.

Les Alliés s'occupèrent avant tout de recueillir le fruit de leur grande victoire. Le premier, le plus important de tous, fut la capitulation de Dresde, où l'on avait laissé malheureusement 25 mille hommes sous Saint-Cyr. Ce grand détachement a été l'objet de mainte critique. Certes, s'il n'avait eu d'autre but que de garder Dresde, c'eût été une lourde sottise; mais sa tâche était de tenir autant que possible la campagne, de concert avec Murat, pour occuper l'armée de Bohème tandis que Napoléon se portait à Duben afin d'écraser Blücher. Il comptait bien revenir sur ses pas pour se réunir à ces troupes, et revenir même par la droite de l'Elbe, après avoir soumis Berlin. On a vu par quel concours de circonstances son projet avait été abandonné. Dès qu'il y renonça à Duben, le 14 octobre, il expédia des officiers à Saint-Cyr pour lui prescrire de descendre l'Elbe, et de se réunir à la majeure partie des garnisons de Torgau et de Magdebourg. Aucun ne parvint à sa destination. Dèslors la perte de la bataille de Leipzig devait décider du sort des deux corps restés à Dresde.

On se flattait toutefois que Saint-Cyr prendrait de luimême la résolution de filer sur Torgau; il aurait pu en tirer encore quelques renforts, ainsi qu'à Wittenberg et Magdebourg, puis gagner Hambourg pour se réunir à Davoust, ou mieux encore lui assigner une jonction vers Minden, afin de gagner Wesel de concert. Les Alliés n'avaient laissé devant Dresde que les milices russes du comte de Tolstoy et une bonne division : nul doute qu'il eût réussi, s'il avait entrepris la chose au bon moment; il tarda un peu trop à sortir, et il ne le fit que partiellement. Ce mouvement ne pouvait avoir lieu que par la rive droite de l'Elbe; malheureusement Dresde est environné, de ce côté, de forêts considérables; les Alliés couronnèrent les hauteurs de Boxdorf de forts abattis et de retranchements; le comte de Lobau en tenta inutilement l'attaque ; ne se voyant pas soutenu, il rentra indigné dans Dresde.

Les Alliés s'étant hâtés, après la bataille de Leipzig, d'envoyer Klénau à la tête de 25 mille Autrichiens renforcer le corps de blocus, de jour en jour le succès semblait plus douteux. Saint-Cyr était las de la guerre et mécontent, ses magasins étaient vides; jugeant les affaires perdues en Allemagne, il pensa remplir les vues de l'Empereur et conserver à la France un noyau précieux; il stipula la remise de la place aux Alliés avec la libre sortie de la garnison, qui serait ensuite échangée. La capitulation était déjà exécutée, quand on apprit que les souverains la désapprouvaient, et ordonnaient de faire rentrer les colonnes. Au fait, Klénau avait commis une bévue. C'était le corps d'armée et non la ville qu'il devait prendre; il aurait dû au moins se réserver l'approbation supérieure, et fournir des vivres à la place jusqu'au retour de son courrier. A la vérité, le libellé de la capitulation était tel, que la garnison aurait pu être retenue longtemps jusqu'à son échange parfait; et sous ce point de vue, Klénau est excusable.

Saint-Cyr devint victime de son excès de confiance. On lui proposa bien de rentrer dans la place déjà occupée par l'ennemi, qui avait acquis la certitude du dénûment des magasins. Il serait rentré pour se rendre quelques jours après; il aima mieux laisser aux Alliés le blâme d'une capitulation violée. Il se rendit prisonnier ! La postérité lui en fera reproche, car il aurait toujours pu sortir, au risque de se rendre en combattant en rase campagne.

D'un autre côté, l'armée du prince royal de Suède, inutile dans la poursuite, avait été disloquée. Déjà le corps de Tauenzien l'avait quittée pour bloquer Wittenberg. Le corps de Bulow fut détaché dans la Westphalie jusqu'aux confins de la Hollande pour balayer ce pays, et une partie des troupes russes sous Wintzingerode prit la même direction.

En échange, le prince royal réunit le corps de Beningsen à ses Suédois; après avoir laissé le premier quelques jours autour de Magdebourg, il se porta avec lui sur le bas Elbe pour joindre Walmoden, détacher le Danemark et soumettre Hambourg, aux environs duquel Davoust, de concert avec 10 mille Danois, avait tenu la campagne avec succès. Les Danois ne tardèrent pas à signer la paix avec les Alliés; mais cette brave nation, qui n'avait recueilli que les épines de l'alliance française, n'imita pas ceux qui en avaient eu tous les avantages; elle se contenta d'une sage et honorable neutralité.

Davoust, livré à lui-même, se prépara à une vigoureuse défense. Les devoirs d'un vaillant gouverneur qui veut s'enterrer sous les ruines d'une ville confiée à son épée, ne peuvent s'accorder avec l'intérêt des bourgeois : Davoust a laissé à Hambourg un nom abhorré; on pourrait mesurer en quelque sorte à cette haine, les éloges qu'il mérita comme soldat.

Bloquer et assiéger une ville comme Hambourg avec Haarbourg et les îles, lorsqu'elle est défendue par 25 mille braves et bien approvisionnée, n'est pas une petite tâche. Le prince de Suède et Beningsen y consumèrent cinq mois, sans beaucoup avancer; Davoust défendit les approches avec activité, et fit la guerre extérieure aussi long-temps qu'il le put: la place tenait encore à la paix de Paris.

Rapp n'eut pas le même bonheur à Dantzick; il y bravait depuis un an les attaques du duc de Wurtemberg. Les moyens des assiégeants n'étaient pas proportionnés à l'importance de la place et à la force de la garnison. Il s'y trouvait 25 mille hommes, dont 5 à 6 mille, il est vrai, étaient hors d'état de servir; 3 à 4 mille Napolitains équivoques; la division polonaise de Granjean et celle du général Heudelet. Après un blocus de six mois, on pensa au siége; il aurait duré long-temps encore, si, faute de munitions et de médicaments, la garnison exténuée n'avait cru sa tâche remplie. Rapp eut le même sort que Saint-Cyr : il obtint d'abord sa libre sortie qui ne fut pas sanctionnée; mais du moins s'était-on réservé cette sanction. Il ne lui resta d'autre parti que de se rendre prisonnier.

Les Prussiens resserrèrent Wittenberg, où le général Lapoype fit une très-belle défense jusqu'en 1814. Le corps de Tauenzien vint bloquer Torgau, de concert avec les Saxons passés dans les rangs prussiens, puis ils firent à la fin de novembre un simulacre de siége, que la gelée obligea de changer en bombardement, principalement sur le fort détaché de Zinna. La garnison avait été embarrassée d'une foule d'équipages et d'hommes éclopés qui s'y étaient jétés à l'époque de Leipzig; une fièvre endémique y exerçait ses ravages : le comte de Narbonne y commandait; il mourut des suites d'une chute de cheval, et fut remplacé par le général Dutaillis, ayant sous lui Brun de Villeret. La garnison, réduite de moitié et n'ayant plus de vivres, capitula. Stettin, Modlin, Zamosc, la citadelle d'Erfurth, se rendirent également dans le courant du mois de décembre, après avoir épuisé tout ce qu'on pouvait espérer de résignation et de dévouement. Glogau, menacé d'un siége, tint bon jusqu'à la fin de la guerre. Magdebourg, défendu par une forte garnison, ne fut que bloqué, d'abord par Beningsen, puis par des milices prussiennes. Une petite guerre sans intérêt se fit durant l'hiver sous ses murs. Custrin, défendu par Fornier d'Albe, ne fut qu'investi : sa position dans une île de l'Oder en rendait le blocus aussi aisé que l'attaque en était difficile; d'ailleurs les Prussiens n'avaient aucun intérêt à détruire leurs places, certains qu'ils les réduiraient par famine avec le temps. Cette considération les détermina également à transformer en blocus le siége de Glogau, aussitôt que les événements eurent éloigné le théâtre de la guerre de l'Elbe et de l'Oder. Ces deux places prolongèrent leur défense au-delà de toute espérance, la première jusqu'au 7 mars, la seconde jusqu'au 10 avril. C'était d'autant plus honorable pour la garnison de Glogau, que sur 5 mille hommes dont elle se composait, le gouverneur fut obligé d'en renvoyer la moitié formée de troupes allemandes, espagnoles et illyriennes, et qu'il était obligé de garder une enceinte immense sur les deux rives de l'Oder avec le peu de monde qui lui restait.

Tels furent dans leur ensemble les grands événements de cette mémorable campagne qui ébranla jusques dans ses fondements, le vaste empire élevé par Napoléon avec tant d'habileté militaire et tant d'imprudence politique. La malheureuse guerre d'Espagne lui avait sans doute porté un premier coup, en le forçant à livrer à d'anciens ennemis le soin de maintenir sa toute-puissance en Allemagne et dans le duché de Varsovie. Toutefois si, au lieu de se jeter dans l'aventureuse expédition de Russie, Napoléon se fût rendu à Vittoria en 1811, pour y diriger la guerre de Portugal et d'Espagne, il est plus que probable qu'il fût parvenu à ses fins.

Après les désastres de Moscou et de la Bérésina, l'édifice était certes fort ébranlé, mais lorsque l'Europe stupéfaite vit quatre mois après reparaître miraculeusement Napoléon à la tête de 300 mille hommes sur l'Elbe, elle put encore croire à son invincibilité, et il tint peut-être effectivement à bien peu de chose qu'il ne triomphât de la formidable ligue. Sans doute il fallut un concours inouï de circonstances pour le précipiter du faîte de la puissance, mais il n'en aurait fallu peut-être que deux ou trois pour l'y maintenir : la première, c'est que l'empereur Alexandre, bien conseillé, n'eût pas fait changer à temps le plan de Trachenberg et eût laissé la grande armée s'enfourner sur Leipzig ; la seconde, c'est que Saint-Cyr ne se fût pas tant alarmé à l'approche des alliés de Dresde, le 25 août. S'il avait pu supposer la singulière disposition du 26 août, fixant l'attaque pour quatre heures du soir seulement et pour faire encore de simples démonstrations ! il n'eût pas empêché Napoléon de déboucher par Kœnigstein dès le 26 au matin, comme ses rapports alarmants l'en détournèrent. La troisième enfin, c'est que l'armée française de Silésie, mieux dirigée, n'eût pas débuté par une retraite fâcheuse, puis par une défaite qui exalta le moral des nouvelles levées prussiennes, autant qu'elle ébranla celui des jeunes soldats de Napoléon. Tout dépendait, en effet, du début des opérations, surtout avec des troupes sachant à peine manier leurs armes, et dont le principal mérite consistait dans un enthousiasme souvent éphémère.

Comme nous l'avons déjà dit, la première période de la campagne promettait de grands succès; le plan d'opérations était habilement conçu, l'échiquier stratégique admirablement préparé; mais une fois que les Alliés avaient réuni leurs quatre armées en deux seules masses énormes, ce qui rendait la zone centrale intenable, il n'y avait guères d'autre moyen de salut que de transporter ses efforts du centre sur une extrémité. Alors au lieu de descendre l'Elbe, le 6 octobre, pour joindre Ney et se jeter sur Blücher, il eût mieux valu peut-être replier Ney par Torgau sur Dresde et réunir tout le reste des forces afin de tomber par Freyberg sur la gauche de Schwarzenberg ou par Zittau sur l'armée de Beningsen. On eût ainsi ouvert, par la Bohème ou par Zwickau et Gera, une retraite assurée vers le Rhin.

N'ayant pas pris ce parti vers le 5 ou le 6 octobre et ayant au contraire marché vers le Nord, il est certain que la disparition de Blücher derrière la Saale ne laissait pas à Napoléon de chances beaucoup plus favorables que son projet de passer l'Elbe à Wittenberg, non pour courir à

Berlin mais pour filer sur Dresde ; et, bien que ce plan parût hasardeux, il ne pouvait guères en résulter un désastre pire que celui du 19 octobre.

Napoléon, revenu le 15, au matin, à Leipzig, avait à se décider entre trois partis. Son but ne pouvait être de conserver sa ligne de l'Elbe, car s'il en avait eu réellement la pensée, c'eût été une singulière illusion depuis la défection de la Bavière et la jonction de toutes les masses alliées ; nous écarterons donc cette supposition et admettrons qu'il ne voulait tomber sur l'armée des souverains que pour s'ouvrir la route du Rhin avec plus de sécurité.

Le parti le plus simple pour arriver à ce but, semblait bien de déboucher le 16, au point du jour, avec tout ce dont il aurait pu disposer de forces sur Marckranstedt par la route de Lutzen, tandis que Murat se fût replié sur les hauteurs du Thonberg pour couvrir la retraite sur Leipzig et former ensuite l'arrière-garde de concert avec Ney. Mais pour agir ainsi il aurait fallu avoir, dès le 15 au soir, tous les corps réunis entre la Partha et Probsthayda, ce qui n'était pas le cas puisque Reynier arriva à peine à Eulenbourg, et que Souham avait encore une partie de son corps, le 16 au matin, sur la route de Duben, enfin que Marmont se trouvait à Lindenthal. Outre cela, l'armée de Napoléon pouvait être prévenue à Naumbourg par celle des souverains et serrée de près par celle de Blücher dont la droite occupait Mersebourg.

Quelques historiens ont pensé que Napoléon étant décidé à tomber sur l'armée de Bohème, aurait pu réunir, à cet effet, plus de forces et se faire joindre par les 4ᵉ et 6ᵉ corps, en ne laissant que le 3e en observation à Leipzig, attendu que Blücher et Giulay n'eussent point été en mesure d'emporter Leipzig le même jour.

Il est certain que six divisions de plus à Wachau, vers les 2 heures, eussent pu assurer une victoire décisive; néanmoins c'était hasarder beaucoup que de laisser ainsi Leipzig en prise à Blücher. Sans doute, si Napoléon eût remporté une victoire complète à Wachau, il aurait pu se diriger sur Zeitz pour s'ouvrir la communication la plus directe avec Naumbourg, mais alors le corps laissé à Leipzig eût été probablement perdu ainsi que celui de Reynier à Eulenbourg. Tous ces inconvénients étaient le résultat d'un jour de trop perdu à Duben. Du reste, malgré toutes les critiques qu'on pourrait faire sur les opérations du mois d'octobre, on ne saurait trop répéter que c'est surtout aux fautes des lieutenants de Napoléon qu'on doit attribuer l'issue funeste d'une campagne si bien préparée.

Enfin, l'Allemagne était délivrée et rendue à son indépendance : l'Europe n'avait plus de maître, mais hélas ! il était à craindre qu'elle ne tombât dans une funeste exagération réactionnaire, et tout faisait présager que c'était là le sort qui lui était réservé. Les propos les plus exaltés, surtout de la part des généraux prussiens et des hommes d'État présidant à la propagande insurrectionnelle, avaient prouvé, dès le 20 octobre à Leipzig, qu'ils regardaient la France comme une proie assurée dont il ne s'agissait plus que de partager les dépouilles ; les souverains seuls con-

servaient encore quelque mesure, mais ils étaient débordés
et entraînés.

Le général Jomini, témoin de cette exaltation qu'en conscience il ne pouvait partager, n'avait pas attendu l'arrivée
de l'armée alliée sur la frontière du Rhin pour s'en retirer.
Deux jours après la bataille de Leipzig, il se présenta chez
l'empereur Alexandre en lui disant : « L'indépendance de
« l'Allemagne et de l'Europe est assurée, vos armées seront
« dans quelques jours sur le Rhin, où il faut espérer qu'une
« paix solide viendra mettre un terme à tant de guerres
« désastreuses : la Suisse rentrera sans doute aussi dans son
« indépendance absolue; mais si on enlève à Napoléon le
» protectorat qu'il s'est arrogé sur mon pays, je prie Votre
« Majesté de lui faire conserver tous les principes de l'acte
« de médiation, qui fut l'ouvrage des meilleures têtes de la
« Suisse et non celui de l'Empereur. Je recommande sur-
« tout à Votre Majesté les intérêts de mon canton de Vaud,
« dont l'existence politique pourrait être menacée si une réac-
« tion déplorable se faisait sous l'influence autrichienne. »

L'empereur Alexandre répondit : « Soyez tranquille; je
« regarde les Vaudois comme les miens, car mes frères,
« mes sœurs et moi-même en avons toujours été et en
« sommes encore entourés. Quant à la paix, elle ne dépend
« pas de moi seul, vous savez que les puissances sont liées
« et ne veulent traiter qu'en commun. » Jomini répliqua
qu'il ne l'ignorait point, mais que, selon lui, chaque puissance pouvait songer à ses intérêts particuliers, dès que
la partie engagée en commun était gagnée et que l'équilibre
européen était rétabli ; il serait donc imprudent de se faire

l'instrument des passions de cabinets dont les intérêts ne sauraient être ceux de la Russie, et que Sa Majesté deviendrait toujours arbitre de la paix dès qu'elle le voudrait.

La conversation en resta là. Quatre jours après, le quartier général vint à Weimar. Tout ce qui se passait autour de lui fit comprendre à Jomini que le rôle de stratégicien était fini, et que les passions politiques allaient s'emparer du tapis : le parti ultra-teutonique du baron de Stein et du prince de Hardenberg préludait déjà à la levée en masse de toute la Germanie, pour une croisade contre la France. Blücher et ses vaniteux conseillers excitaient à la vengeance jusque dans ses dernières limites. Jomini comprit aussi qu'il avait été victime de sa franchise et de son trop de confiance. Enfin il se dit : « Arrivés sur le Rhin, les sou-
« verains doivent vouloir la paix, et Napoléon, plus qu'eux
« encore, doit attacher un grand prix à la conclure, afin
« de pouvoir relever cette malheureuse France mise à de si
« rudes épreuves depuis 1789, et notamment depuis 1807,
« tant par la privation de tout commerce maritime que
« par quatre sanglantes guerres (¹). La paix se faisant, ma
« tâche est finie; si au contraire l'ambition démesurée
« passe du camp français dans celui des souverains; s'ils
« veulent entrer en France, tu ne dois pas concourir par
« tes conseils à l'invasion d'un pays que tu servais il y a
« trois mois et où sont les anciens amis. C'est assez d'avoir

(¹) En sept ans la France avait eu la guerre de Prusse et de Pologne, guerre d'Espagne, guerre avec l'Autriche de 1809, campagne de Russie en 1812, guerre d'Allemagne; près de deux millions d'hommes y avaient péri.

15.

« fait ton devoir à Dresde et à Leipzig, pour gagner la
« cause du souverain qui t'avait promis un si cordial
« accueil ; tu ne dois concourir ni à la ruine totale de Napo-
« léon ni à l'humiliation de la France. On t'a fait une injure
« grave, après Bautzen, en te mettant aux arrêts et à l'ordre
« de l'armée comme un mauvais chef d'état-major, rem-
« plissant mal ses fonctions, tandis que tu venais de rendre
« des services signalés ('); tu es plus que vengé, retire-toi
« donc de la lutte si elle devait se prolonger. »

Sous l'empire de ces honorables pensées, le général
Jomini se rendit chez l'empereur Alexandre, lui exposa,
avec les ménagements requis, les motifs qui lui faisaient
désirer de ne plus suivre l'armée et obtint l'autorisation de
se fixer momentanément à Weimar ou à Gotha, où il se
rendit effectivement pour attendre sa famille.

Ici nous avons un pénible aveu à faire.

Quelques personnes trouveront une apparente contradiction entre ce que nous venons de dire (qui est pourtant
de la plus exacte vérité) et une petite brochure que le général
fit imprimer peu de jours après. Voici le fait dans toute
sa sincérité. A peine avait-il quitté le quartier général que
Jomini trouva une gazette allemande contenant un bulletin
de Napoléon et le jugement porté contre lui. En quittant
l'armée, il avait exposé les motifs de sa démarche avec tant
de sincérité, qu'il espérait que l'Empereur, reconnaissant le
tort qu'on avait eu envers lui, ne provoquerait pas les
rigueurs d'un conseil de guerre. Exaspéré par cette lecture,

(') Voyez la lettre à Capefigue à l'appendice.

il rédigea cette brochure et la fit imprimer dans ce premier moment de colère; mais il ne la rendit point publique et, à part quelques exemplaires qu'il donna à ses plus intimes amis, il la fit détruire peu de temps après.

Du reste, le sentiment qui domine dans cet écrit était celui de toute l'Europe, alors fatiguée du bras de fer qui la faisait plier sous un joug devenu de jour en jour plus pesant. Tout en blâmant un despotisme qui menaçait d'envoyer à Vincennes un étranger qui ne voulait pas subir de traitements outrageants, Jomini avait une admiration si sincère et si éclairée pour les talents et le génie militaire de Napoléon, qu'il ne cessa jamais de considérer sa conservation à la tête du gouvernement de la France comme une garantie contre de nouvelles révolutions et contre de nouveaux déchirements de ce pays, si nécessaire pour maintenir l'équilibre entre le continent et l'Angleterre. Tous ses actes et ses écrits en font foi.

Revenons à Gotha où nous avons laissé le général avec sa famille. Il ne tarda pas à apprendre ici que l'armée autrichienne, au lieu d'attendre sur les rives du Mein la décision de la paix ou de la guerre, remontait le Rhin jusqu'aux confins de la Suisse, et menaçait ce pays d'invasion, au point que la Diète envoyait des députés aux souverains établis à Francfort; cette nouvelle lui imposait de nouveaux devoirs.

L'Autriche avait possédé autrefois le Brisgau et le Frikthal, alors cédés, le premier, au grand-duc de Baden, et le second, à la Suisse dont il était une enclave : si le cabinet de Vienne, animé de cette soif de revendication, qui

dominait tous les souverains, voulait reprendre possession
de Fribourg et de Rheinfelden, il ne fallait pas pour cela
y envoyer le prince de Schwarzenberg avec 100 mille
hommes; une brigade autrichienne eût suffi. Le danger,
pour la Suisse, paraissait donc imminent et Jomini courut
à Francfort pour y plaider en faveur de la neutralité et de
l'indépendance de son pays.

L'Empereur lui exprima toute la satisfaction que lui
causait son retour en lui disant : « Vous arrivez on ne peut
« plus à propos, car je dois recevoir demain les députés
« de votre pays, et leur donner une réponse aux sollicita-
« tions qu'ils m'ont adressées. Je ne puis le faire sans
« m'entendre avec l'Autriche: allez de ma part chez
« M. de Metternich et expliquez-vous avec lui sur les
« intentions de son cabinet et sur les rapports que la
« Grande-Alliance doit avoir avec la Suisse. »

Le général se rendit immédiatement chez le ministre et
eut avec lui un entretien dont il a rendu, dans sa correspondance avec l'historien Capefigue, un compte assez intéressant pour que nous le reproduisions ici textuellement.

« Mon retour à Francfort fut d'autant plus opportun
que Sa Majesté avait à recevoir MM. Reding et Wieland,
envoyés de la Diète, et à leur donner une décision.
L'Empereur me chargea à cet effet d'avoir une conférence
avec M. de Metternich pour bien poser ce que les Autrichiens voulaient de la Suisse.

« La mission était délicate, car j'avais à discuter comme
général russe et comme citoyen suisse; heureusement ces
deux intérêts me paraissaient parfaitement identiques.

« J'eus soin d'amener franchement l'habile diplomate sur le terrain où je devais discuter avec lui sous le double rapport stratégique et politique.

« Il chercha à me démontrer que l'entrée passagère des Alliés en Suisse était nécessitée par de puissants motifs :

« 1° Pour avoir un pont solide sur le Rhin qui charriait alors quelques glaçons, en sorte qu'aucun pont de bateaux ne pourrait y être maintenu, et assurer une retraite si les Alliés étaient repoussés ;

« 2° Parce que les Suisses ne pourraient refuser le passage aux Alliés, puisqu'ils avaient souffert qu'une division française (je crois la division Boudet) passât dans cette même année 1813 par Bâle, en se rendant de l'Italie en Saxe ; circonstance qui, toute considération militaire à part, donnait aux Alliés un puissant intérêt à exiger de la Suisse une entière réciprocité ;

« 3° Parce que l'occupation de Genève et du Simplon serait décisive pour les Autrichiens qui combattaient en Italie, attendu qu'elle amènerait forcément l'évacuation de la Lombardie, sans laquelle aucune paix ne serait possible.

« Sur les premiers points, j'objectai que si Napoléon avait abusé de sa puissance pour violer des territoires neutres ce n'était point une raison pour l'imiter, et qu'en montrant plus de respect pour leurs droits, ce serait le moyen de s'attacher les Suisses. J'ajoutai que si par malheur les Alliés éprouvaient des revers, ou que les ponts de bateaux fussent enlevés par les glaces, il serait toujours temps de songer à se saisir du pont de Bâle si la Suisse ne le cédait pas de bonne volonté : on y serait alors autorisé par la suprême

loi du salut de l'armée, avec bien plus de justice que la
division Boudet, qui aurait fort bien pu passer à Strasbourg.
Qu'au surplus, si l'on tenait à obtenir des Suisses une parfaite réciprocité, on pourrait négocier avec eux pour placer
le cordon de neutralité à deux lieues en arrière de Bâle, vu
que ce pont avait été *déneutralisé* peu de mois auparavant;
condition qui sauverait la Suisse et ne pourrait certainement être refusée.

« Quant à la marche sur Genève, j'observai que cette
ville étant alors un département français, je n'avais point
à m'en occuper; mais je représentai néanmoins qu'en passant le Rhin au-dessous de Bâle, on pourrait gagner Genève
par le territoire de Bienne et de Neuchâtel, qui n'était point
Suisse à cette époque; on le pouvait même par la vallée du
Doubs avec plus d'avantage, puisque le corps qu'on y porterait, resterait ainsi mieux lié avec la grande armée des
souverains. M. de Metternich m'assura qu'il n'avait rien à
opposer à des propositions qui rentraient ainsi dans le but
qu'il avait en vue, et qu'il allait s'en expliquer immédiatement avec Sa Majesté elle-même; ce qui eut lieu en effet.
Lorsqu'il sortit du cabinet de l'Empereur, Sa Majesté me
dit, en sa présence, que mon pays serait satisfait et que les
députés de la Diète en recevraient l'assurance à l'audience
du lendemain.

« M. de Metternich, en donnant ces espérances, ignorait-il les intrigues ourdies à Berne entre son ministre et
l'ancienne oligarchie pour réclamer la présence des Alliés
en Suisse? C'est ce que je ne saurais affirmer; mais il est
constant que ce fut à Lœrrach, quinze jours après, que les

députés de Berne provoquèrent l'état-major autrichien à entrer en Suisse en l'absence des souverains.

« Tout le monde sait donc bien que si la Suisse fut envahie, ce fut contre la volonté de l'empereur Alexandre, contre les assurances que j'avais obtenues en son nom et contre celles qui furent données le lendemain aux députés Reding et Wieland. Chacun sait aussi que ce fut à la suite de ces débats que M. Capo d'Istria partit pour la Suisse avec les instructions les plus bienveillantes et les plus conformes à mes réclamations. »

Quelques jours après ces incidents, on apprit que les espérances de paix, conçues d'après l'espèce de négociation entamée avec M. de Saint-Aignan, n'auraient aucun résultat et que l'invasion de la France semblait décidée; Jomini eut à ce sujet une audience de l'empereur Alexandre, qui lui fit part des différentes idées émises par les principaux généraux de l'aréopage militant : au nombre des projets il en était un surtout, vivement appuyé par les généraux Diebitsch et Toll, qui consistait à porter la grande armée par le haut Rhin sur la direction de Bâle à Paris par Belfort, Langres, etc. Sans s'expliquer sur le mérite stratégique de ce projet, qui faisait perdre inutilement un temps précieux, le général Jomini se permit de représenter à Sa Majesté combien il regrettait cette invasion qui, en définitive, ne pouvait conduire qu'au triomphe de l'Angleterre et n'était nullement dans les véritables intérêts de la Russie; car, selon lui, cette puissance ne devait pas vouloir le trop grand affaiblissement d'un pays qui faisait contre-poids d'un côté à l'Autriche et à la Prusse, et de l'autre à la formidable puissance britannique. En effet, autant la France dominant à Dantzig et à Lubeck devait être contraire aux intérêts russes, autant la France, refoulée derrière le Rhin mais conservant cette limite naturelle avec Anvers, devait être l'alliée naturelle du cabinet de Saint-Pétersbourg (¹). L'invasion ne pouvait donc que détruire pour longtemps la possibilité de ce bon accord. Hélas ! ce raisonnement si simple et si vrai ne pouvait être compris au milieu des passions qui bouillonnaient autour de lui, et une intrigue, dont nous devrons soulever le voile, vint encore augmenter les obstacles à ce que la voix de la raison, de la modération, et d'une sage politique fût écoutée.

Huit jours après cet entretien, l'empereur Alexandre partit de Francfort avec son quartier général pour rejoindre celui du prince de Schwarzenberg sur le haut Rhin.... Les intérêts de la Suisse semblaient par là plus menacés que jamais, et Jomini crut devoir suivre l'armée en évitant toutefois de prendre part aux opérations militaires, s'il n'en était pas formellement requis par l'Empereur.

Au moment de quitter Francfort, il reçut, à son grand étonnement, la visite d'un compatriote vaudois, le sieur Hedelhofer, qu'il avait placé deux ans auparavant en qualité de secrétaire bibliothécaire, chez le duc de Dahlberg, l'ami dévoué de Talleyrand. Ce bon bibliothécaire était chargé d'une commission qui n'exigeait, en fait d'éru-

(¹) A cette époque, la Belgique n'existait pas comme puissance ; elle était française depuis vingt ans ; il ne s'agissait donc que de laisser les choses où elles en étaient, et l'opinion du général était parfaitement juste au point de vue maritime européen.

dition, que la faculté de tenir, à propos, deux langages d'un certain poids. Sous prétexte de recommander à **MM.** de Metternich et de Nesselrode la superbe dotation du Johannisberg, que Napoléon avait octroyée à Dahlberg en récompense des services qu'il lui avait rendus lors de la destruction de l'empire germanique et de sa transformation *en confédération du Rhin*, il devait informer les souverains qu'on les attendait à Paris à bras ouverts !

Ce missionnaire cacha d'abord au général ce principal but de son voyage, et ne lui parla que des intérêts personnels du duc de Dahlberg ; et comme ces intérêts exigeaient qu'il pût suivre le quartier général, il le pria de lui donner place dans sa voiture jusqu'à la frontière de Suisse, d'où il pourrait rejoindre sa famille à Paris, où il avait laissé sa femme et ses enfants.

L'empereur Alexandre s'était arrêté quelques jours à Carlsruhe chez sa belle-mère, la grande-duchesse de Baden ; le lendemain de son arrivée, le général Jomini se trouvant de service près de Sa Majesté, on reçut la nouvelle inattendue que les Autrichiens étaient entrés en Suisse sur plusieurs points. Aussitôt le général se présenta chez le souverain qu'il trouva fort irrité... « Je sais ce qui vous amène, lui
« dit l'Empereur, et j'en suis aussi affligé que vous, car on
« me fait manquer à ma parole d'une manière blessante.
« Aussitôt après le souper, je partirai pour Fribourg, où je
« témoignerai tout ce que j'en pense au prince de Schwar-
« zenberg, et où j'aviserai à ce qu'il y aura à faire. »

Comme aide de camp général de service, Jomini dut suivre dans la nuit Sa Majesté à Fribourg, et la première

chose que fit l'Empereur à son lever, fut d'écrire au généralissime une lettre dans laquelle il lui exprimait toute sa
désapprobation d'un acte qui lui causait un des plus grands
chagrins qu'il eût éprouvés dans sa vie. Jomini eut aussi
la satisfaction de recevoir et d'introduire les deux députés
de son canton de Vaud, MM. Monod et Pidou, qui
reçurent de l'Empereur les assurances les plus formelles
pour la conservation de leur indépendance.

Nous n'avons pu savoir positivement ce qui se passa à
huis clos entre l'Empereur et Schwarzenberg, lorsque celui-
ci vint plus tard pour se justifier; mais d'après ce qui en a
transpiré, le prince assura que c'était à l'invitation des
Suisses eux-mêmes, transmise par le comte de Senft-Pilsach,
ministre d'Autriche à Berne, qu'il s'était cru autorisé à
faire entrer une partie de son armée qui, du reste, ne devait
que traverser la Suisse pour se rendre à Genève, alors
réunie à la France, et forteresse française d'une haute importance couvrant la route des Alpes, tandis que le reste
irait bloquer Besançon en passant par Soleure et le Po-
rentruy.

Quoi qu'il en soit, l'invasion était consommée; les
colonnes étaient déjà à Berne. Le comte Capo d'Istria, placé
dans une position délicate, voyant combien ce qui se passait
autour de lui était contraire à ses instructions et aux
assurances dont il avait été porteur, comprit que, s'il
protestait, il en pourrait résulter de la mésintelligence
entre les gouvernements au moment où l'on tentait l'expédition scabreuse contre la France; il assuma la responsabilité de s'associer aux déclarations un peu machiavéliques

du ministre autrichien, et cet adroit revirement devint la cause première de sa fortune.

Le fait est que les familles patriciennes de Berne, espérant reconquérir leur ancienne toute-puissance, avaient gagné M. de Senft en lui persuadant que, pour arracher la Suisse à l'influence française, il importait de leur rendre leurs privilèges avec le pouvoir.... Fortes de son appui, elles envoyèrent des agents au quartier général autrichien qui se trouvait alors à Lœrrach près de Bâle ; et soit par condescendance pour les prétendus intérêts de l'Autriche, soit, comme on l'a affirmé, par la vertu de l'âne de Philippe de Macédoine, chargé en partie d'or, en partie de riches délégations sur les fonds bernois placés en Angleterre, ces agents décidèrent les conseillers de Schwarzenberg à une démarche que se permettent rarement les chefs militaires sous un gouvernement régulier.....

Le mal étant fait, le territoire violé, il était tout naturel que l'armée des souverains se servît du solide pont de Bâle pour franchir le Rhin ; le quartier général y vint dans les derniers jours de décembre. On sait que, le 1er janvier, l'invasion s'opéra sur neuf colonnes, depuis Genève et Besançon jusqu'à Fort-Louis, où le corps de Wittgenstein passa le Rhin, tandis que Blücher avec son armée franchissait le fleuve au-dessus de Mayence vers Manheim et au-dessous près de Caub. Nous ne suivrons point la marche triomphale de ces onzes colonnes alliées, notre but n'étant point de faire l'historique de cette expédition, où le nombre suffisait à suppléer au génie.

CHAPITRE VIII.

Campagne de 1814.

Les événements concernant la Suisse, racontés au chapitre précédent, avaient fait comprendre au général Jomini que, pour l'intérêt de son pays, il ferait bien de ne pas quitter l'empereur Alexandre. Aussi, après réflexion, il se décida à le suivre jusqu'à Langres. Ce fut dans ce trajet que Hedelhofer avoua au général qu'il avait eu la mission formelle de dire au comte de Nesselrode, et par lui à l'empereur Alexandre, qu'il était attendu à Paris avec impatience et y serait reçu à bras ouverts...

Cet aveu lui donna la clef de tout ce qui se passa depuis Francfort jusqu'à la paix de Paris.

En attendant, le pauvre secrétaire, qui avait espéré regagner Paris par la Suisse alors neutre, se trouvait hors d'état d'y parvenir; il manquait d'argent et de nouvelles des siens; il sollicita un emploi qui lui assurât une existence, et l'Empereur l'admit au service civil avec le titre de conseiller honoraire, puis l'attacha au comte d'Alopeus, envoyé à Nancy pour présider à l'administration des provinces occupées.

Le récit qu'il avait fait ne tarda pas à recevoir d'éclatantes confirmations.

En effet, on vit successivement arriver au quartier général, à Langres, puis à Chaumont, plusieurs autres messagers du même genre. Tous étaient partis de Paris sous divers prétextes et tous réitérèrent les mêmes invitations et les mêmes assurances, toujours de la même part, assure-t-on, c'est-à-dire de l'entourage de Talleyrand.

Néanmoins, dans cet intervalle, un congrès avait été ouvert à Chatillon pour traiter de la paix. Lord Castlereagh, qui était alors le ministre des affaires étrangères anglais, s'était rendu sur le continent pour dominer ces négociations dont tout le monde connaît aujourd'hui les différentes phases, mais dont on ne connaît pas aussi bien l'influence sur les opérations militaires. Depuis la victoire remportée à Brienne, le 2 février, par les forces réunies de Schwarzenberg et de Blücher, et la marche présomptueuse du dernier sur Paris, les armées alliées marchaient ou s'arrêtaient selon que la politique l'exigeait. Napoléon leur opposait sans doute de très habiles manœuvres, mais elles étaient singulièrement favorisées par ces trames diplomatiques.

Notre but n'est point d'entrer ici dans des détails étrangers au sujet que nous traitons ; nous observons seulement que l'empereur d'Autriche parut un instant avoir à cœur de maintenir son gendre sur le trône, et cela était fort naturel ; il avait donc prescrit à Schwarzenberg de ne pas passer la Seine au delà de Nogent, redoutant sans doute que l'approche de Paris y excitât un mouvement anti-bonapartiste. Schwarzenberg ne montra donc que des avantgardes vers Nogent, Provins et Montereau, au moment où Blücher, jaloux d'arriver le premier, courait imprudemment sur la capitale par la vallée de la Marne avec des corps échelonnés à trop grande distance, et les faisait battre séparément à Champaubert, Sézanne, Montmirail, etc.

Ces échecs inquiétèrent l'empereur Alexandre et lui rappelèrent qu'il avait un aide de camp dont les conseils pouvaient être salutaires. Le général Jomini logeait à Pont-sur-Seine, étranger depuis Leipzig à tout ce qui se passait; l'Empereur, qui logeait au beau château de la mère de Napoléon, à une demi-lieue de la ville, lui envoya, à minuit, le prince Wolkonsky et le général Knesebeck, le conseiller du roi de Prusse, pour lui demander avis sur ce qu'il y avait à faire.

L'inquiétude était grande; on savait, par des fuyards de Champaubert, la défaite de Blücher, mais on ne savait ni toute sa gravité ni le lieu où il se retirait.

Jomini remercia de la haute opinion qu'on avait de lui en demandant qu'il improvisât, à minuit, un plan d'opérations, quand depuis deux mois il ignorait tout ce qui se passait, ne connaissant ni la force ni la position des deux armées belligérantes : puis, habitué à résumer ces questions, il demanda les renseignements indispensables sur la force de l'armée alliée en infanterie, artillerie, cavalerie et l'emplacement de ses corps, enfin sur la force de Napoléon.

Le prince lui répondit que l'armée de Schwarzenberg comptait environ 120 mille hommes et se trouvait, la droite vers Nogent, la gauche à Montereau, le centre à Bray. On supposait Blücher repoussé sur Châlons. On pensait que Napoléon n'avait pas au delà de 60 à 70 mille hommes.

Eh bien, dit le général, si j'étais le maître, je dirigerais mes 120 mille hommes sur Paris !

A ce mot, le général Knesebeck se récria : Paris ! Paris ! C'est pour avoir voulu y marcher que Blücher a été battu. Qu'avons-nous besoin de voir l'Opéra de Paris (¹) !

Jomini, justement blessé de cette incartade, répondit fort sèchement : « qu'il ignorait si c'était pour aller à l'Opéra
« que l'armée de Blücher avait couru sur Paris, mais
« qu'ayant habité sept ans cette ville, il connaissait assez
« l'Opéra pour ne pas être soupçonné d'être mû par de
« telles raisons, et qu'il ne s'agissait pas de faire des plai-
« santeries dans de semblables discussions. Et s'il conseil-
« lait cette marche, c'était uniquement parce que Paris
« était le centre stratégique où aboutissaient 20 ou 50 belles
« chaussées, et que même si on faisait bien, on éviterait
« d'entrer dans la ville, en campant sur les hauteurs d'où
« l'on pourrait opérer, soit vers le Nord, soit vers l'Est,
« soit vers le Sud. A défaut de ce parti, il n'y en avait
« qu'un de raisonnable, c'était de se rabattre par la droite
« vers Blücher afin de se réunir à lui. »

Le général, pour appuyer cette opinion, aurait pu ajouter qu'on avait l'assurance d'être reçus à bras ouverts, mais ce secret n'était pas le sien ; il aurait pu aussi répliquer au favori du roi, qu'il était lui même le vrai coupable, ayant excité plus que personne à Francfort de marcher sur Paris.

Du reste, quel que fût le mérite du conseil, il ne pouvait être qu'une utopie stratégique, car, d'après ses instructions, Schwarzenberg n'y eût pas prêté les mains, et grâce à la dissémination de ses troupes, il ne pouvait l'exécuter avec la promptitude et la vivacité nécessaires pour réussir.

(¹) Cette phrase ne paraîtra pas croyable de la part d'un général, et conseiller d'un roi. (Voyez les *Esquisses stratégiques*, à la fin du volume.)

Les souverains préférèrent donc faire des dispositions pour marcher vers Sézanne afin de dégager Blücher; mais instruits le 16, que ce général avait rallié ses corps battus à ceux de Kleist et de Kapzewiez, arrivés à Châlons, et que Napoléon revenait vers Nogent pour couvrir Paris, ils restèrent dans leur position primitive entre Montereau et Nogent, portant des avant-gardes vers Donemarie pour s'éclairer. Wittgenstein, aussi ardent que Blücher, malgré les recommandations de Schwarzenberg, poussa même la sienne jusqu'à Provins et Nangis; le quartier général vint s'établir au centre à Bray.

Napoléon, revenant sur ses pas avec ses réserves après avoir battu Blücher, ne pouvait manquer de tomber sur ces corps séparés sur 3 routes différentes; il repoussa le comte Pahlen sur celle de Nogent, puis les Bavarois sur celle de Bray, et jeta le gros de sa force sur le prince royal de Wurtemberg, qui avait passé le défilé de Montereau, et dut recevoir le combat avec ce défilé et la Seine à dos; il fut culbuté le 18 février avec perte par le corps du duc de Bellune, qui paya malheureusement cette victoire par la mort de son gendre et chef d'état-major, le brave général Chateau.

Le quartier général des souverains était encore à Bray, lorsque l'arrière-garde bavaroise y fut ramené; il en partit pour venir à Trainel, ce qui causa un certain émoi. On avait agité, la veille, la question du parti qu'il y avait à prendre. Jomini proposa alors de concentrer toute l'armée sur la magnifique position de Trainel, qui longe et domine le vallon de la Seine, et d'y recevoir une bataille : mais sous différents prétextes, et surtout parce que l'aile gauche, trop éloignée dans la vallée de l'Yonne, venait d'essuyer un échec sérieux à Montereau, Schwarzenberg fit décider la retraite sur Troyes. On ne tarda pas à s'assurer que de tous les partis c'était le plus dangereux pour les Alliés, car l'armée, fatiguée par des bivouacs meurtriers dans cette mauvaise saison, n'avait plus l'exaltation patriotique qui l'animait en Saxe; elle murmurait de ces engagements partiels qui la compromettaient gravement, et chacun commençait à trouver que c'en était assez; enfin, elle se trouvait dans le même état de lassitude qui régnait dans l'armée française avant la bataille de Leipzig. Aussi cette retraite faillit-elle compromettre le succès de la campagne, car la précipitation avec laquelle elle se fit, à marches forcées, semblait tenir d'une terreur panique.

L'empereur Alexandre se rendit à Troyes le 19 février en calèche. Jomini le suivit à cheval, par un temps et des chemins affreux. Ne comprenant rien à cette retraite si brusque et si précipitée, il prit la liberté de faire quelques observations à Sa Majesté. Le monarque ne put dissimuler l'humeur qu'il éprouvait de ces opérations et en rejeta avec vivacité la faute sur qui de droit; cette manifestation encouragea son aide de camp à lui représenter que le seul moyen d'arriver au but serait de laisser à l'armée autrichienne son rôle d'observation et de manœuvres politiques, tandis que les souverains iraient se réunir avec toutes les forces russes à l'armée de Blücher pour agir à leur gré. L'Empereur approuva l'idée, mais redoutant sans doute les conséquences politiques d'une scission dans le quartier général, il préféra engager Blücher à se rapprocher de l'armée

16.

principale par Méry, afin d'agir dorénavant de concert.

Cependant le temps pressait, Napoléon avait suivi la retraite avec sa vivacité accoutumée ; heureusement les forces de l'aile gauche s'étaient ralliées derrière Troyes avec le reste de l'armée, et Blücher, de son côté, se dirigeait, en effet, sur Méry, en sorte que 150 mille hommes allaient se trouver de nouveau rassemblés.

Néanmoins le quartier général se replia successivement à Vandœuvre et à Bar-sur-Aube (le 24). On reçut dans cette journée la nouvelle qu'Augereau, considérablement renforcé, avait battu Bubna vers Macon et se reportait sur Genève.

A Bar-sur-Aube, le lendemain, eut lieu un conseil de guerre unique dans son genre ; les souverains et les généraux en chef s'étaient réunis chez le roi de Prusse, et comme son favori Knesebeck se trouvait indisposé, ce fut dans sa chambre, et pour ainsi dire au pied de son lit, que trois puissants monarques vinrent se concerter sur ce qu'ils avaient à faire.

Ils convinrent :

Que les corps de Colloredo et de Bianchi seraient détachés sur la Saône contre Augereau ;

Que la grande armée continuerait à se retirer sur Langres, où elle prendrait une position défensive et accepterait bataille si on l'y attaquait ;

En attendant, grâce aux renforts attendus de la Belgique et du Rhin, l'armée de Blücher serait portée au-delà de 100 mille hommes et prendrait l'offensive.

Par suite de cette étrange résolution, les deux empereurs partirent pour Chaumont.

D'après ce qui s'était passé dans ce fameux conseil de guerre, il ne pouvait rester aucune illusion au général Jomini sur le déplorable rôle qu'il jouait en suivant un quartier-général où son souverain ne commandait pas. Témoin passif des fautes militaires les plus criantes, brouillé avec l'état-major autrichien qui les ordonnait sans qu'il pût les modifier en rien, spectateur des ravages causés dans un pays déjà pauvre, par les allées et venues de ces armées, il conclut que sa place n'était plus là. Il était facile de juger, en effet, que, si le congrès de Chatillon n'arrivait pas à faire la paix, Napoléon serait finalement accablé par les masses de vieilles troupes que les nouvelles levées ordonnées dans toute l'Allemagne rendaient disponibles en les relevant au blocus des forteresses (¹); dès lors l'entrée à Paris, si vivement désirée par l'empereur Alexandre et ceux qui l'y appelaient, serait le terme probable de la lutte. Or, il répugnait au général d'entrer triomphalement, et en ennemi, dans la capitale du pays où il avait fait ses premières armes, où il avait tous ses amis; car il était loin de supposer que ce pût jamais être là le rôle d'un libérateur, comme les amis de Talleyrand le prétendaient. Jomini se décida donc à demander une audience à l'Empereur et lui tint ce langage :

(¹) Les forces de la nouvelle Confédération germanique réorganisée s'élevaient déjà à 120 mille hommes, de tous les États grands et petits ; on en avait formé six corps d'armée où figuraient les contingents bavarois, wurtembergeois, badois, hessois, hanovriens, saxons, brunswickois. Une réserve d'égale force, formant une sorte d'arrière-ban (*landsturm*), devait porter les levées à 250 mille hommes, et servir à bloquer les places ou à occuper les provinces françaises envahies.

« Sire ! à Weimar, j'eus l'honneur de prier Votre Majesté
« de me dispenser de suivre l'armée, si elle pénétrait en
« France, et vous approuvâtes le sentiment qui me dictait
« cette résolution : si je suis revenu à Francfort, Votre
« Majesté sait que l'invasion de la Suisse en fut la cause,
« mais je ne pris aucune part à la guerre. Lors de la défaite
« de Blücher et de la singulière retraite de Trainel, Votre
« Majesté daigna me demander des avis à brûle-pourpoint
« sur des situations dont j'ignorais absolument les données
« essentielles pour asseoir un jugement. Malgré la difficulté
« de trancher ainsi de pareilles questions, j'ai donné de
« bons avis qu'on n'a pas voulu ou pas pu suivre, par suite
« des fautes commises dans la marche des colonnes un peu
« trop éparpillées. Depuis Leipzig, j'ai quitté l'état-major
« de Schwarzenberg ; et lors même que Votre Majesté m'y
« renverrait, je ne pourrais rien y faire. Toute opération
« militaire est ou préméditée ou accidentelle ; pour faire
« réussir une entreprise, il faut préparer les voies d'avance,
« il faut que celui qui la conçoit ait la direction de toutes
« les mesures et manœuvres préparatoires : dans les évé-
« nements imprévus et subits où il faut une résolution
« immédiate, les conseils sont inutiles autant qu'impossi-
« bles. Si Votre Majesté commandait l'armée, je pourrais
« être utile : dans la position des choses, je ne puis rien
« que déplorer ce que je vois... Cent mille hommes sont en
« marche du Rhin et de la Belgique pour renforcer les
« armées alliées : Napoléon ne saurait résister à de pareilles
« masses. Si on ne fait pas la paix, vous finirez par entrer
« à Paris. Or, je ne voudrais pas assister à cette entrée

« triomphale, par la même raison qu'en 1812, je suis resté
« d'abord à Wilna, puis à Smolensk, pour ne pas entrer
« à Moscou ou à Saint-Pétersbourg, quand, depuis 1810,
« vous m'aviez nommé votre aide de camp. Votre Majesté
« ne saurait blâmer de pareils sentiments, et elle ne verra
« dans la permission que je lui demande de me retirer en
« Suisse qu'une démarche honorable. »

L'Empereur lui répondit, de la manière la plus bienveil-
lante, qu'il ne pouvait, en effet, qu'approuver une délicatesse toute naturelle et appuyée d'ailleurs sur des motifs
aussi plausibles. Le général Jomini partit donc dès le
lendemain pour la Suisse.

CHAPITRE IX.

*Fin de la campagne de France. — Chute de Napoléon. —
Diète de Zurich et congrès de Vienne.*

Pour compléter l'esquisse de la campagne de France, il
nous faut dire quelques mots des épisodes qui, peu de
jours après le départ de Jomini, vinrent mettre un terme
à cette lutte héroïque.

Dès le lendemain du fameux conseil de guerre, un incident heureux vint dispenser les souverains de la retraite sur
Langres : le roi de Prusse reçut la nouvelle que Blücher,
en quittant Méry, s'était dirigé sur la Marne pour aller
au-devant de ses renforts et menacer de nouveau Paris ;
le maréchal annonçait, en même temps, que Napoléon

le suivait dans cette direction avec le gros de ses forces.

Heureux d'être délivrés de ce redoutable adversaire, les chefs alliés comprirent qu'ils ne pouvaient honorablement continuer une retraite déjà passablement compromettante; ils avaient déjà évacué Bar-sur-Aube; ils le reprirent et marchèrent sur Troyes.

Napoléon s'était mis en effet aux trousses de Blücher. Celui-ci avait déjà atteint Meaux, mais il se hâta de se diriger sur l'Aisne où il devait être joint par les corps de Bulow, de Winzingerode et de Woronzof qui, après avoir fait partie de l'armée de Bernadotte en Saxe, avaient été ensuite employés en Belgique ou au blocus des places. Leur arrivée allait porter l'armée de Blücher à plus de 105 mille combattants.

On sait comment, débordé sur sa gauche et harcelé de près par Napoléon, qui cherchait à le battre avant cette jonction, le général prussien faillit être acculé à l'Aisne près de Soissons, et comment il fut miraculeusement sauvé par la reddition subite de cette place, qui aurait pu aisément tenir quelques jours et qui lui livra un passage inespéré.

Après avoir échappé à ce danger, et avoir opéré sa jonction avec Winzingerode et Woronzof, le général prussien n'attendait plus que l'arrivée du corps de Bulow à Laon pour tomber à son tour sur l'armée française. De son côté Napoléon, plus intéressé encore à livrer bataille avant la réunion de toutes ces forces ennemies, se porta le 7 mars sur Craon, et fondit sur l'aile gauche de Blücher au moment où toute son armée était en mouvement dans le vallon marécageux de la Lette, pour exécuter un changement de front sur Fétieux.

Heureusement pour les Alliés que le corps de Woronzof, qui formait cette gauche et devait soutenir cette rude lutte, sut profiter des avantages de son terrain. Grâce à un plateau très-resserré par deux ravins, il put tenir tête à l'orage et se replier, après la plus glorieuse défense, sur le corps de Sacken, à l'aide duquel il rejoignit le reste de l'armée combinée, après avoir eu, toutefois, 4,500 tués ou blessés.

Enfin Blücher, ayant réuni ses forces à Laon, le lendemain, y repoussa, le 9 et 10 mars, deux attaques opiniâtres de Napoléon, dont la position devint d'autant plus désespérée, qu'au même instant le comte de Saint-Priest, avec un nouveau corps russe de 10 mille hommes, venant du Rhin, emportait la ville de Rheims.

Après les pertes notables essuyées à Craon et à Laon, Napoléon, replié sur Soissons, pouvait d'autant moins songer à se butter contre l'armée de Blücher, que celle des souverains, instruite de son absence, avait repris Troyes et s'avança de nouveau vers Paris jusqu'à Nogent.

Macdonald et Oudinot, avec 28 mille hommes, ne pouvaient suffire à couvrir la capitale ; l'Empereur résolut donc de remarcher contre l'armée de Schwarzenberg, mais au lieu de se diriger vers Nogent, comme au mois de février, il se disposa à porter ses coups sur l'Aube vers Arcis, afin de menacer les communications de Schwarzenberg.

Semblable au lion traqué par les chasseurs et grièvement blessé, qui se précipite sur ses agresseurs, Napoléon préluda à sa nouvelle entreprise en se jetant d'abord sur le corps de Saint-Priest à peine installé dans Rheims ; il le fit assaillir le 13 mars, et à la suite d'un combat des plus acharnés, dans lequel le comte perdit la vie et plus de 3 mille hommes, l'Empereur s'empara de cette ville. De là il continua son mouvement sur Méry et Plancy, où il arriva le 19 mars.

Il ordonna à la petite armée de Macdonald de venir le joindre par Plancy en remontant l'Aube, mais toujours pressé d'imposer à l'ennemi, il ne l'attendit pas pour passer la rivière.

Napoléon, instruit que l'armée de Schwarzenberg avait été échelonnée sur une ligne fort étendue, depuis Nogent jusque vers Troyes, se persuada, malgré sa grande infériorité, que le généralissime autrichien battrait de nouveau en retraite devant lui ; il avait donc hâte de tomber sur ses colonnes isolées, dans l'espoir de les entamer et, à cet effet, il déboucha le 20 mars d'Arcis, sans attendre l'arrivée de Macdonald et des autres renforts venant de Paris.

Malheureusement pour cette combinaison, les souverains avaient décidé de réunir l'armée sur l'Aube, afin de favoriser Blücher.

Le maréchal Ney trouva donc le corps de Wrede en mouvement pour attaquer Arcis, et Sébastiani rencontra des forces imposantes sur le plateau de Vilette, qui le ramenèrent.

Un combat des plus rudes s'engagea dans Grand-Torcy qui, après maintes alternatives, resta incendié au pouvoir de Ney, malgré la vigoureuse défense des Bavarois qui y perdirent près de 3 mille hommes. Un renfort de la garde amené par Lefèvre-Desnouettes, à l'entrée de la nuit, permit de conserver la position devant Arcis; mais en échange le prince royal de Wurtemberg s'avançait, dans le même instant, avec la gauche de l'armée alliée presque jusqu'à Plancy, tandis que le reste des forces se ralliait à Wrede.

Ce rude combat de Torcy faisait encore espérer à Napoléon de battre l'ennemi le 21, à l'arrivée des corps d'Oudinot et de Macdonald; le premier étant arrivé à huit heures du matin et ayant passé l'Aube, l'Empereur ordonna à Ney et à Sébastiani de commencer l'attaque et de pousser vivement l'ennemi. Mais à peine eurent-ils atteint le somme du plateau entre Nozay et Mesnil-la-Comtesse, qu'ils découvrirent les lignes immenses des Alliés dont toutes les forces venaient de se concentrer et ne présentaient pas moins de 90 à 100 mille hommes.

Sur les représentations de ses généraux, Napoléon se décida à renoncer à son projet, et à repasser l'Aube, ce qui, en présence de pareilles masses, devenait fort épineux.

Les rues étroites et le pont d'Arcis formaient un terrible défilé : un second pont dut être jeté au-dessous de la ville, mais cela exigeait du temps; heureusement pour les Français que Schwarzenberg, s'attendant à être attaqué, n'avait pris aucune disposition pour la poursuite : la majeure partie de l'armée française put filer, et l'arrière-garde, formée de nouvelles brigades venues d'Espagne, aux ordres d'Oudinot, tint avec vigueur les approches du pont.

Napoléon dirigea alors sa retraite sur la route de Vitry, et Macdonald, dont le corps n'arriva qu'à neuf heures du soir à Ormes, y passa la nuit, pour couvrir sa marche et reposer ses troupes harassées.

L'inutilité de ces marches et contre-marches qui, malgré toute leur habileté stratégique, ne pouvaient guère amener de résultats contre une supériorité si accablante, convainquit enfin Napoléon que ce système de guerre, admirable avec de vieilles bandes aguerries et dans une certaine proportion numérique, ne pouvait amener qu'une catastrophe, dans la situation où il se trouvait ; il résolut alors de tenter la fortune par un de ces plans hardis qui ressemblait assez à celui de Duben, excepté toutefois qu'il était ici dans son pays et se plaçait sur la communication des Alliés, au lieu qu'à Duben, il laissait les Alliés maîtres de la sienne ; il résolut, disons-nous, de profiter de la séparation des armées alliées pour remonter la Marne sur Vitry et se jeter sur la Lorraine ou même sur Chaumont et Langres.

Augereau, renforcé à Lyon par des troupes revenant d'Espagne, pourrait remonter la Saône, débloquer Besançon et Auxonne, tandis que l'Empereur débloquerait lui-même les places du Rhin et détruirait les nouvelles levées qui les investissaient.

Il laissait ainsi les ennemis au centre du pays et il chercherait à les enfermer, en quelque sorte, par l'imposante ceinture de places fortes qui lui donnerait les moyens de manœuvrer avec avantage : dans cette terrible extrémité, si la France le secondait un peu, il pouvait encore la sauver, croyait-il, et se sauver avec elle.

C'était jouer le tout pour te tout; mais pour réussir il fallait d'abord renvoyer le gouvernement de Paris à Tours, puis assurer la jonction de son armée avec le corps de Marmont et Mortier, laissés sur l'Aisne, en face de Blücher. Malheureusement, il négligea la première de ces mesures ou craignit d'effrayer le pays en la prescrivant, et la seconde manqua par un singulier incident.

Conformément à ce plan, Napoléon se dirigea d'Arcis sur Vitry-le-Français; les Alliés avaient fait occuper et réparer à la hâte cette petite place.

Néanmoins Napoléon passa la Marne à Frignicourt, se dirigea sur Saint-Dizier et jeta des corps légers jusqu'à Chaumont, d'où l'empereur d'Autriche dut décamper : il fit, en même temps, reprendre Châlons, par où Mortier et Marmont devaient le rejoindre.

Schwarzenberg, surpris de la nouvelle direction prise par son adversaire, se décida aussitôt à marcher sur ses traces et se porta, le **22** mars, sur Vitry.

Dans ces entrefaites, Blücher, qui, contre son usage, était resté dix jours inactif après sa victoire de Laon, s'était pourtant décidé à remarcher, non sur Meaux et Paris, mais vers la grande armée.

Il passa l'Aisne, à Béry, le **18** et reprit Rheims le **19** mars.

Marmont et Mortier, ignorant le nouveau projet de l'Empereur et ayant alors pour instruction de couvrir Paris avant tout, au lieu de se replier à l'Est sur Châlons pour se lier à l'armée de Napoléon, s'appuyèrent, par leur gauche, sur Fismes; résolution funeste qui fit échouer toutes les combinaisons, mais qui était parfaitement conforme à leurs instructions (¹).

A Fismes seulement ils furent instruits, le 21 mars, du nouveau plan d'opérations, et reçurent l'ordre de venir rejoindre l'Empereur par Châlons : comme il n'était plus possible d'y marcher par Rheims, les maréchaux voulurent se porter par Fère-en-Tardenois et Château-Thierry sur Épernay; mais Blücher, de son côté, avait déjà jeté un corps sur Châlons et concentré le gros de ses forces à Rheims.

Ayant appris, le 23, la bataille d'Arcis, la marche de Napoléon sur Saint-Dizier, celle de Schwarzenberg sur Vitry, enfin la résolution des souverains de se diriger sur Paris avec la masse de leurs forces, le général prussien dirigea alors son armée sur Châlons, se liant avec celle des souverains à Vitry.

Ainsi, par un concours singulier d'événements, la marche hardie de Napoléon sur Saint-Dizier, loin de le tirer d'embarras et de concourir à sa délivrance, accéléra sa perte.

Près de 200 mille hommes, dont 40 mille de cavalerie, se trouvaient enfin réunis dans les plaines où Attila était venu disputer aux Romains l'empire du monde; ils sépa-

---

(¹) Ce fut le 20 mars que les maréchaux durent se replier sur Fismes et ce même jour Napoléon songeait encore à déboucher par Arcis sur Troyes et non à se jeter sur la Lorraine, projet qu'il ne conçut que le 21 au matin. S'il en avait eu l'idée plus tôt, et s'en fût ouvert aux maréchaux, il eût pu réunir près de 80 mille hommes vers Langres ou vers Toul et tenir encore longtemps la campagne; mais c'était toujours un parti désespéré.

raient Napoléon de Paris et de Marmont; ces deux petites armées, dont l'une comptait à peine 50 mille combattants et l'autre 20 mille, ne pouvaient plus rien, se trouvant ainsi isolées : la politique autrichienne ne pouvait non plus arrêter la marche victorieuse des Alliés, car les souverains, réunis à Blücher, avaient, sans compter les troupes autrichiennes, 150 mille hommes à leur disposition pour marcher sur Paris, et, à part l'accueil politique promis par les amis de Talleyrand, c'était la seule manœuvre stratégique convenable.

Schwarzenberg lui-même n'avait aucun autre parti à prendre. En effet, la marche de l'armée française sur ses derrières avait fait décamper l'empereur d'Autriche, Metternich et tout le corps diplomatique sur Dijon ; et tous les convois de vivres venant à l'armée par la route de Langres rétrogradaient vers le Rhin. Se retirer sur la Lorraine insurgée et occupée par Napoléon, était imprudent; aller à Paris était donc la manœuvre la plus naturelle et la plus facile, car les 20 mille hommes de Marmont et de Mortier n'y pouvaient mettre aucun obstacle.

La marche fut donc résolue et exécutée avec le succès que chacun sait; ceux qui avaient appelé les Alliés tinrent parole en les proclamant les sauveurs de la France et en déclarant la déchéance de Napoléon.

*
* *

Le général Jomini, retiré depuis quinze jours en Suisse, y apprit la magnifique entrée triomphale des souverains, alliés dans Paris; convaincu qu'elle aurait lieu, il avait quitté l'armée pour ne pas assister à une solennité toujours un peu humiliante pour une nation vaincue, quelque héroïque qu'ait pu être sa défense; il ne supposait pas, malgré les assertions des émissaires envoyés aux Alliés, la population parisienne aussi peu patriotique qu'elle se montra; aussi son étonnement fut-il inexprimable lorsqu'il fut instruit de la conduite du Sénat et de la presque totalité du peuple.

Certes, Napoléon avait par trop abusé de sa puissance et le pays pouvait être fatigué des sacrifices immenses qu'il lui avait imposés sans motifs bien évidents d'intérêt national, et pour la seule soif de domination et de gloire militaire; mais dès que l'ennemi franchissait le Rhin pour abaisser la France, c'était le cas de se rallier à lui et non de l'abandonner.

Aussitôt que la grande lutte fut terminée, Jomini se rendit à Zurich, où une diète était assemblée pour donner à la Suisse de nouvelles institutions et où le comte Capo d'Istria représentait l'empereur Alexandre. Le général y fut visité par des députés de différents partis.

Il chercha à démontrer à ceux de Berne « qu'ils avaient « eu grand tort d'armer leurs partisans en 1802, pour « rétablir le fédéralisme; que s'ils avaient laissé un gou- « vernement central permanent à Berne, la ville aurait eu « sur toute la Suisse une influence décisive bien plus favo- « rable aux familles patriciennes que la part qu'elles « avaient au gouvernement *d'un seul canton* plus ou « moins étendu.....

« Il leur recommanda, puisque le principe fédéraliste
« avait prévalu, de donner au conseil de la fédération le
« plus de pouvoir et de force possible, en maintenant les
« principales bases de l'acte de médiation, mais en laissant
« le chef-lieu à Berne. »

De la diète de Zurich, Jomini se rendit au congrès de
Vienne, voyage qui fut égayé par la compagnie d'une
ancienne connaissance de famille, M. Gaccon, originaire
de Montreux, croyons-nous, non moins piquant de confidences que son compatriote Hedelhofer cité plus haut.

Ancien négociant au Hâvre et associé de la maison de
banque Saint-Didier, M. Gaccon se rendait à Vienne pour
soigner de grands intérêts financiers qu'il avait en commun
avec de hauts personnages pouvant avoir de l'influence
sur les décisions du congrès.

Il s'agissait de régulariser la main-levée du séquestre
qui pesait encore sur des fonds bernois prédestinés,
paraît-il, à une orageuse carrière. Sauvés en Angleterre
lors de l'invasion française de 1798, ils avaient été saisis
par le Directoire helvétique, puis vendus par lui, en 1802,
à divers spéculateurs, lesquels s'étaient trouvés à leur tour,
après la rupture de la paix d'Amiens, en face d'un séquestre
provisoire du Gouvernement britannique, de nouveau en
guerre contre la France et ses alliés, dont la République
helvétique.

Or la main-levée sollicitée par M. Gaccon allait dépendre
sans doute de la paix générale se traitant à Vienne, y
compris le règlement des affaires de la Suisse et de ses
cantons.

Quelle fut l'issue de ce plan de revendication financière, qui portait sur une somme d'une douzaine de millions de francs, et quel poids pût-il bien avoir dans les transactions diplomatiques finales, notamment dans la résolution de l'oligarchie bernoise d'abandonner ses prétentions sur le Pays-de-Vaud et sur l'Argovie, en échange de l'évêché de Bâle et du Porrentruy, c'est ce qu'il ne nous appartient pas de décider, pour le moment au moins, ni de rechercher ici, de telles *opérations* ne rentrant pas dans notre cadre spécial.

Ce qui est certain c'est que les héritiers de M. Gaccon, sinon lui-même, finirent par toucher tout ou partie des fonds réclamés.

Ce qui est plus certain encore c'est que chaque jour amenait sur le tapis du congrès de Vienne ou de ses sections, un grand nombre de sollications ou de complications du genre de celle relative aux fonds bernois, sinon d'un genre plus grave, et c'est ce qui fit durer les premières négociations pendant plusieurs mois sans beaucoup avancer. Les fêtes brillantes s'y succédaient et justifiaient le bon mot du célèbre prince de Ligne : « Le congrès danse mais ne marche pas. »

On sait aussi comment le retour de Napoléon de l'île d'Elbe empêcha peut-être qu'il ne se terminât par des hostilités.

Vers le milieu de décembre, l'empereur Alexandre, ayant entretenu le général Jomini sur une des questions qui concernaient la Suisse et sur le moyen de compensation qu'on pourrait donner aux Bernois, il en résulta une conversation à la suite de laquelle le général crut devoir remettre une note à Sa Majesté sur la position dans laquelle la Russie allait se trouver vis-à-vis de l'Angleterre.

Il était évident que la France, trop abaissée par les traités de Paris et par suite de la division des partis qui y éclatait déjà avec violence, se trouverait, sous le sceptre affaibli des Bourbons, hors d'état pendant 30 ans de tenir tête à l'Angleterre.

Dès lors cette ambitieuse et adroite puissance, déjà maîtresse de l'Inde, allait travailler à arracher l'Amérique à l'Espagne, et ne rencontrerait ensuite aucun équilibre à son omnipotence sur le globe. La Russie seule devait lui porter ombrage; c'était dès lors l'origine d'une rivalité toute nouvelle, sur laquelle il devenait urgent de porter une attention incessante, et contre laquelle il était prudent de se précautionner... Ce travail, comme beaucoup d'autres, fut une véritable prédiction.

Le général eut l'avantage de le remettre à Sa Majesté, retenue chez elle par une légère attaque d'érysipèle, à la jambe, ce qui lui fournit l'occasion d'en donner lecture lui-même à l'Empereur qui lui en témoigna sa satisfaction dans les termes les plus obligeants, en le remerciant surtout d'appeler son attention sur un sujet aussi neuf qu'il était important, et qu'on avait peut-être trop perdu de vue dans les préoccupations occasionnées par la lutte à outrance contre Napoléon... « Vous pouvez compter, » ajouta-t-il en terminant, « que j'en ferai l'objet de toute ma sollicitude « et ce ne sera pas le moindre des services que vous « m'aurez rendus. »

17.

Le mois de mars arrivait et les négociations les plus importantes s'embrouillaient au lieu d'amener de bons résultats : l'aréopage des rois allait se dissoudre sans que rien fût décidé ; la Saxe était la cause du différend.

La Prusse prétendait s'en emparer en donnant au roi de Saxe les provinces rhénanes et de Westphalie ; l'Autriche et la France s'y opposaient : l'empereur Alexandre, voyant que son intervention en faveur de la Prusse serait ou insuffisante ou un *casus belli*, allait repartir pour Pétersbourg. Le général Jomini devant l'y suivre, demanda l'autorisation de s'y rendre par le Midi en allant d'abord à Naples passer quelques mois, puis en se rendant par Constantinople à Odessa. Non seulement l'Empereur y consentit, mais il promit de lui donner quelques instructions qui feraient de ce voyage une opération plus utile encore qu'agréable. Les préparatifs étaient faits, l'argent de voyage délivré, il ne fallait plus que les instructions avec l'audience de congé... Mais au jour fixé arriva la nouvelle du départ de Napoléon de l'île d'Elbe. La guerre allait recommencer ; le voyage devenait impossible, il fallait remonter à cheval.

Campagne de 1815.

L'esquisse de la campagne de 1815 formerait la suite naturelle du précis des trois précédentes ; mais cette célèbre campagne ayant fait l'objet d'un volume spécial du général Jomini, qu'il composa, en 1834, pour compléter et rectifier la vie de Napoléon, nous n'avons qu'à y renvoyer le lecteur ; les souvenirs inédits que nous avons entre les mains n'y ajoutent aucun détail marquant, et ce volume a répondu par avance à diverses objections, fort intéressantes d'ailleurs, soulevées par les écrits postérieurs de MM. Thiers, Charras et Quinet.

ESQUISSES BIOGRAPHIQUES.

Général Knesebeck.

Le général Knesebeck, quoique peu connu, a joué un certain rôle dans les grands événements de l'Empire, au commencement de ce siècle; on permettra donc que nous en disions quelques mots. C'était un militaire comme beaucoup d'autres, parce qu'il portait l'uniforme et qu'il avait été élève de l'école de Potsdam : quant au génie naturel de la guerre, pas la moindre trace, ainsi qu'on le verra plus loin. S'il y avait absence de capacité guerrière *sous* son habit, il y avait en échange, sur son enveloppe, une profusion inouïe de crachats, de grands cordons; voici pourquoi : M. Knesebeck avait été un assez bel officier, dans sa jeunesse; il avait fait deux campagnes en 1793 et 1794, comme aide-de-camp. Il avait eu le bonheur, en 1806, de contribuer à sauver le roi qui faillit tomber au pouvoir des Français à la bataille d'Auerstedt, ce qui lui mérita naturellement la protection et l'amitié du monarque.

Après le désastre de la monarchie prussienne, complété si malheureusement par le traité de Tilsit, Knesebeck partagea l'exaspération qui anima toute la Prusse, et l'armée en particulier, contre l'empereur Napoléon; il consacra tous ses loisirs à combiner les moyens de renverser l'oppresseur de la Prusse, comme la seule chance qui restât de relever la monarchie de Frédéric le Grand; la vengeance et le patriotisme excitaient son imagination comme celle de tous les promoteurs des sociétés secrètes du Tugendbund. Soit qu'il eût communiqué ses idées au roi Frédéric Guillaume, soit que le monarque en fût instruit indirectement, celui-ci confia en janvier 1812, à Knesebeck, la mission délicate de se rendre à Saint-Pétersbourg, afin de s'expliquer avec l'empereur Alexandre sur les éventualités que pouvait amener l'orage formidable grondant sur le nord.

La Prusse, placée entre deux écueils, ne pouvait rester neutre; elle devait ou se jeter entre les bras de la Russie, ou s'allier à la France, du moins pour la forme. Pour se décider, il s'agissait de savoir, si les Russes seraient en mesure de porter leurs armées sur l'Oder ou sur la Vistule, assez promptement pour y rallier toutes les forces dont la Prusse pourrait disposer. Dans le cas contraire, le roi serait forcé de s'allier à la France et de lui fournir un contingent, et il fallait faire entendre à l'empereur Alexandre, avec quels regrets on s'y verrait contraint et le désir qu'on avait de préférer son alliance.

M. Knesebeck, tout en remplissant la mission de son roi, l'assaisonna, dit-on, de ses vues personnelles pour la campagne qui allait s'ouvrir. Du reste, cette mission eut pour résultat, d'assurer le roi de Prusse qu'Alexandre ne ferait la paix à aucun prix, et de convaincre le monarque russe que le corps prussien de Yorck serait un mauvais allié des Français; on sait en effet le rôle qu'il joua après la retraite de Moscou.

Dès que les troupes russes furent arrivées sur la Vistule, à la poursuite des débris échappés à la Berésina, le roi nomma

Knesebeck son aide-de-camp général, et l'envoya de Breslau à l'empereur Alexandre, pour aviser aux moyens de secouer, en commun, le terrible joug du *gagneur de batailles* : l'insinuant missionnaire était d'autant plus propre à cette commission, qu'il venait de rentrer de Vienne où il avait été envoyé pour sonder les intentions du cabinet autrichien, et qu'il était naturellement disposé à présenter comme des réalités plus que probables, ce qui n'était encore que dans la sphère des espérances de son imagination.

On voit ainsi que le hasard seul avait mis ce général, moitié courtisan moitié politique, dans la situation qui conduit aux faveurs : mais chacun sait qu'on peut aisément forger des projets politico-militaires, lorsqu'il ne s'agit que de faire appel à des passions qui ont les mêmes intérêts. On n'est pas pour cela un habile général, car le premier diplomate venu en eût fait autant que M. Knesebeck..... Quant à son génie militaire, nous ne pouvons mieux le signaler que par l'anecdote suivante dont nous fûmes témoin.

En 1815, au début de la nouvelle croisade contre Napoléon, le quartier général des souverains se trouvant à Mannheim, on y apprit par le général Toll, arrivé en courrier, la nouvelle de la défaite de Blücher à Ligny le 16 juin. On était le lendemain encore dans l'émoi causé par cette nouvelle, lorsqu'un officier expédié du champ de bataille de Waterloo avec un billet laconique, vint annoncer que Wellington avait battu Napoléon et lui avait pris 200 pièces de canon. L'écrivain de la présente notice se trouvait de service près de l'empereur Alexandre, quand le roi de

Prusse vint le complimenter accompagné de l'inséparable Knesebeck. Ce général refusait de croire que Wellington eût pu ainsi battre le vainqueur de Blücher... Il prétendait « que le général anglais n'aurait eu d'abord affaire qu'à une « avant-garde, et serait tombé certainement dans une em- « buscade que Napoléon lui aurait tendue *en cachant son* « *armée dans les blés qui sont fort hauts en Belgique.*

« J'ai fait, disait-il, la campagne de 1794 dans ce pays; je « sais que les blés y croissent à hauteur d'homme; rien « de plus facile que de tendre une embuscade; attendons « avant de nous réjouir. »

Bonhomme qui croit à la possibilité de cacher 100 mille hommes, 20 mille chevaux et 500 pièces de canon dans un champ de blé !! Nous attestons sur l'honneur ne pas changer une syllabe à ce que nous avons entendu de sa bouche. Ajou- tez à cela la singulière sortie de M. Knesebeck à Pont-sur- Seine contre l'opéra de Paris, et vous penserez comme le célèbre Oxenstiern, que le sort des armées est souvent confié à de singuliers personnages. Pourrait-on se défendre aussi de quelque surprise en voyant les trois plus grands monar- ques de l'Europe se réunir au pied de son lit pour concerter un plan d'opérations? Si le jour où la retraite sur Langres fut résolue il y avait eu des champs de blés, il eût peut-être proposé d'y cacher l'armée; mais c'était le 24 février.

Blücher. — Gneisenau. — Muffling.

Ces trois généraux, qui dirigèrent ensemble les opéra- tions de l'armée dite *de Silésie,* n'étaient pas néanmoins, sous tous les rapports, *trois têtes dans un même bonnet.*

Blücher, originaire du Mecklenbourg, était, comme chacun le sait, un vrai houzard, qui avait déjà assisté à la fameuse bataille de Kunersdorf, dans la guerre de 7 ans (1759). C'était un des coryphées de cette école de buveurs, de joueurs et de batailleurs, qui produit parfois des braves à toute épreuve, mais aussi beaucoup de fanfarons. Blücher était incontestablement au nombre des premiers. Il s'était distingué par plusieurs beaux faits d'armes dans les campagnes que firent les Prussiens sur le Rhin, en 1793 et 1794. La cavalerie qu'il commandait à la bataille d'Auerstedt, en 1806, fit de fort belles charges, qui n'eurent néanmoins aucun succès contre l'inébranlable infanterie de Davoust. On sait qu'à la suite de la catastrophe de Iéna, il rallia plusieurs débris de l'armée vaincue et chercha à regagner l'Oder; mais se trouvant prévenu partout par la cavalerie de Murat et le corps de Bernadotte, et suivi en queue du côté de l'Elbe par Soult, il fut refoulé sur Lubeck et acculé ensuite à la mer et au territoire neutre du Danemarck.

Lubeck avait une enceinte bastionnée qui semblait propre à protéger son embarquement; une surprise extraordinaire lui enleva ce dernier refuge : les Prussiens au lieu d'entrer tous en ville, avaient eu la malheureuse idée de laisser deux ou trois bataillons devant la porte des Moulins (Mühlthor); l'avant-garde de Bernadotte qui suivait de très-près, fondit impétueusement sur ces bataillons et entra pêle-mêle avec eux dans Lubeck, tandis que le corps de Soult s'y présentait par la route de Ratzbourg. Blücher se trouvait, dit-on, à table lorsque le bruit de la fusillade dans les rues vint lui signaler la plus étrange des surprises ; il n'eut que le temps de s'échapper pour se mettre à la tête de quelques bataillons et protéger la retraite le long de la Trawe qu'il ne pouvait franchir. Cerné ainsi de toutes parts, il mit bas les armes avec douze mille hommes, derniers débris échappés à la double bataille de Iéna et d'Auerstedt ; il en avait perdu huit mille dans Lubeck même.

Un habile général de houzards surpris en plein jour, dans une ville fortifiée ayant de larges fossés pleins d'eau, c'était un événement doublement extraordinaire et qui dut exciter au plus haut degré la haine du vieux batailleur contre les Français ; aussi fut-il un des principaux promoteurs et chef de la fameuse société secrète du Tugendbund, ainsi que du comité directeur qui devait organiser l'insurrection de la Prusse, si profondément humiliée à Tilsit. Secondé ou, pour mieux dire, dirigé par les généraux Scharnhorst et Gneisenau, ainsi que par le célèbre baron de Stein, Blücher contribua avec eux à préparer les voies de cette puissante réorganisation militaire, de cette résurrection nationale qui fut à la veille d'éclater en 1809, et qui devint si complète en 1813. Scharnhorst était Hanovrien ; il avait écrit un ouvrage sur le service de campagne que l'on aurait pu intituler : *Traité des petites opérations de la guerre*, manuel excellent pour les officiers de troupe, et même pour ceux de l'état-major. C'était un homme de tête et de cœur qui fut tué, comme on le sait, à la bataille de Lutzen.

Après la mort de son ami, Blücher plaça toute sa confiance dans Gneisenau, qui devint son chef d'état-major. Plus tard, après l'armistice, quant le maréchal prit le com-

mandement de l'armée de Silésie, il donna pour second à
son chef d'état-major, l'insinueux Muffling. Nous avons
raconté dans ce volume les exploits de ces trois hommes
qui rendirent, il faut en convenir, de grands services à
leur pays et à la cause des Alliés. La victoire de la Katzbach
surtout eut des résultats immenses par l'influence qu'elle
exerça sur le moral des masses de nouvelles levées prussiennes, qui, exaltées sans doute par les malheurs dont leur
patrie avait eu à gémir, n'en étaient pas moins sous le poids
de la crainte qu'inspirait encore la supériorité reconnue de
Napoléon. Si l'armée de Blücher eût été battue dans cette
première rencontre, son moral en eût été fortement ébranlé
et le retentissement de cette défaite eût réagi vivement sur
les armées de Kleist, Bulow et Tauenzien. Qui sait même
si le caractère audacieux de Blücher et de Gneisenau n'en
eût pas été comprimé, et si tant d'activité et de résolution
eût présidé à toutes leurs opérations en Saxe comme en
France même?

Ce qui fit le plus grand honneur à Blücher, ce fut la mo-
deste bonne foi avec laquelle il reconnaissait son infériorité
pour la haute direction de la guerre; il se reposait sans
déguisement sur ses deux acolytes du soin de diriger les
opérations, se bornant à prononcer lorsqu'il y avait diver-
gence dans leurs opinions, et se décidant toujours pour
l'avis le plus audacieux ou le plus énergique : un homme
de ce caractère équivaut souvent à un grand capitaine.

Le général Gneisenau n'avait été connu, jusqu'en 1813,

que par sa belle défense de Colberg en 1807 ; fait d'armes qui n'avait du reste rien d'extraordinaire, si ce n'est le contraste qu'il forma avec la déconfiture totale de l'armée, et la singulière conduite des autres gouverneurs de forteresses. C'était un bel homme de guerre, un bon soldat, dont la figure et le caractère annonçaient l'énergie la plus prononcée ; ses actions prouvent que le Roi et Blücher n'auraient pu faire un meilleur choix. Son goût pour l'étude des sciences militaires l'avait fait remarquer dans son régiment dès sa jeunesse, et il fut du petit nombre de ceux qui comprirent bien le parallèle des campagnes de Frédéric et des guerres de Napoléon, tracé par le général Jomini, et qui fournissait de si grands enseignements.

Après la paix de Tilsit, Gneisenau fut un des chefs les plus actifs du Tugendbund ; employé au ministère de la guerre avec Scharnhorst, il contribua beaucoup au grand mouvement de 1813, et remplaça ce général, à sa mort, en sa qualité de chef de l'état-major général. Quoi qu'en dise le jaloux et présomptueux Muffling, il eut la plus grande part aux succès de Blücher ; mais l'histoire impartiale lui reprochera comme une tache, la haine aveugle qu'il montra sans cesse contre la France, et surtout les sentiments peu honorables qui dictèrent ces fameuses lettres que Muffling eut l'indélicatesse de livrer à la publicité, et dans lesquelles Gneisenau insistait pour qu'on lui livrât Napoléon, *afin de le mettre immédiatement à mort.*

Quant à Muffling, on ne peut lui refuser de grandes qua-

lités comme stratégiste, mais, sous les dehors d'une bon-
homie toute germanique, c'était un homme d'un caractère
faux, rusé et intrigant. Il avait fait ses études à l'université
de Halle, et montré tant d'aptitude pour les mathématiques,
qu'après son entrée dans un régiment d'infanterie il fut
attaché aux levers pour la grande carte de Westphalie de
Lecocq, faveur qui lui ouvrit la porte de l'état-major général. Il y avait atteint le grade de major à l'époque de la
bataille de Jéna, où, en qualité d'attaché à la chancellerie,
il ne fit pas grand'chose. Il publia, en 1807, sous les fausses
initiales de C. de W..., une relation de cette campagne de
quinze jours, intitulée *Plan d'opérations de l'armée combinée
saxo-prussienne* (¹). Nous dirons plus loin ce que valait cet
ouvrage.

Dans l'intervalle de 1807 à 1812, Muffling passa son
temps à faire des projets pour s'insinuer dans les bonnes
grâces du gouvernement, et de tous ceux qui pouvaient
servir son ambition; il se fit attacher dans le même but au
ministère de la guerre, où son caractère souple et adroit sut
flatter les personnages qui avaient la confiance du Roi.

Au moment où Scharnhorst mourut, Muffling s'attacha
à Blücher, et nous venons de dire qu'à partir de l'armistice
il remplit les fonctions de quartier-maître général sous la
direction du chef d'état-major Gneisenau. Il rendit en
cette qualité, à la cause des Alliés, des services qu'il serait

(¹) On a dit qu'il avait pris ces initiales pour faire sa cour au duc de
Weimar auquel le public pourrait attribuer cet ouvrage; mais le peu de
succès qu'il obtint fit qu'il donna à ces initiales la signification du pseu-
donyme Charles de Wein.

injuste de méconnaître, mais dont il ternit le mérite par des *Mémoires* pleins de jactance et de vanité qu'il rédigea pour être publiés après sa mort; dans lesquels il sacrifia sans ménagement et avec une criante injustice, tous les hommes qui pouvaient prétendre d'avoir eu autant de part que lui aux victoires de cette lutte mémorable. Son collègue Gneisenau, qui était en même temps son chef, ne fut pas épargné; mais la bile de Muffling se répandit, surtout, sur les généraux étrangers que les souverains avaient admis dans leur conseil. Il déclame avec aigreur contre les généraux Bernadotte, Moreau et Jomini : quoiqu'il sût fort bien que le dernier était Suisse, il lui fait l'honneur de l'accoupler dans sa haine à deux célébrités françaises (célèbres à des titres fort différents). Le boulet qui frappa Moreau devant Dresde put seul soustraire ce général aux sarcasmes du vaniteux Muffling; les deux autres ne furent pas si heureux.

Bien que, de son propre aveu, Muffling fût redevable à Jomini de l'avoir initié aux grands principes de la guerre, il ne le ménagea pas plus que le prince royal de Suède, Bernadotte, qu'il avait du moins sujet de haïr avec plus de justice, soit pour la part décisive que celui-ci avait prise à la déconfiture de Blücher à Lubeck, soit parce que les souverains avaient accordé au prince de Suède, dans les conventions de Trachenberg, l'honneur de commander non-seulement l'armée de 120 mille hommes destinée à couvrir Berlin, mais encore celle de Blücher en Silésie dans le cas où les circonstances graves exigeraient leur jonction.

Il est certain que toute l'armée prussienne dût gémir de voir l'intrépide Blücher subordonné éventuellement à celui de ses anciens ennemis qu'il devait le plus détester ; la chose aurait été tout au plus acceptable si l'ex-maréchal français eût été un de ces grands capitaines auxquels on se soumet toujours volontiers ; or il était loin de mériter ce titre. Toutefois ce qui pouvait donner de justes griefs à Blücher n'était point au fond le vrai motif qui excita la haine de Muffling, car il s'attacha principalement à rabaisser tous ceux qui auraient pu revendiquer une part aux succès dont il prétendait s'attribuer seul tout l'honneur. Non moins ingrat envers Jomini qu'envers Gneisenau, il mentit à sa conscience en le présentant comme exclu du conseil des souverains parce que, dit-il, *ce sublime théoricien avait prouvé à Dresde qu'il manquait totalement d'expérience sur le champ de bataille ;* assertion insidieuse à laquelle les batailles d'Ulm, de Iéna, d'Eylau, de Bautzen, de Dresde et de Leipzig, donnent de suffisants démentis.

Nos lecteurs auront vu dans le cours de ce volume l'insigne injustice de ces insinuations, car tout militaire instruit conviendra, que le plus habile des généraux ne désavouerait aucun des conseils donnés par Jomini devant Dresde ; et si ces conseils n'aboutirent qu'à de fâcheux résultats, c'est parce qu'ils furent complétement dénaturés par ces hommes chargés de les mettre à exécution. Comment Jomini eût-il pu faire preuve d'expérience sur le terrain quand il n'avait pas un seul homme à commander ?

D'ailleurs résumons encore une fois les fautes commises à Dresde :

1° Celle d'avoir différé l'attaque de 30 heures, et donné ainsi le temps à Napoléon d'accourir avec un renfort de 60 mille hommes ;

2° D'avoir rédigé une disposition ridicule de cette attaque, dont on prétendait faire, à la fois, une simple démonstration, et une tentative d'emporter la place sans prendre aucune mesure pour y pénétrer ;

3° D'avoir maintenu cet ordre ridicule, même après que l'on fut instruit de l'arrivée de Napoléon avec trois corps d'armée ;

4° D'avoir étendu follement la gauche des Autrichiens au delà du ravin de Plauen et négligé de renforcer suffisamment la droite sous Barclay ;

5° D'avoir fait des dispositions de retraite aussi extraordinaires que celles de l'attaque et qui furent encore aggravées par les fautes de Toll et de Diebitsch.

Or, chacun aura pu voir dans le présent volume que tout cela se fit contre les propositions les plus formelles de Jomini, et ce général en fut si exaspéré qu'il s'écria assez haut : « *Quand on fait la guerre comme cela, on ferait mieux d'aller se coucher,* » paroles imprudentes, sans doute, mais excusables dans une situation aussi critique, et qui, entendues par le ministre anglais lord Cartcarth, le portèrent à engager le pétulant général à ménager davantage l'amour-propre de ses nouveaux frères d'armes.

L'avis était bon, à la vérité, mais aussi inutile que tardif, car déjà la perte de Jomini avait été décidée à Sayda, le jour même où une convention arrêtée entre MM. de Nesselrode et Metternich le plaçait comme conseil près du prince de Schwartzenberg, dont les meneurs, aussi jaloux que Muffling de ceux qu'ils nommaient les trois *Franzosen* (¹), dé-

(¹) Quoique ce mot allemand signifie *les Français,* il s'emploie souvent

cidèrent d'annihiler son influence par tous les moyens possibles. Le digne général Wagner, connu par plusieurs ouvrages estimés et alors attaché à l'état-major autrichien, fut témoin de l'irritation de Languenau, qui dit, à la nouvelle de cette mission : *Il faut écraser ce Jomini, sans cela on lui attribuera tout ce que nous pourrons avoir de succès.*

Le même sentiment éclata donc au même instant en Silésie contre Bernadotte, et sur les bords de l'Elbe contre le nouvel aide-de-camp de l'empereur Alexandre.

Du reste, il n'est pas vrai que les souverains aient cessé de prendre les avis de Jomini, car il continua, jusqu'après la bataille de Leipzig, le triste rôle de souffleur que lui avait assigné sa fatale destinée. Ce ne fut qu'à Weimar, à la fin d'octobre, qu'il supplia l'empereur Alexandre de le décharger de ce rôle, dès qu'il vit que la guerre n'était plus qu'une arène diplomatique où se déchaînaient les passions les plus violentes dans lesquelles il n'avait point à intervenir.

On nous pardonnera cette digression, qui n'est pas étrangère à ce qui nous reste à dire sur M. de Muffling, et pour achever de le peindre on nous permettra de rapporter ici une anecdote assez bizarre.

Au mois d'octobre 1807, le colonel Jomini, récemment nommé chef d'état-major du maréchal Ney, s'arrêta à Weimar en se rendant en Silésie. Le duc régnant, allié au roi de Prusse et général de cavalerie distingué, lui envoya

---

dans une acception tout à fait dénigrante, et, sous la plume mordante de Muffling, il fait doublement ressortir les sentiments haineux qui l'animent.

M. Muffling pour l'engager à déjeuner le lendemain au château. Dans la conversation qui suivit cette invitation, Muffling demanda au jeune colonel s'il connaissait un ouvrage récemment publié en Allemagne et intitulé : *Plan d'opérations de l'armée combinée saxo-prussienne*, par C. de W., et ce qu'il en pensait. Jomini, ne supposant guère que ces initiales pussent cacher un faux nom, s'exprima sans ménagement sur ce factum et ses faux points de vue.

Au déjeuner du lendemain, le duc de Weimar apprit à Jomini que le major Muffling était l'auteur de l'ouvrage : celui-ci, qui se trouvait présent, se hâta de se justifier de la question insidieuse de la veille, en s'écriant : « *Ah ! n'ayez* « *pas regret d'avoir critiqué cette brochure ; si j'avais lu* « *auparavant votre* Traité des grandes opérations de la « guerre, *je me serais bien gardé de la publier : la lecture* « de ce *Traité a dissipé les ténèbres qui obscurcissaient ma* « *vue, et produit sur moi le même effet que l'opération de la* « *cataracte ; en déchirant le bandeau, il a changé en* « 24 *heures toutes mes notions sur la guerre, et ce n'est que* « *de ce moment que je me sens en état de la bien faire.* »

Six ans plus tard, Muffling prouva qu'il avait été sincère dans cet aveu, car ses conseils à Blücher, en 1813, étaient basés sur des principes absolument contraires à ceux de son *Plan d'opérations* de 1806. Mais après un pareil aveu on peut juger du caractère ingrat de ce général, auquel dans toutes les occasions Jomini avait rendu plus de justice encore qu'il n'en méritait. Nous terminerons cette notice par le portrait ci-après qui nous a été communiqué par un collègue de ce général prussien.

« Le général M... était un homme médiocre, bouffi
« d'orgueil, envieux et jaloux de toutes les réputations,
« comme il le prouve par tout ce qu'il dit des généraux
« Gneisenau, Clausewitz et autres, ainsi que du bon
« M. Martens, dont il n'avait aucune raison de médire. Se
« croyant un homme supérieur, il poursuivait et haïssait
« tous ceux qui ne partageaient pas cette bonne opinion
« de lui-même. Dans sa vanité, qui était excessive, il se
« plaçait tout près du Grand-Frédéric (et par respect
« seulement un peu au-dessous), mais bien avant Napo-
« léon, qu'il traitait parfois avec beaucoup d'irrévérence.
« Il était faux et dissimulé, et malheur à celui qui avait
« blessé sa vanité, car il ne pardonnait jamais, et pour se
« venger il ne craignait pas de paraître méchant. Il avait
« néanmoins assez d'esprit et de finesse pour cacher toutes
« ces belles qualités sous le masque de bonhomme qu'il
« porta avec succès. Comme son intelligence était dominée
« par une imagination vive, qui l'entraînait souvent dans
« le vague et dans la région des chimères, ses *Mémoires*
« ne méritent qu'une confiance très-restreinte. »

Toll.

Ce général russe peut faire le pendant, à quelques
qualités près, avec le général prussien Müffling, dont nous
venons de parler.

Colonel quand éclata la grande guerre de 1812, il fut

alors un des officiers qui s'élevèrent le plus vivement — il aimait à s'en vanter — contre les plans de défense en cordon du général Pfuhl basés sur le camp retranché de Drissa, en démontrant, les ouvrages de Jomini à la main, que cette combinaison était fondamentalement vicieuse et qu'on devait y substituer des opérations comportant la réunion des deux armées russes à Smolensk. A cette époque, Toll rendit quelques réels services comme quartier-maître général de Kutusoff.

Pour la campagne de 1813, Toll passa à l'état-major de Barclay, puis il fut désigné, avec Jomini, comme délégué russe au grand état-major du prince Schwarzenberg.

Dès ce moment, Toll se détacha peu à peu de celui qu'il appelait son maître, pour se liguer avec ses envieux. « Il faut enterrer ce Jomini, sans cela on lui attribuera tout ce que nous pourrons faire de bien », s'était écrié l'astucieux Languenau, à la chancellerie du grand état-major, au moment où le major autrichien Wagner venait réclamer, pour le premier délégué russe, la disposition de marche sur Dresde. Ces paroles, attestées plus tard par le major Wagner, devenu colonel prussien, constituaient tout un programme de malveillance qui ne fut que trop bien suivi par le général Toll.

On a vu comment Jomini fut en butte aux tracasseries de l'état-major autrichien. Si l'on ne put d'emblée « l'enterrer », on réussit au moins à esquiver ses avis en temps utile, et l'on se bornait, pour ménager la dignité du souverain russe, à traiter avec le second délégué, Toll, qui se prêtait merveilleusement à ce rôle peu délicat.

Néanmoins Jomini rendit les services qu'on sait aux affaires de Plauen, de Culm, de la Pleisse, sans se préoccuper de ses détracteurs, sans même se douter encore de leurs agissements systématiquement malintentionnés. Surtout il ne se figurait pas que Toll fît déjà partie de cette conjuration.

Toutefois un incident, intéressant à relater ici, put l'éclairer à cet égard. C'était le 30 août, au moment où les quartiers-généraux alliés venaient de s'installer à Tœplitz. La pluie froide et incessante, tombée le 27 et le 28 août, avait causé un fort refroidissement à Jomini. Une toux violente avec fièvre l'obligeait à garder sa casquette militaire sur la tête, et en entrant dans le salon du prince Wolkonsky, il s'en était excusé envers tous les assistants. Survint Toll, qui se permit, à titre d'expérimenté courtisan russe, de faire une remarque peu convenable sur cette casquette. Jomini répliqua qu'il se tenait pour autorisé par le prince et qu'il ignorait si M. Toll était chargé de la police de son salon. De là une rixe et un rendez-vous donné pour le soir ; le comte Stanislas Potocki et le prince Georges Galitzin, aides-de-camp de l'Empereur, présents à cette scène, devaient servir de témoins.

Une heure après, le prince Wolkonsky invita Jomini à passer chez lui et l'informa que l'Empereur, instruit de ce duel, demandait avec instance une réconciliation entre deux généraux dont les services, disait-il, étaient si précieux dans les circonstances graves où l'on se trouvait. Jomini répondit qu'il n'était pas le provocateur et qu'il avait d'autant plus le droit d'être irrité que, la veille même, il faisait à l'Empereur un éloge pompeux de ce général si ingrat. A ces mots, Toll, caché derrière un paravent pour attendre l'effet de l'explication, sortit vivement, se jeta dans les bras de Jomini, en lui exprimant ses regrets et sa reconnaissance, l'appelant de nouveau son maître.

Après cela, que dire des mémoires posthumes de Toll, où, tout en se parant des plumes du paon, il s'efforce de contester à Jomini jusqu'à ses mérites universellement reconnus de stratège et de tacticien, disant entre autres qu'il n'était pas employable à la guerre ! Non, sans doute, Jomini n'était pas employable à des opérations vicieuses. Mais quand il s'agissait d'appliquer les bons principes qui peuvent le mieux assurer la victoire ou préserver de désastre, ce qui est bien l'essentiel dans toute guerre, nul n'y était plus apte ni plus dévoué que Jomini.

Laissons donc le vaniteux Toll s'attribuer les actes méritoires de tous ses alentours, aller même jusqu'à rabaisser ceux de l'empereur Alexandre dans la victoire de Culm, et rejeter sur d'autres ses propres fautes, comme celle, par exemple, de la retraite de Barclay par les affreux défilés de Maxen, qu'il prétend endosser à Diebitsch.

Bornons-nous, par devoir de chronologie, à ajouter qu'à la paix Toll devint lieutenant-général et, en 1826, général d'infanterie. Dans la guerre de 1829 contre les Turcs, ainsi qu'en Pologne, en 1831, il fonctionna comme chef d'état-major de Diebitsch, et reçut le titre de comte pour ses bons services administratifs.

Appelé en 1833 au conseil de l'Empire et chargé de la direction des travaux publics, il donna un grand essor à la

construction des voies de communication. Il mourut à
Saint-Pétersbourg en 1842, après de graves mécomptes,
qui expliquent en partie l'aigreur de ses mémoires publiés
quinze ans plus tard à Leipzig.

Bernadotte.

Le prince royal de Suède ayant compté parmi ces
« drei Franzosen » en butte aux médisances des *faiseurs*
alliés, il nous sera permis d'en dire ici quelques mots.

Nous n'entendons pas raconter, après toutes les biogra-
phies contemporaines, comment Bernadotte, né à Pau
en 1764, engagé comme soldat au régiment de Royal-
Marine en 1782, se trouva sergent en 1789, général de
brigade en 1794, enfin général de division aux armées de
Sambre-et-Meuse, puis d'Italie en 1797, ambassadeur à
Vienne l'année suivante et ministre de la guerre en 1799.

C'était un magnifique officier, plein d'ardeur et de
courage, prompt à saisir les occasions de se distinguer
sur les champs de bataille, où il accomplit souvent des
actions d'éclat. Non moins brillant et victorieux auprès du
beau sexe, tout conspirait pour son avancement.

Notamment son mariage avec Mlle Clary, sœur de
Madame Joseph Bonaparte, lui ouvrit l'avenue des plus
hautes dignités. Maréchal d'empire en 1804, prince de
Ponte-Corvo en 1805 et commandant du premier corps
de la grande-armée, il se signala à la bataille d'Auster-

litz, puis à la poursuite de l'armée prussienne à Halle et surtout à Lubeck. Il se fit estimer dans l'administration de l'Allemagne du Nord et de la Poméranie.

Par son tempérament méridional, il fut entraîné à être prodigue de sonores ordres du jour, d'un goût parfois douteux.

C'était son faible bien connu, qu'on lui pardonnait volontiers, à cause de ses grandes qualités de cœur et d'esprit.

Napoléon ne lui pardonna pourtant pas de sitôt sa fantastique proclamation de Wagram, et Bernardotte était menacé d'une disgrâce complète, quand il vit s'évanouir devant lui, grâce à l'initiative de Fouché, pendant que l'Empereur combattait en Espagne, la pitoyable tentative de lord Chatam contre Anvers.

Ce beau résultat ramena la faveur publique au disgracié de Wagram.

Enfin peu de mois après, un événement extraordinaire mit le comble à sa fortune.

Le duc de Sudermanie, qui venait de succéder au roi détrôné de Suède, l'infortuné Gustave IV, adopta, n'ayant pas d'enfant, le vaillant prince de Ponte-Corvo comme successeur.

Le nouveau roi pensait se gagner ainsi la faveur de Napoléon et de la France.

On ne peut affirmer l'absolue justesse de ce calcul. Les uns ont dit que Napoléon ne resta pas étranger à cette élection; d'autres qu'il n'y eut au contraire aucune part, qu'il eût préféré l'élection du prince Eugène et qu'il fut même vivement contrarié; bien qu'il en prît ensuite son parti et donna même deux millions à Bernadotte afin de pourvoir convenablement à son installation.

Dans tous les cas, si ce choix n'était motivé par aucun exploit bien remarquable, il est juste de reconnaître que le maréchal qui en fut l'objet avait apprécié depuis longtemps tout ce qui manquait à son éducation primitive, et avait travaillé avec ardeur à s'instruire, à mesure que son élévation lui en imposait le devoir. S'il ne fut ni un grand capitaine ni un génie, il fut doué de beaucoup d'esprit naturel et de savoir-faire, car, depuis son équipée de Vienne, il se montra toujours à la hauteur des positions que la fortune lui procura.

Contrairement à toutes les prévisions, le prince de Ponte-Corvo, devenu prince royal de Suède, ne tarda pas à se montrer peu docile aux projets dominateurs de son ancien chef. Justifié par la loi suprême de l'intérêt et de l'honneur suédois, il résista aux prétentions de l'Empereur un peu durement imposées par son envoyé Alquier (que l'on nommait avec raison *Altier*) : l'invasion armée de la Poméranie suédoise et de Stralsund, exécutée sans avertissement préalable, et surtout les exigences du système continental qui menaçait de ruiner le commerce de la Suède, amenèrent des débats irritants, au moment même où Napoléon préparait sa formidable expédition de Russie.

Rester spectateur passif de cette grande lutte était difficile avec un homme du caractère de l'empereur des Français, qui disait : *Tout ce qui n'est pas avec moi est contre moi !*

L'aider à envahir la Russie dans l'espoir de reprendre la

Finlande, c'était courir deux dangers, car en assurant l'omnipotence du conquérant ç'eût été river la chaine qui pesait déjà sur la Suède, et dont la nation souffrait tant depuis trois ans; et en cas de succès même, le gouvernement suédois ne pouvait se flatter de conserver long-temps la Finlande à douze lieues de la capitale du puissant empire russe. Il est probable que les agents de l'Angleterre contribuèrent à fixer l'indécision de ce gouvernement en lui promettant la Norwége en place de la Finlande.

Quoi qu'il en soit, Bernadotte eut au mois de mars 1812 une conférence avec l'empereur Alexandre, à Abo, en Finlande, à la suite de laquelle il fut stipulé, le 8 avril, que la Suède accèderait à l'alliance russo-anglaise moyennant qu'on la mît en possession de la Norwége; elle recevrait des subsides pour mettre trente mille hommes en campagne. Les lenteurs diplomatiques empêchèrent ce contingent d'agir dès 1812; toutefois, le traité permit aux Russes d'employer les vingt-cinq mille hommes qu'ils avaient en Finlande, et qui, débarqués à Riga, contribuèrent à doubler les embarras des Français sur la Duina, surtout au moment de la retraite.

Toutes les trompettes de la renommée soumises à Napoléon crièrent à la perfidie, accusant le prince royal de félonie envers son pays natal. Il est constant néanmoins qu'en acceptant le trône de Suède, Bernadotte cessait d'être Français, et devait agir comme loyal Suédois; l'histoire n'aura donc à juger que l'opportunité de sa résolution et la part qu'il put y prendre : or, l'intéressant Mémoire du baron d'Engerstrom, ministre des affaires étrangères, s'efforça de lever tous les doutes à ce sujet. Il est certain toutefois qu'un assez fort parti se manifestait en Suède pour reprendre la Finlande avec l'alliance de la France, et sans les traitements despotiques des proconsuls de Napoléon ou sans la crainte de river à jamais les chaînes que son omnipotence aurait imposées à toute l'Europe après la défaite des Russes, il eût été possible que ce parti prévalût à Stockholm.

Après la retraite de Russie, la Suède ne pouvait guère reculer : depuis cet horrible désastre, Napoléon, à la vérité, était moins à redouter comme dominateur universel du continent, mais cependant il était encore formidable, et si la Suède se décida alors à exécuter les engagements d'Abo, c'était pour mériter la cession de la Norwége. Le nouveau prince royal vint donc en personne amener vingt-cinq mille Suédois à la coalition, et prendre une part importante aux événements que nous avons racontés, en acceptant le commandement de la grande armée de 120 mille hommes, chargée de couvrir Berlin et d'agir sur le Bas-Elbe ; on a vu la part qu'il prit aux conférences de Trachenberg et aux événements qui en résultèrent.

La désastreuse retraite de Russie aurait dû néanmoins modifier un peu les sentiments hostiles de Bernadotte contre la suprématie despotique de Napoléon, car ce n'était plus la crainte d'une monarchie universelle que l'ex-maréchal pouvait alléguer pour se justifier ; mais puisque la guerre était chose décidée, il était naturel aussi qu'il s'efforçât d'allier l'intérêt suédois avec quelques sentiments d'attachement à son ancienne patrie ; ce fut sans doute ce qui le décida à se poser, à cet effet, comme un antagoniste personnel de Napoléon, faisant la guerre à l'ambition de l'Empereur et non à l'influence de la France : quelques personnes ont soupçonné de là que Bernadotte nourrissait encore l'espoir de changer un jour le trône de Suède contre la dignité de chef de la nation française, soit sous la forme de république, soit avec un titre monarchique.

Cette double position, jointe à la haine que les Prussiens lui portaient depuis l'affaire de Lubeck, rendit donc le prince de Suède fort suspect à leurs yeux, et leurs généraux ne dissimulèrent point leur mécontentement lorsqu'ils le virent jouer un rôle important et surtout lorsqu'ils apprirent que les souverains lui avaient subordonné Blücher dans le cas où leurs deux armées agiraient dans un même rayon.

Les événements ne tardèrent pas à accroitre cette haine : le hasard voulut que le prince ne fût présent à aucune des batailles de Gros-Becren et de Dennewitz, gagnées par les corps prussiens seuls, aidés seulement dans la dernière par un corps de cavalerie russe. La malveillance fut poussée si loin que bien des gens prétendirent que l'ex-maréchal français avait voulu faire écraser les corps prussiens en ne les soutenant pas à temps avec le reste de sa nombreuse armée; les moins exaltés l'accusaient, sinon d'une pareille félonie, du moins de vouloir ménager ses compatriotes aussi bien que ses propres troupes suédoises. Les mémoires de Muffling attestent que ce fut principalement pour surveiller Bernadotte de plus près et pour le contraindre d'agir plus vigoureusement et plus franchement, que Blücher et ses conseillers proposèrent aux souverains de porter l'armée de

Silésie vers celle du Nord au lieu de la réunir vers Dresde avec celle de Schwartzenberg, ainsi que Jomini l'avait proposé. Ce fut par le même sentiment de méfiance qu'à la bataille de Leipzig, le 18 octobre, Blücher alla, avec les corps de Langeron et de Saint-Priest, se joindre à Bernadotte et se mettre sous ses ordres pour stimuler son activité et sa vigueur.

Nous n'avons pas à prononcer sur de parcilles insinuations ; nous ferons observer que si le prince de Suède ne prit aucune part aux affaires de Gros-Beeren et de Dennewitz, c'est qu'il fut attaqué sur sa gauche qui se trouva seule engagée, tandis qu'il se trouvait lui-même avec ses réserves au centre ou à la droite. S'il eût été un profond stratégiste, il eût sans doute compris que les Français porteraient constamment leurs efforts contre sa gauche, puisque c'était le moyen de le couper de Berlin et d'intercepter sa communication avec l'armée de Blücher, tout en conservant eux-mêmes une position intérieure et centrale avec les armées de Macdonald et de Napoléon. En conséquence, il est évident que si Bernadotte avait dû rester sur la défensive, son quartier-général ses réserves eussent été mieux placés à la gauche qu'au centre ; mais, d'après le plan de Trachenberg, son armée était destinée à passer l'Elbe offensivement vers Dessau, et, dans tous les cas, s'il eût même pu mieux appuyer sa gauche, ce ne serait pas une raison suffisante pour justifier de graves accusations formulées avec tant de malveillance et de légèreté.

Dans le fait Bernadotte ne pouvait avoir contre les armées de Napoléon cette violente animosité, ce désir de vengeance qui triplait les forces morales et les résolutions énergiques de Blücher, de Gneisenau, de Bulow, Yorck, etc., etc., etc.; le but de Bernadotte était de mériter la cession de la Norwége sans trop se compromettre, et il a parfaitement réussi.

Nous n'avons, du reste, rien à ajouter à ce que nous avons dit des opérations du prince royal de Suède autour de Hambourg, qui mirent fin à sa carrière militaire.

En définitive, cet heureux prince fut un militaire brave et distingué, un très-bon général de second rang, un homme adroit, habile à profiter des occasions que la fortune lui offrait. Les juges les plus sévères ne pourraient lui reprocher que le défaut de se faire trop valoir, dont il faut néanmoins faire la part au sol qui l'avait vu naître : les fastueux bulletins de Lubeck, de Wagram, de Gros-Beeren et de Dennewitz, coulèrent de la même source; on pourrait en dire autant de celui dans lequel le prince, toujours ardent à exalter ses actions et voulant faire ressortir le mérite des dispositions qu'il avait faites pour couvrir Berlin au mois d'août 1813, affirma avec un peu de légèreté que le général Jomini avait communiqué à Blücher le projet de Napoléon de s'emparer de cette capitale. C'était une triple fausseté : 1° parce que le général Jomini n'eut aucune espèce de communication avec Blücher, qu'il vit pour la première fois à Leipzig deux mois plus tard ; 2° parce que ce général ne connaissait nullement le projet réel de Napoléon ; 3° parce que, loin d'avoir eu cette pensée, Jomini supposait que l'intérêt de Napoléon était de se jeter sur Prague et la vallée de l'Éger, ainsi qu'il en témoigna la crainte à l'empereur Alexandre dès le jour de son arrivée :

mais c'était une pure hypothèse de sa part, et non un projet communiqué. Jomini, instruit en 1816 seulement de ce fameux bulletin, réclama avec raison et publia à cet effet la lettre qui lui fut adressée par M. Cassaing, alors secrétaire général du ministère de la guerre, et que nous reproduisons à la suite de celle du général à l'historien Capefigue expliquant le même sujet.

APPENDICE.

Lettre du général Jomini *à* M. Capefigue, *sur son Histoire
d'Europe pendant le Consulat et l'Empire.*

Monsieur,

L'historien le plus scrupuleux peut être entrainé à dire
du mal de ses contemporains quand il les juge sur de faux
renseignements. Dans ce cas, s'il est homme d'honneur, il
s'empresse de réparer le tort involontaire qu'il a pu causer,
ainsi que vous venez de le faire à mon égard, de la manière
la plus loyale, en promettant de redresser les erreurs qui
me concernent dans votre *Histoire d'Europe sous l'Empire*
(tome X, campagne de 1813).

Mais quelque reconnaissant que je sois de votre obli-
geante lettre du 24 décembre, je dois néanmoins vous faire
observer qu'elle resterait à peu près sans résultat pour moi,
si vous refusiez de communiquer votre opinion rectifiée aux
nombreux lecteurs de votre première édition ; ce qu'il serait
aisé d'effectuer, en joignant les observations ci-après au
volume qui va être mis sous presse.

Les points contre lesquels je crois devoir réclamer, sont au nombre de trois : le premier est relatif à mon passage au service de Russie, ou plutôt aux circonstances qui le provoquèrent ; le second est la prétendue communication, aux Alliés, d'un plan que je n'ai jamais connu ; le troisième, enfin, est relatif à la calomnieuse imputation d'avoir négocié l'entrée des Alliés en Suisse.

La brochure contenant ma correspondance avec M. le baron de Monnier, et avec M. Cassaing, secrétaire général du ministère de la guerre sous le maréchal Saint-Cyr, vous a déjà indiqué les motifs qui m'ont conduit à passer en 1813 au service de Russie ; il ne sera cependant pas superflu de les rappeler ici, en les faisant précéder d'une observation indispensable pour les mieux apprécier.

Je n'avais point pris la carrière militaire par devoir envers mon pays ; je l'avais bien moins prise encore comme un mercenaire qui ne demande qu'un emploi, car j'avais quitté la position lucrative de financier pour être lieutenant. J'avais donc pris les armes vers la fin de 1798, parce que, dès l'âge de dix-huit ans, je comprenais la guerre comme je la comprends aujourd'hui (¹). Il était naturel, dès lors, que les exploits homériques du jeune général qui faisaient tourner toutes les têtes, et dont j'avais saisi les principes fondamentaux dans leurs plus brillantes applications, me parussent offrir un chemin assuré vers la gloire et la fortune, pour quiconque saurait les bien comprendre et les imiter.

(¹) On ne m'accusera pas d'en imposer, si l'on pense qu'à vingt-trois ans je composai mon premier traité des grandes opérations militaires.

Enthousiaste comme on l'est à vingt ans, et comme on l'était dans ce temps-là plus qu'à aucune autre époque, je n'aspirais à rien moins qu'à obtenir un jour, sinon le commandement d'une armée, du moins celui d'une grande fraction d'armée, ou bien un de ces emplois de major-général, qui donnent une part essentielle à la direction des grandes opérations et à l'honneur qui en résulte. C'est de ce point de vue qu'il faut partir, pour bien juger toutes les vicissitudes de ma carrière.

Le premier motif qui me décida donc à quitter le service de France pour celui de Russie, c'est qu'étant étranger et servant la France volontairement, je me croyais fort en droit de porter ailleurs mon épée et ma tête, dès que je me sentirais méconnu et maltraité, ou que le drapeau sous lequel je m'étais placé, cesserait d'être l'emblème de mes principes.

Le second motif consistait dans des griefs fondés sur l'injustice avec laquelle on m'avait traité à plusieurs reprises depuis 1806 ; griefs qui me portèrent dès 1810 à demander ma démission, et à me rendre en Suisse pour offrir mes services à l'empereur Alexandre, dont toute l'Europe vantait la magnanimité et le caractère aimable, autant que les sentiments libéraux.

Le troisième motif, c'est qu'à la suite de cette demande je fus effectivement nommé général à l'état-major particulier de ce monarque, dès la fin de cette même année 1810 ; poste que le refus absolu de ma démission, accompagné de menaces, m'empêcha seul d'occuper.

Enfin, le quatrième et dernier motif, c'est que l'ambition

démesurée de Napoléon, et son amour excessif de la guerre et des conquêtes, *joints aux actes de violence du système continental*, soulevèrent l'opinion universelle des peuples froissés dans leur indépendance comme dans leurs intérêts les plus chers, et associèrent en quelque sorte mes griefs à ceux de mon pays, aussi bien qu'à ceux de toute l'Europe (¹).

En effet, si Napoléon avait été jusqu'en 1807 l'idéal de la gloire et de la grandeur, il faut avouer que sa conduite ultérieure envers l'Europe lui avait singulièrement aliéné tous les esprits, même ceux des Français; et, comme bien d'autres, je n'entrevoyais alors que le côté odieux de ce double despotisme intérieur et international. La grande franchise que je professe, m'oblige à dire qu'à cette époque j'étais animé par des doctrines politiques bien naturelles à un citoyen vaudois, dont la jeunesse s'était nourrie, pour ainsi dire, des grands débats de l'assemblée constituante, et qu'une étude plus approfondie des éléments de gouvernement n'avait point encore éclairé. J'ajouterai enfin, que je partageais avec tout le monde l'opinion, vraie ou fausse, que Napoléon était le seul obstacle à la paix, et ne la voulait à aucun prix. *Une longue expérience, jointe à de nouvelles révélations, a pu modifier sous divers rapports mes jugements de cette époque, mais je dois constater ce que j'en pensais alors avec le monde entier.*

Il serait trop long de discuter ici jusqu'à quel point ces

(¹) Le système continental appliqué de force à la Suisse me fit perdre tout ce que je possédais, par une circonstance bizarre que je vous ai racontée en détail.

différents motifs devaient me paraître assez puissants pour
légitimer entièrement une démarche capable d'exciter le
blâme de la foule, qui, toujours prompte à juger sur les
apparences, ne pourrait en connaître ni en apprécier les
détails : je me contenterai d'affirmer que ma conscience ne
me reproche rien, et que je crois en avoir autant que qui
que ce soit au monde : la position dans laquelle on m'avait
placé, et les passions du temps qui bouillonnaient autour de
moi, me justifieront aux yeux de tout homme de cœur
impartial.

Maintes voix se sont élevées pour m'accuser de défection... Mais qui donc n'a pas fait défection à Napoléon?
L'Allemagne entière, la Hollande, la Suède, la Suisse, son
beau-frère Murat, son royaume d'Italie, qu'il affectionnait
tant, ne se sont-ils pas soulevés contre lui? Et les Français
eux-mêmes, avec leurs Chambres récalcitrantes, leur Sénat,
tour à tour rampant et factieux, ne l'ont-ils pas abandonné! N'ont-ils pas reçu en libérateurs les princes ligués
qui venaient lui ravir son trône comme le seul moyen de
rendre la paix à l'Europe saccagée depuis les bords du
Tage jusqu'à ceux du Volga? Pourquoi donc me serais-je
laissé humilier par de mauvais traitements, pour le seul
plaisir de servir un grand homme de guerre, dont la domination soulevait tant d'animosités!

On demandera alors : Pourquoi le serviez-vous, pourquoi
ne vous retiriez-vous pas? Ma réponse est déjà connue;
n'avais-je pas demandé et insisté sur ma démission dès 1810?
ne m'étais-je pas rendu, à cet effet, d'abord en Suisse
et ensuite en Bavière, où j'assistai au mariage du roi

actuel, et où je demandai du service à M. de Montgelas,
afin de ne pas passer directement du service de France à
celui de Russie? Ne m'obligea-t-on pas à revenir malgré
mes instances? Non-seulement M. de Rouhière, chargé
d'affaires en Suisse, me signifia de partir, mais il m'assura
que je compromettrais mon pays si je résistais. Le duc de
Feltre fit plus encore; car, lorsque j'insistai sur ma démission, après ma rentrée à Paris, il me menaça formellement
du donjon de Vincennes, si je persistais dans cette demande.
Un tel abus de pouvoir me semblait un double attentat à
mon indépendance et au droit commun; car il n'existe pas
de gouvernement en Europe qui voulût forcer un officier
étranger à être général malgré lui, et qui lui refusât sa
démission en pleine paix. Je n'aurais certes pas manqué de
résister à un pareil acte, si le ministère russe, dirigé par le
comte Romanzof, ignorant les intentions positives de l'empereur Alexandre, n'avait pas hésité lui-même à se compromettre envers Nopoléon, et retardé l'envoi de mes diplômes
et passe-ports : acte de faiblesse que l'empereur Alexandre
désapprouva hautement, en ordonnant ensuite l'envoi de
ces pièces, qui arrivèrent trop tard à Bâle, après que j'eusse
été obligé de reprendre mon poste à Paris. Il est vrai que
l'on me tint compte de cette soumission forcée, en m'accor-
dant un grade auquel mes services, durant quatre rudes
campagnes, me donnaient certes déjà assez de droits : mais
un grade n'était pas le principal but de ma carrière; c'était
l'estime et la considération des militaires éclairés et de
Napoléon lui-même que j'ambitionnais, et j'aurais servi
toute ma vie, comme officier supérieur, sans ambitionner

d'autre titre, si l'on m'avait donné des marques publiques de cette considération à laquelle j'aspirais : un grade imposé comme une obligation de subir de mauvais traitements ne faisait point mon affaire; j'aurais mille fois préféré ma liberté.

Quelque contrarié que je fusse de n'avoir pu aller prendre en temps opportun le poste qui m'avait été offert près de l'empereur Alexandre, j'aurais sans doute respecté les liens que l'on m'avait imposés à la place de ma démission, et j'aurais continué à remplir mes devoirs, sinon avec enthousiasme, du moins avec fidélité envers le grand capitaine, et dévouement envers ma propre gloire, sans les événements extraordinaires qui suivirent la bataille de Bautzen, et que je dois retracer succinctement (¹).

J'avais rendu, dans cette bataille célèbre, dont l'importance a été en général fort mal comprise, des services qui ne seront probablement jamais bien connus ni entièrement appréciés. Ils étaient si évidents, que le maréchal lui-même (dont j'étais alors chef d'état-major), bien qu'il ne les sût

---

(¹) Jomini sut en effet concilier ses devoirs avec sa position; car, ne voulant pas contribuer, en 1812, à l'invasion des états de l'empereur Alexandre qui lui faisait tant d'accueil, il demanda pour cause de santé un commandement hors de l'armée active, et fut successivement gouverneur de Wilna et de Smolensk. Mais quand la terrible retraite fut décidée, alors qu'il ne s'agissait plus d'envahir la Russie, mais de sauver ses camarades, Jomini s'empressa, à Smolensk, à Orscha et à Bohr surtout, de rendre à Napoléon les plus signalés services. Il ne contribua pas peu au succès du passage de la Bérésina, et victime de la terrible catastrophe qui termina la dernière journée, il faillit plusieurs fois payer de sa vie, l'honneur de compter au nombre des revenants.

pas dans toute leur étendue, sollicita avec instance ma promotion au grade de général de division, comme récompense de ce qu'il en avait pu juger, et par suite d'un sentiment de justice qu'il ne me refusa jamais, malgré nos étranges démêlés. Au lieu de cet avancement, demandé de la manière la plus pressante, vous avez vu, dans la correspondance susmentionnée, *que l'on m'infligea les arrêts d'une manière brutale ; et, ce qui était bien pire encore, je fus mis à l'ordre du jour dans l'armée comme un général remplissant mal ses fonctions ; enfin, pour combler la mesure, on m'envoyait cette belle dépêche par le courrier même du cabinet de l'empereur, dont je devais payer le voyage à mes frais.*

Jamais, depuis la suspension du général Valette à l'affaire de Castiglione, les annales de l'état-major français n'avaient retenti d'un pareil traitement !! Vous allez sans doute me demander quel crime j'avais commis pour être outragé de la sorte ! et pour me voir flétrir à la face de toute l'Europe militaire au moment où je croyais avoir mérité les plus honorables récompenses, et où mon chef les réclamait pour moi ? J'ai honte de le dire, c'était uniquement pour un retard forcé de quelques jours dans l'envoi d'un misérable *état de situation détaillé,* que les chefs d'état-major étaient dans l'usage d'envoyer tous les quinze jours, et auquel j'avais été obligé de substituer, pour cette fois seulement, un *état sommaire,* parce que la division Souham, entièrement composée de régiments provisoires, et ayant eu huit mille hommes hors de combat dans les dernières batailles, se trouvait dans l'impossibilité de me fournir les détails demandés. Ridicule et puérile chicane de chancellerie, qui à

mes yeux ne pouvait être que le résultat d'une infâme per-
sécution du prince de Neuchâtel, et que j'ai encore peine à
m'expliquer de la part de Napoléon.

Je n'ai pas besoin de grands efforts pour vous dépeindre
le sentiment d'indignation que j'éprouvai à la lecture de ce
fatal ordre du jour; car, après vingt-huit ans révolus, le
souvenir seul m'en fait monter tout le sang à la tête! J'en
fus d'autant plus révolté, qu'au moment où je le reçus, le
fameux état de situation qui en avait fourni le prétexte était
parti pour Dresde depuis deux jours et arrivé à sa destination.

Le célèbre connétable de Bourbon écrivait à François Ier:
« qu'il supporterait toutes les injustices dont il avait à se
« plaindre, mais qu'il ne descendrait jamais jusqu'à sup-
« porter l'injure et l'humiliation. » Sans me croire un connétable de Bourbon, j'étais mû par les mêmes sentiments,
et je n'étais point lié comme ce prince par des devoirs envers le pays où l'on me traitait de la sorte; j'avais de plus
le souvenir tout récent de la bienveillance que me témoi-
gnait l'empereur Alexandre, et mon ressentiment ne pouvait
que s'en accroître.

Flétri à mes propres yeux, si je souffrais une pareille
injure à la face de l'armée entière; tout plein encore de ce
qui s'était passé en 1810; persuadé que j'allais combattre
pour rendre l'indépendance et le repos à l'Europe, je n'hé-
sitai pas à prendre mon parti. Profitant donc de l'armistice,
je m'empressai d'informer l'empereur de Russie que j'étais
prêt à occuper le poste qu'il avait daigné m'assigner trois
ans auparavant, s'il était encore dans ses intentions de me

le confier, malgré les négociations entamées et qui pouvaient amener la paix. Sa réponse affirmative et pleine de bienveillance me rangea à l'instant sous ses drapeaux. Maître, selon moi, de disposer de mon bras et de ma tête, je les consacrai l'un et l'autre au service de cet auguste monarque, avec autant de loyauté et de dévouement que j'en avais mis à servir Napoléon. Je sais fort bien qu'il eût été plus convenable de le faire en 1810 d'une manière simple et légale; aussi n'avais-je rien négligé pour y parvenir; la contrainte seule m'en avait empêché, ainsi que je l'ai déjà démontré. Le moment de l'armistice, combiné avec celui d'une injure criante, fut donc le seul qu'il me fût permis de choisir; un juste ressentiment l'emporta sur tous les scrupules d'un vice de forme, parce que j'avais le profond sentiment que le bon droit était de mon côté.

Du reste, loin d'aggraver cette démarche en faisant aux Alliés des confidences contraires à mes devoirs, je mis dans mes rapports avec eux une délicatesse et une réserve que mes détracteurs n'y eussent sans doute pas apportées, et qui me valurent même les louanges publiques de l'empereur Alexandre : vous pourrez vous en convaincre par les faits que je vais vous citer; détails fastidieux, peut-être, mais qui vous feront juger de la conscience avec laquelle j'ai rempli mes devoirs dans toutes les circonstances de ma carrière.

Au moment où je reçus de l'empereur de Russie l'assurance qu'il m'accueillerait avec le même empressement qu'en 1810, l'armistice fut rompu pour reprendre les hostilités le 16 août. Deux ou trois jours après, le maréchal

Ney reçut les nombreux avancements sollicités pour son corps d'armée; il n'y en avait pas moins de cinq à six cents; mon nom et celui du capitaine Koch, mon aide de camp, étaient seuls rayés du tableau de proposition. Cette nouvelle mystification était naturellement bien propre à redoubler mes griefs et à rendre ma résolution plus excusable. Cependant, je dois l'avouer avec franchise, cette résolution était déjà irrévocablement prise dès le jour où ces arrêts et cet ordre du jour humiliants m'avaient si cruellement frappé. La raison en est fort simple; car, autant il eût été absurde de prétendre imposer à un gouvernement l'obligation de me donner de l'avancement, quelque mérité qu'il pût être, autant je me croyais en droit de ne pas souffrir une offense assez grave pour porter atteinte à ma propre estime.

Résolu de partir le 14 août, je voulus, en quittant l'armée française, lui rendre encore un service important et dont ma conscience me faisait un devoir. Le maréchal Ney, plein d'une confiance chevaleresque, avait établi ses camps d'infanterie sur la ligne même de la Katzbach, où commençait le territoire neutralisé durant l'armistice (¹). Son artillerie, dont tous les attelages avaient été cantonnés dans les villages jusqu'à douze lieues derrière la ligne, se trouvait ainsi aventurée devant un front que rien ne couvrait. Je proposai, le 13, au maréchal de porter sa cavalerie légère à Wahlstadt, sur le territoire dont la neutralité cessait par le fait même de la dénonciation de l'armistice; le

---

(¹) Le terrain situé entre la Katzbach et l'Oder avait été inoccupé par les deux partis et déclaré neutre, afin d'éviter toute collision entre les avant-postes, tant que dureraient les négociations.

but de ce mouvement était d'éclairer et de couvrir son camp et son quartier général, qui se trouvait lui-même aux avant-postes avec de nombreux parcs. Le maréchal s'y refusa par un scrupule fort louable quant à l'intention, mais qui, à mon avis, était très-mal fondé : le droit des gens exigeait sans doute que l'on ne commît aucun acte hostile avant le 16 août ; mais il n'interdisait nullement la faculté de faire avancer des troupes légères pour éclairer les mouvements de l'ennemi, sauf à s'arrêter au moment où l'on reucontrerait ses vedettes.

Macdonald, qui commandait à notre droite, en jugea comme moi, et poussa des reconnaissances sur ce territoire ; Blücher fit bien plus : il y porta cent mille hommes.

Le maréchal Ney ayant repoussé ma proposition, je jugeai qu'il pourrait s'en trouver compromis, si Blücher, mieux avisé que lui et grand amateur de surprises, s'avançait le 15 à proximité des camps pour les assaillir le 16 au point du jour. Je pris donc sur ma responsabilité d'ordonner à la cavalerie légère du général Beurmann de marcher en toute hâte de Lubben sur Liegnitz, de traverser la ville et de se placer à la rive droite de la Katzbach, afin de couvrir ainsi le quartier général, les parcs et les camps contre toute surprise. En même temps j'ordonnai à toutes les compagnies du train d'artillerie de marcher jour et nuit pour se rassembler à Liegnitz le plus tôt possible. Tout l'état-major du maréchal peut attester quel fut son étonnement au milieu de la nuit, lorsque le bruit des fanfares de sa propre cavalerie, traversant Liegnitz à son insu, vint lui apprendre que j'avais pris soin de le couvrir malgré lui.

Parti dès le matin du même jour pour rejoindre l'empereur Alexandre à Prague, je rencontrai à Jauer le corps du comte Langeron en pleine marche vers la Katzbach, ainsi que je l'avais craint ; ce général, auquel je fis observer qu'il violait ainsi le territoire neutre avant l'expiration de l'armistice, me répondit que toute l'armée de Blücher en avait fait autant, mais que du reste on s'arrêterait quand on rencontrerait les postes français. Je me gardai bien, comme de raison, de dire un mot de la position hasardée dans laquelle se trouvaient encore les camps du maréchal Ney.

Le second fait que j'ai à vous signaler n'est pas moins significatif : quatre jours après mon arrivée au quartier général des souverains alliés, me trouvant à table en face de ces monarques, l'un d'eux me demanda quelle était la force du corps de Ney, sans réfléchir sans doute à ce qu'une pareille question avait de pénible pour moi. Je pris la liberté de répondre que Sa Majesté le roi de Prusse avait conservé assez de rapports avec ses autorités de Silésie pour connaître à peu près cette force, mais que dans tous les cas ce n'était point à moi à la divulguer. L'empereur Alexandre me remercia hautement de cette réponse, en me disant qu'elle justifiait la confiance dont il m'avait honoré. A quelques jours de là, je refusai même de communiquer à un général, envoyé par le prince de Schwartzenberg, l'organisation de l'armée en brigades et divisions, bien que la force des régiments n'y fût point indiquée, ne voulant point que le moindre reproche pût m'être fait à ce sujet.

Vous pensez bien, Monsieur, d'après trois faits semblables, que j'aurais été fort peu disposé à communiquer aux

Alliés un plan entier d'opérations qui m'eût été confié par suite des fonctions que je remplissais dans l'armée française. C'eût été là un acte de félonie qui m'eût perdu dans l'esprit même de l'empereur Alexandre, dont la confiance était désormais mon unique fortune. Je me serais donc bien gardé d'un pareil acte, non-seulement pour mon honneur et par sentiment de mes devoirs, mais encore pour mon propre intérêt.

Du reste, ma correspondance avec le baron de Monnier et avec M. Cassaing vous aura déjà prouvé que je ne connaissais point le plan de Napoléon dont le maréchal Ney ne voulait me donner communication que le lendemain de mon départ. Bien loin d'avoir annoncé ou même soupçonné un mouvement de l'empereur sur Berlin, j'aurais regardé cette marche comme une véritable faute stratégique, et s'il est vrai qu'il en ait eu un moment la pensée, ce ne put être qu'une démonstration politique. J'étais persuadé au contraire que Napoléon se jetterait avec toutes ses forces sur Prague, basant ensuite sa ligne d'opérations sur les vallées du Mayn et du Danube, maintenant la Bavière dans ses intérêts, prenant enfin la grande armée des souverains à revers pour la refouler par Leipzig sur la rive gauche du bas Elbe, où elle eût été perdue, puisque tous les ponts fortifiés sur ce fleuve étaient au pouvoir des Français. Telles furent en effet les premières pensées que je soumis au jugement de l'empereur Alexandre, et qui furent converties en deux instructions rédigées par moi et adressées à Blücher et au prince royal de Suède, afin de leur indiquer ce que leurs armées respectives devraient faire dans cette supposition qui n'avait point été prévue par le plan d'opérations de Trachenberg. Vous voyez donc, Monsieur, que l'écrivain Schoel, et d'autres après lui, ont été induits en erreur par certain bulletin du prince royal de Suède, trompé sans doute lui-même par de faux rapports.

De tout ce qui précède vous conclurez, je pense, que l'on m'a généralement fort mal jugé. S'il est vrai que pour cette gloire à laquelle j'aspirais et pour mes plus chers intérêts, il eût mieux valu que tout se fût passé autrement, je puis dire du moins que je n'ai cédé qu'à l'inspiration de sentiments généreux, et renvoyer ceux qui pourraient en douter au témoignage de Napoléon lui-même (*Mémoires dictés à Montholon*, t. Ier). La justice tardive qu'il m'a rendue me console de bien des ignobles calomnies auxquelles je n'ai pas cru devoir répondre.

Tout le malheur de ma carrière provient de ce que le sort ne me fit pas naître Russe ou Français; placé, par ma naissance, dans une de ces situations équivoques où l'on ne sert que pour acquérir de la considération et de la gloire militaire, je ne pouvais me résoudre à servir pour des humiliations et des mauvais traitements, quand ils n'étaient point balancés par l'amour du pays. Le pis de cette déplorable situation, c'est que les Russes me reprocheront les services que pendant quinze ans j'ai rendus à la France, tandis que les Français me reprochent ceux que j'ai rendus contre eux, et cependant je puis dire à la face du ciel que, sous ces deux drapeaux, j'ai servi avec zèle, dévouement et loyauté. La manière dont j'ai combattu à Bautzen, contre un souverain qui, trois ans auparavant, m'avait désigné pour être attaché à sa personne, et les services que je lui ai rendus plus tard à Jungferteinitz, à Dresde, à Culm et à Leipzig, attestent mieux que toutes les phrases du monde à quel point je fus esclave de mes devoirs. Je ne me fais point un mérite extraordinaire de ce dévouement, car je pense, avec tout être raisonnable, *qu'un officier servant un pays étranger lui doit sans réserve ses talents et son sang tant qu'il a l'honneur d'en porter l'uniforme.* Aussi, loin de m'en vouloir des services rendus contre ses drapeaux, alors que c'était dans la ligne de mes devoirs, l'empereur Alexandre, qui ne les ignorait point, ne m'en témoigna que plus d'estime.

Il est temps du reste de quitter ce sujet déjà tant rebattu, afin de relever un autre passage de votre livre concernant une prétendue négociation que j'aurais entamée avec Berne, dans le but d'amener la violation de la neutralité suisse. Non-seulement c'est une insigne calomnie, c'est même entièrement le contraire de ce que j'ai fait. Sans doute vous aurez été ici encore induit en erreur par quelque pamphlet, en répétant une assertion dont l'état-major des Alliés et mon pays entier peuvent attester la fausseté. Pour vous en convaincre, il suffira de rétablir la vérité en peu de mots.

La bataille de Leipzig ayant décidé de l'indépendance des nations, j'étais convaincu que toutes auraient pu faire une paix honorable et avantageuse si la modération avait présidé à leurs conseils dans une égale mesure. Je regardais donc ma tâche comme accomplie, ne me souciant point, si la guerre continuait, d'entrer à main armée dans cette France

qui n'était point mon pays, mais que je servais encore peu
de mois auparavant. Ce scrupule, que bien des personnes
n'ont pas su apprécier, me paraît cependant un titre de plus
à l'estime des honnêtes gens (¹). En conséquence, j'avais
quitté l'armée alliée dès Weymar, lorsque je fus rappelé
au quartier général des souverains par la marche inopiné
des Autrichiens vers Bâle et Schaffouse, qui me paraissait
menacer mon pays. Je volai donc à Francfort, où j'eus le
bonheur de rendre un service signalé à la Suisse, comme je
l'avais déjà fait à Leipzig dès le lendemain de la bataille, et
comme je le fis encore à Carlsruhe aussi bien qu'à Fribourg
en Brisgau, en insistant sur le respect de son territoire et
sur le maintien des principes qui avaient présidé à l'acte de
médiation. Je savais bien que la neutralité de la Suisse,
basée sur les intérêts manifestes des puissances voisines,
était la sauvegarde de son indépendance autant que de sa
prospérité : si l'Helvétie devait rester un champ clos où les
masses belligérantes viendraient se heurter à chaque con-
flit, ses belles vallées seraient bientôt livrées à la dévasta-
tion et changées en un désert. Mieux vaudrait dans ce cas
s'agréger, sous de bonnes conditions, à une grande puissance qui protégerait du moins son sol et favoriserait sa
précieuse industrie.

Ces vérités, que j'exposai à l'empereur Alexandre en y
ajoutant diverses considérations d'intérêt particulier à son

(¹) Des généraux russes m'ont aussi fait ce reproche, mais bien à tort :
que penseraient-ils eux-mêmes d'un officier qui, après avoir bien servi
leur pays, irait dans la même année porter le fer et le feu jusque dans
Pétersbourg ?

empire et qui parlaient hautement en faveur de l'indépendance helvétique, le déterminèrent à me promettre protection pour cette neutralité, sans laquelle la Suisse ne saurait exister.

M. le comte de Nesselrode n'aura pas oublié sans doute qu'à Leipzig, dès le lendemain de la bataille, je lui parlai dans le même but.

Mon retour à Francfort fut d'autant plus opportun que Sa Majesté avait à recevoir MM. Reding et Wieland, envoyés de la Diète, et à leur donner une décision. L'empereur me chargea à cet effet d'avoir une conférence avec M. de Metternich pour bien poser ce que les Autrichiens voulaient de la Suisse (¹).

La mission était délicate, car j'avais à discuter comme général russe et comme citoyen suisse; heureusement ces deux intérêts me paraissaient parfaitement identiques.

J'eus soin d'amener franchement l'habile diplomate sur le terrain où je devais discuter avec lui sous le double rapport stratégique et politique.

Il chercha à me démontrer que l'entrée passagère des Alliés en Suisse était nécessitée par de puissants motifs :

1° Pour avoir un pont solide sur le Rhin qui charriait alors d'énormes glaçons, en sorte qu'aucun pont de bateaux ne pourrait y être conservé, et assurer une retraite si les Alliés étaient repoussés.

(¹) Les deux pages qui suivent celle-ci, se trouvent déjà reproduites dans le texte de ces Souvenirs; nous aurions donc pu les supprimer en y renvoyant nos lecteurs, mais nous avons pensé qu'une répétition était préférable à une lacune qui dénaturerait l'ensemble de la présente lettre.

2° Parce que les Suisses ne pourraient refuser le passage aux Alliés, puisqu'ils avaient souffert qu'une division française (je crois la division Boudet) passât dans cette même année 1813 par Bâle, en se rendant de l'Italie en Saxe; circonstance qui, toute considération militaire à part, donnait aux Alliés un puissant intérêt à exiger de la Suisse une entière réciprocité.

3° Parce que l'occupation de Genève et du Simplon serait décisive pour les Autrichiens qui combattaient en Italie, attendu qu'elle amènerait forcément l'évacuation de la Lombardie, sans laquelle aucune paix ne serait possible.

Sur les premiers points, j'objectai que si Napoléon avait abusé de sa puissance pour violer des territoires neutres, ce n'était point une raison pour l'imiter, et qu'en montrant plus de respect pour leurs droits, ce serait le moyen de s'attacher les Suisses. J'ajoutai que si par malheur les Alliés éprouvaient des revers, ou que les ponts de bateaux fussent enlevés par les glaces, il serait toujours temps de songer à se saisir du pont de Bâle, si la Suisse ne le cédait pas de bonne volonté : on y serait alors autorisé par la suprême loi du salut de l'armée, avec bien plus de justice que la division Boudet qui aurait fort bien pu passer à Strasbourg. Qu'au surplus, si l'on tenait à obtenir des Suisses une parfaite réciprocité, on pourrait négocier avec eux pour placer le cordon de neutralité à deux lieues en arrière de Bâle, vu que ce pont avait été *déneutralisé* peu de mois auparavant; condition qui sauverait la Suisse et ne pourrait certainement être refusée.

Quant à la marche sur Genève, j'observai que cette ville

étant alors un département français, je n'avais point à m'en occuper; mais je représentai néanmoins qu'en passant le Rhin au-dessous de Bâle, on pourrait gagner Genève par le territoire de Bienne et de Neuchâtel qui n'était point Suisse à cette époque; on le pouvait même par la vallée du Doubs avec plus d'avantage, puisque le corps qu'on y porterait, resterait ainsi mieux lié avec la grande armée des souverains. M. de Metternich m'assura qu'il n'avait rien à opposer à des propositions qui rentraient ainsi dans le but qu'il avait en vue, et qu'il allait s'en expliquer immédiatement avec Sa Majesté elle-même; ce qui eut lieu en effet. Lorsqu'il sortit du cabinet de l'empereur, Sa Majesté me dit, en sa présence, que mon pays serait satisfait et que les députés de la diète en recevraient l'assurance à l'audience du lendemain.

M. de Metternich, en donnant ces espérances, ignorait-il les menées de son ministre à Berne, pour engager l'ancienne oligarchie à réclamer la présence des Alliés en Suisse? C'est ce que je ne saurais affirmer; mais il est constant que ce fut à Lœrrach, quinze jours après, que les députés de Berne provoquèrent l'état-major autrichien à entrer en Suisse en l'absence des souverains.

Tout le monde sait donc bien que si la Suisse fut envahie, ce fut contre la volonté de l'empereur Alexandre, contre les assurances que j'avais obtenues en son nom de M. de Metternich, et contre celles qui furent données le lendemain aux députés Reding et Wieland. Chacun sait aussi que ce fut au contraire par l'intercession de ce puissant monarque que les cantons de Vaud et d'Argovie furent sauvés, et cette intercession eut lieu sur mes instances réitérées. Tout l'honneur de ce que j'ai fait là est resté à M. de Laharpe, bien qu'il fût arrivé trois mois après que toutes les questions étaient déjà décidées par l'empereur Alexandre, et les instructions données en conséquence à M. Capo d'Istria. Je ne contesterai point à M. de Laharpe le mérite d'avoir achevé l'ouvrage, tant à Paris qu'au congrès de Vienne, mais qu'on me laisse du moins l'honneur d'y avoir contribué au moment le plus critique et le plus décisif.

Loin d'avoir traité avec l'oligarchie bernoise, qui d'ailleurs n'était plus un pouvoir politique, je lui ai été hostile, par la bonne raison qu'elle reposait sur le système monstrueux de la propriété d'une ville seule sur tout un pays ; système qui, aujourd'hui, ne trouverait pas un défenseur en Europe. Si Berne, se contentant d'être une aristocratie puissante, eût donné les droits politiques aux notables du canton et renoncé à ces prétentions oligarchiques, j'aurais été le premier à reconnaître qu'elle devait être le centre de tous les grands intérêts helvétiques : ses prétentions exclusives me rangèrent parmi ses adversaires. Du reste, en se servant d'elle pour arriver à ses fins, le cabinet de Vienne joua parfaitement son rôle, tout en ménageant les convenances avec ses alliés ; il voulait enlever le Simplon et substituer son influence en Suisse à celle de la France ; il eut le talent de se faire prier pour violer la neutralité qui le gênait, en sorte que la Russie n'eut aucun motif plausible de se formaliser d'une violation déjà consommée, et présentée même comme un vœu du pays.

Je m'aperçois que ma lettre est déjà bien longue, mais

quelque hâte que j'aie d'en finir, je crois néanmoins devoir ajouter ici une dernière explication.

En lisant ces lignes avec attention, en vous identifiant à ma position personnelle, en vous reportant à l'esprit d'ambition qui agitait jusqu'aux plus obscurs officiers de la grande armée, en vous retraçant enfin l'esprit d'indépendance et d'émancipation qui travaillait au contraire toute l'Europe, et animait les magistrats même de la France, ma démarche n'aura rien que de naturel à vos yeux; mais vous partagerez peut-être l'étonnement des personnes, qui, trompées par les apparences, m'ont reproché d'avoir singulièrement changé, en consacrant ma plume à la défense de ce même Napoléon que j'accusais de tant abuser de son pouvoir. Eh bien, je soutiens que ce reproche d'une prétendue contradiction m'honore et prouve à la fois ma loyale impartialité et mon caractère désintéressé. J'ai été saisi d'une noble indignation en entendant donner aux glorieux soldats de Napoléon l'épithète de brigands de la Loire !!! J'ai rougi de voir une grande nation jeter la pierre à un illustre exilé, au point de lui donner le nom d'Ogre corse, comme de trop fameux publicistes l'ont fait. J'ai pris la plume pour le venger, à une époque où il était périlleux de le faire. En mettant mes récits dans la bouche même de Napoléon, j'ai cédé à une nécessité de ma position, et cela m'a forcé à être plus partial en sa faveur que je ne l'eusse été en écrivant en mon nom. Comment aurais-je pu me servir du sien pour parler de ses fautes, sans faire valoir tout ce qui pouvait les excuser du moins à ses propres yeux ; sans exposer l'entraînement auquel il avait probablement cédé ?

21

Je ne crois pas, du reste, avoir été inconséquent dans le fond : j'ai à la vérité changé de manière de voir sur les principes de gouvernement intérieur appliqués à l'Empire, parce que je crois qu'il n'y a que les sots qui prétendent rester infaillibles, et ne veulent rien apprendre ni rien oublier; je n'ai donc fait que mon devoir en rendant justice à Napoléon sous ce rapport; mais je n'ai jamais changé d'avis sur ses relations avec les puissances européennes et sur son projet de monarchie universelle. Jusqu'à la paix de Tilsit il m'était apparu à la fois comme le plus grand des capitaines et des hommes politiques; je le servis avec ardeur, et lui présentai même à Berlin des mémoires pour consolider son glorieux empire. Si plus tard les expéditions d'Espagne et de Russie, le traitement qu'il fit subir à la Prusse, à la Hollande, à la Suède, à l'Allemagne tout entière, modifièrent mon admiration, sous le rapport politique surtout, ce n'était point un motif pour méconnaître ses grandes qualités. Je pus ne voir en lui qu'un conquérant jaloux d'effacer la gloire de tous ceux qui l'avaient précédé et ayant sans cesse les expéditions d'Alexandre, de César et de Charlemagne présentes à l'imagination comme un pénible cauchemar, tant il avait à cœur de les surpasser tous. Je pus avec raison lui reprocher d'avoir visé à une gigantesque renommée plutôt qu'à fonder un empire durable et propre à tenir la balance entre les prétentions despotiques de l'Angleterre et le continent européen. Mais ce n'était pas encore une raison de déprécier la grandeur de son génie et de lui prodiguer les outrages.

Au demeurant, si j'ai modifié mes idées en louant le système de Napoléon pour le régime intérieur de la France, si de plus j'ai acquis la conviction que beaucoup de ses agressions furent motivées par sa lutte corps à corps avec l'Angleterre, avec laquelle je ne pense pas qu'il ait jamais pu faire la paix à des conditions honorables et solides, je n'en reste pas moins convaincu que son despotisme envers l'Europe et même envers ses meilleurs alliés fut une faute capitale qui précipita sa chute. *Il voulut faire à lui seul et par une monarchie universelle impossible, ce qu'il eût pu obtenir plus sûrement par un bon système d'alliances et par une sage influence basée sur la gloire, la justice et la modération.*

Je n'ai à répudier aucun de ces points de vue qui dominent tous mes ouvrages, et en définitive on me permettra de préférer mon rôle, soit comme général, soit comme historien, à celui des utopistes français qui se vantaient d'avoir introduit assez de *libertés* dans l'acte additionnel pour renverser son trône, ou à celui des factieux qui ont sonné le tocsin contre sa personne, alors que ses ennemis menaçaient le sol et l'indépendance de la France. Ce qui est certain, c'est que personne, dans son empire, n'avait autant de droit que moi de renoncer à le servir, c'est que j'ai eu le courage de repousser ce que je regardais comme une oppression, alors qu'il était encore dans sa toute-puissance et non quand il fut accablé et réduit à défendre son propre territoire. Je dirai plus : c'est que si j'avais été Français, je ne l'aurais quitté ni en 1810, ni en 1813, bien moins encore en 1814 ; et s'il existe une justice humaine, je ne redoute pas plus le jugement de la postérité que celui de mes contemporains qui ont pu être bien informés de mon caractère et des circonstances que je viens de retracer.

Vous en serez convaincu, j'espère, par la sincérité de ces explications.

Agréez l'assurance de ma parfaite considération.

GÉNÉRAL JOMINI.

Paris, 1er février 1841.

Lettre de M. CASSAING *à M. le Général* JOMINI (annoncée page 287).

Paris, le 15 juillet 1819.

MONSIEUR LE GÉNÉRAL,

J'ai reçu les lettres que vous m'avez fait l'honneur de m'écrire pour réclamer mon témoignage sur un fait dont la position que j'occupais, en 1813, dans l'état-major de M. le Maréchal Ney, a dû me donner une parfaite connaissance.

Quelques écrivains vous ont accusé, dites-vous [1], d'avoir communiqué aux Alliés le plan d'opérations arrêté par Napoléon, pour la seconde campagne de 1813; et dont le Maréchal vous aurait donné connaissance.

Je ne refuserai jamais, dans aucune circonstance, de rendre hommage, a vérité. Je déclare donc que M. le Maréchal, qui avait reçu, peu de jours avant la rupture de l'armistice, le plan dont il est question, ne vous l'avait pas communiqué, et je puis ajouter avec certitude, pour le lui avoir entendu dire plusieurs fois depuis, *que, voulant y faire préalablement quelques observations, son intention était de vous le faire connaître plus tard, c'est-à-dire le jour qui suivit votre départ de l'armée française.* La correspondance du Maréchal avec Napoléon, qui doit se trouver au dépôt de la guerre, contient, d'ailleurs, l'attestation la plus formelle de ces faits.

Il était de mon devoir, Monsieur le Général, de faire connaître la vérité sur une circonstance dont j'ai été témoin, et vous ne me devez aucun remerciment de l'avoir rempli. Je partage, d'ailleurs, entièrement votre opinion sur l'intérêt que vous auriez eu à cacher ce plan, si vous l'aviez connu.

J'ai l'honneur d'être, avec une parfaite considération,

Votre très-humble et très-obéissant serviteur,

CASSAING.

Secrétaire général du Ministère de la Guerre.

[1] Le trop célèbre Schoell, d'après le bulletin du prince de Suède.

II

LÉGENDES DES PLANS DU TOME II.

Carte générale (croquis) pour l'intelligence du plan de campagne d'automne 1813. (Voir la légende au coin haut de droite du croquis, page 11 de ce volume.)

BATAILLE DE DRESDE (26 et 27 août 1813.)

PLAN avec PAPILLON pour la 1re journée.

Première journée (Papillon).

FRANÇAIS.

1. Près du *Gross-Garten*, le corps de St-Cyr déployé le 25.

2. Sur la *route de Stolpen*, à la droite de l'Elbe, la jeune garde et la cavalerie de Latour-Maubourg se hâtant d'arriver à Dresde à la suite de Napoléon.

3. Sur la *droite de l'Elbe,* de Dresde à Königstein, la division Teste.

4. Au camp retranché en arrière du Gross-Garten, St-Cyr replié de sa position (1) de la veille.

5 et 6. Entre le *Gross-Garten* et l'*Elbe,* deux divisions de jeune garde sous Mortier, débouchant par la porte Pirna pour renforcer la gauche de St-Cyr, et repoussant les avant-gardes russes et prussiennes sur Striesen.

7. Devant *Rothesau,* détachement de la vieille garde sous Friant.

8. Entre le *Gross-Garten* et *Plauen,* Marmont arrivant dans la nuit du 26 au 27.

9. A droite de Marmont, Victor arrivé avec lui.

10. En réserve *dans Dresde,* la vieille garde.

11. A *Friedrichstadt,* deux divisions de jeune garde sous Ney, et une partie de la division Teste.

12. Plus à droite, cuirassiers de Latour-Maubourg.

14. Sur la route de Stolpen, vers *Quehren,* les corps de Marmont, Victor, la vieille garde et la cavalerie de Nansouty en marche, le **26,** pour venir prendre les positions indiquées ci-dessus.

ALLIÉS

a, b, d. Autour de *Striesen,* à l'extrême droite alliée, deux divisions russes de Wittgenstein (trois autres observaient Königstein).

c, e. De *Striesen* à *Strehlen,* le corps prussien de Kleist s'emparant du Gross-Garten.

f, g. Plus à gauche et vers *Rœcknitz,* le corps autrichien de Colloredo avec la division Maurice de Lichtenstein.

h. Vers *Plauen,* les divisions Chasteler et Crenneville.

i. Au-delà du ravin, vers *Nauslitz,* le corps de Giulay.

k. Vers *Corbitz,* la division Aloïs Lichtenstein.

l. A l'extrême gauche, jusqu'à *Schusterhausen* au bord de l'Elbe, la division Metzko.

n. Au *faubourg de Pirna,* attaque des Russes de Wittgenstein secondés d'une division de Kleist.

v. De l'autre côté du Gross-Garten, à la *barrière de Maxen,* attaque du gros des Prussiens de Kleist.

p. Plus à gauche, *barrière de Dippodiswalde,* attaque des colonnes autrichiennes Colloredo et Maurice Lichtenstein sur le parc Mozinski.

r. Plus à gauche, divisions Chasteler et Crenneville s'avançant contre la ville par la route de Plauen.

s, t. Vers *Klein-Hambourg,* Giulay et Bianchi faisant effort contre la barrière de Freyberg.

Deuxième journée (27 août).

PLAN sous le papillon.

FRANÇAIS

1. Débouchant entre *Gruna* et l'*Elbe,* quatre divisions de jeune garde et Nansouty sous Ney.

3. En avant du *Gross-Garten,* le corps de St-Cyr.

3, 4. De la droite de St-Cyr au village de Plauen le corps de Marmont.

5. En réserve, *près la barrière de Dippodiswalde,* la vieille garde.

6. Débouchant de *Friedrichstadt,* le maréchal Victor.

7. A l'extrême droite française, la cavalerie sous Murat.

8. Entre *Plauen* et *Corbitz,* Victor attaquant les divisions Aloïs de Lichtenstein, tandis que Latour-Maubourg, plus à droite (7), tombe sur la division Metzko.

9. A la gauche française, vers *Dobritz,* Ney s'avançant contre la droite des Russes.

11. Aux diverses barrières de *Dresde,* la vieille garde en réserve.

ALLIÉS

a. A la droite alliée, vers *Gruna* et *Seidnitz*, l'avant-garde russe de Wittgenstein sous Roth.

b. Entre *Dobritz* et *Leubnitz*, le corps de Wittgenstein.

c. A *Torna*, Barclay avec les réserves russes.

d. Entre *Leubnitz* et *Rœcknitz*, les Prussiens de Kleist.

e. Vers *Prestitz*, les grenadiers de Miloradowich.

f, g. Vers *Rœcknitz*, les divisions Colloredo et Maurice de Lichtenstein.

h. Vers *Plauen*, Chasteler.

hh. Derrière Chasteler, la division Bianchi et la moitié de celle de Weissenvolf retirées d'au-delà du ravin au point du jour.

i. En arrière de Colloredo et Chasteler, les réserves autrichiennes de Hesse-Hombourg.

k. Entre *Tœltschen* et *Rosthal*, deux brigades de Giulay.

l. A *Rosthal*, *Nauslitz* et *Corbitz*, division Aloïs Lichtenstein.

m. A l'extrême gauche, division Metzko et brigade Munk.

n. Entre *Strehlen* et *Leubnitz*, mouvement préparatoire de Kleist et de Miloradowich, conseillé par Jomini, pour tomber sur le flanc droit de la jeune garde aventurée le long de l'Elbe.

o. Des hauteurs de *Rœcknitz* à *Plauen*, feu violent des batteries autrichiennes.

p. Plus à droite Barclay, qui doit donner le signal de de ce mouvement en descendant des hauteurs, mais qui refuse de s'ébranler.

r. Soutenant Chasteler *(h)*, la division Crenneville.

s. Vers *Pesterwitz,* la division Aloïs de Lichtenstein
repoussée de Rosthal, etc., par deux divisions
de Victor.

t. De *Reik* à *Plauen,* centre des alliés ignorant la dé-
faite de la gauche, mais paralysé par le refus de
Barclay, ayant repris la position parallèle à
Dresde et canonnant le centre des Français.

u. Entre *Kohlsdorf* et *Steinbach,* la division Metzko
entourée par une partie des troupes de Latour-
Maubourg et de Victor, et faite prisonnière.

w. A *Potschappel,* dans le ravin de Plauen, Weissenvolf, repoussé de Töltschen et se repliant sur
l'avant-garde de Klénau à Dohlen.

Carte générale
pour l'intelligence des batailles de Dresde et de Kulm.

FRANÇAIS

1, 2, 3. A *Dresde,* positions des Français à la bataille
du **27.**

4. La droite, sous Murat, battant la gauche autrichienne.

5. A *Pirna,* le corps de Vandamme ayant débouché
de Königstein pendant la bataille.

6. Vers *Pilnitz,* Napoléon et ses gardes suivant l'ennemi sur la route de Pirna, le **28** seulement.

7. Vers *Prohlis,* St-Cyr marchant sur Dohna, le **28,**
aux trousses des Prussiens.

8. Sur la *route de Dippodiswalde,* le corps de Marmont contre le gros des alliés.

9. Sur la *route de Saida et Komotau*, Murat et Victor poursuivant la gauche alliée.

10. A *Gieshubel*, détachement de Vandamme occupant le défilé pour couper la retraite aux Russes d'Ostermann et du prince de Würtemberg, qui néanmoins forcent le passage.

11. A *Hellendorf*, autre détachement de Vandamme, dans le même but, qui n'empêche également pas le passage.

12. A *Kulm*, position prise par Vandamme contre la ligne de retraite du gros de l'armée alliée suivie en queue par Murat, Marmont et St-Cyr.

13. Vers *Glashute*, Marmont à le suite de Wittgenstein.

14. Vers *Reinhartsgrima*, St-Cyr se rabattant mal à propos à droite au lieu de suivre Kleist.

15. Entre *Pretschendorf* et *Frauenstein*, Murat ramassant les traînards de la gauche autrichienne.

16. Vers *Pirna*, détachement de Vandamme, ralliant les autres détachements du même corps pour suivre les Russes qui ont forcé les défilés de Gieshubel et de Hellendorf, et aller prendre position (12) à Kulm.

ALLIÉS

a, b, c. Autour de Dresde, position de l'armée alliée à la bataille du 27.

ee. Vers *Cotta*, sur la route de Peterswalde, retraite de la droite sous Eugène et Ostermann, suivie bientôt de Barclay pendant la matinée du 28.

f. Sur la route de *Maxen*, retraite des Prussiens et de Barclay.

g. Vers *Dippodiswalde,* gros des alliés en deux colonnes.

i. A gauche du plan, retraite de la gauche autrichienne
de Klénau et Giulay.

k. A *Kulm,* le prince Eugène s'arrêtant le 29 au soir
devant Vandamme pour attaquer à son tour le
lendemain.

l. Vers *Fürstenwalde,* la colonne de Kleist.

m, n, o. De *Kraupen* à *Altenberg* et *Falkenhayn,*
droite autrichienne et russe se pressant
aux défilés de l'Erzgebirge et dont les têtes
de colonnes vont renforcer les Russes en
position devant Kulm.

p. A *Frauenstein,* Klénau et Giulay toujours suivis
par Murat et Victor.

r. Entre *Schœnwald* et *Fürstenwalde,* les Prussiens
de Kleist se rabattant à gauche de la chaussée
encombrée d'Altenberg sur celle de Peterswalde,
et arrivant, le 30 au matin, sur les derrières de
Vandamme à Kulm, ensuite d'une invitation de
l'empereur Alexandre apportée dans la nuit par
le général Schöler.

Carte spéciale avec papillon

pour les deux journées de Kulm (29 et 30 août 1813).

Plan sous le papillon (29 août).

FRANÇAIS

1, 2. En avant de *Kulm,* entre *Priesen* et *Straden,*
têtes de colonnes de Vandamme (Reuss et
Mouton), débouchant des montagnes et s'ap-

prêtant à déloger les Russes de leurs positions.

3. Entre *Kulm* et *Neudorf*, à la gauche, division Dumonceau arrivée le soir.

4, 6. De *Priesen* à *Straden*, division Philippon et brigade Reuss attaquant Priesen.

5. A *Karwitz*, cavalerie de Corbineau observant la plaine.

7. *Au-delà de Straden*, division Mouton opérant un mouvement tournant sur la droite.

8. Entre *Tellnitz* et *Kulm*, colonne de Vandamme descendant des défilés et venant prendre les positions indiquées ci-dessus.

ALLIÉS

a. A *Peterswalde*, le prince Eugène ayant passé devant Vandamme.

b. A *Nollendorf*, Osterman précédant Eugène.

c, d, e. Sur la ligne *Karwitz*, *Priesen*, *Straden*, ces deux corps ayant pris position pour tenir tête à Vandamme.

f, g, h, i. En arrière de ces positions, cavalerie légère de la garde et deux divisions de cuirassiers descendant de Kraupen[1].

l. Vers *Nollendorf* et *Fürstenwalde*, colonnes de Kleist arrivant le 30 sur les derrières de Vandamme.

k. Vers *Hundstein*, colonne de marche des troupes russes venant prendre les positions *f, g, h, i.*

---

[1] A droite et à côté de *g*, le plan porte mal à propos un corps désigné par *l*, au lieu de l'être encore par un *g*.

Papillon (30 août).

FRANÇAIS

1. A *droite de Kulm*, division Mouton formant la droite.
2. En *avant de Kulm*, sur la route de Priesen, division de Philippon, brigades Reuss et Guyot, et artillerie Baltus, au centre.
3. A *gauche de Kulm*, division Dumonceau formant la gauche.
4. En arrière de cette gauche, cavalerie de Corbineau.
5. Vers *Tellnitz*, cette cavalerie se faisant jour à travers les Prussiens.
7. En *arrière et à gauche de Kulm*, Dumonceau refoulé sur les Prussiens par la cavalerie russe et Colloredo.
8. A *droite de Kulm*, le centre sous Philippon refoulé de sa position 2.
9. En *arrière de Straden*, division Mouton et débris du centre s'échappant par les montagnes vers Fürstenwalde.
10. Vers *Knunitz*, débris de la gauche en retraite vers Nollendorf.

ALLIÉS

a. Entre *Priesen* et *Straden*, le général Shakofskoy.
b. A *Priesen*, le général Helfreich.
c. c. c. A *Karwitz,* en arrière à droite dans la plaine, et en arrière de Priesen, le général Liatine, la cavalerie et la division des gardes.
d. Vers *Hundstein*, le général Pischnitzky en réserve.

f. En *arrière de Strisowitz,* cavalerie du prince Galitzin.

g, h. A *Sobochleben,* colonnes de Bianchi, Colloredo et Galitzin, venant prendre les positions *f* et *k.*

k. A *Strisowitz,* Colloredo et Bianchi engagés contre Dumonceau.

l. A *Hinter-Tellnitz,* Kleist arrivant sur les derrières de Vandamme.

o. Vers *Straden,* corps d'Eugène et grenadiers russes s'avançant de la position *v* contre Mouton.

u. A *Priesen,* le centre sous Miloradowich refoulant Philippon.

v. Gauche alliée s'avançant en *o.*

BATAILLE DE LEIPZIG (16, 18 et 19 octobre 1813); avec un PAPILLON pour les mouvements du 18 et du 19.

PLAN sous le papillon (16 octobre).

FRANÇAIS

1. A *Kleeberg,* Poniatowsky appuyé à gauche par deux divisions Oudinot.
2. A *Vachau,* le maréchal Victor.
3. A *Libertwolkowitz,* Lauriston renforcé de deux divisions sous Mortier.
4. Soutenant les précédents, les trois corps de cavalerie de Kellermann à droite, Latour-Maubourg au centre et Pajol à gauche.
5. A *Zuckelhausen,* la jeune garde arrivant de Reudnitz et y relevant Augereau.
6. Derrière la jeune garde, la vieille garde.

7. De *Kleeberg* à *Connewitz*, Augereau ralliant la division Lefort après avoir été relevé à Zuckelhausen par la jeune garde.

8. Débouchant de *Holzhausen*, sur la gauche, Macdonald et la cavalerie de Sébastiani.

9. A *Leipzig* et *Lindenau*, le général Arrighi.

10, 11, 12, 13. *Sur la Partha*, Ney arrivant à l'appui de Napoléon avec les corps de Bertrand et de Souham ; portant Bertrand contre Giulay à Lindenau et deux divisions Souham vers Probstheida.

14. A la gauche de Ney, la division Dombrowsky, détachée de là au nord sur Widderitsch.

15. Vers *Lindenthal*, Marmont faisant face à l'avant-garde de Blücher débouchant de Hall.

16. Sur la route de *Duben*, la division Delmas, de Souham, arrivant avec le parc d'artillerie du 3e corps.

17. En avant de *Kleeberg,* Poniatowsky, Sémelé et la cavalerie Kellermann soutenus par Oudinot, prenant l'offensive à midi et repoussant Kleist.

18. Plus à gauche, Victor, soutenu aussi par Oudinot, débouchant sur la bergerie d'Auenheim.

19. Plus à gauche, Lauriston s'avançant sur Gossa par sa droite.

20. Plus à gauche, Mortier s'emparant des hauteurs de Libertwolkowitz.

21. A l'extrême gauche, Macdonald débouchant sur Seyffertshayn.

22. Entre Lauriston et Victor, cavalerie de Latour-Maubourg allant soutenir Victor et arrivant jusqu'auprès de l'empereur Alexandre à travers

une partie du corps de Gortschakoff et la cavalerie de la garde.

23. Vers *la bergerie d'Auenheim*, Kellermann secon-
dant Victor.

25. Entre *Leipzig* et *Lindenau*, Bertrand envoyé par
Ney au secours d'Arrighi.

26. Entre *Leipzig* et *Probstheyda*, deux divisions Souham conduites par Ney à l'appui de Napoléon.

27. A *Dœlitz*, la division de vieille garde Curial et une
portion d'Augereau écrasant la tête du corps
de Merfeld au moment où il passe la Pleisse.

28. Au nord de Leipzig, entre *Mœckern* et *Widderitsch*, Marmont se retirant de Lindenthal.

29. A *Widderitsch*, la division Dombrowsky appuyant
Marmont.

30. Plus à droite, la division Delmas venant soutenir
les Polonais.

31. Au sud de Leipzig, entre *Probstheyda* et *Zuckelhausen*, les divisions Brayer et Ricard arrivant
à la fin de l'action.

32. Au nord de Leipzig, à *Gohlis* et *Enteritsch*, Marmont, Dombrowsky et Delmas cédant devant
Blücher.

33. A *Volkmarsdorf* et *Schœnfeld*, ces corps ayant re-
passé la Partha dans la nuit.

34. Vers *Plœsen* et *Portitz*, les divisions Brayer et Ricard, avec Ney, revenues de Zuckelhausen par
ordre de Napoléon.

ALLIÉS

a. Entre *Gautsch* et *Connewitz*, deux corps autrichiens s'avançant dans l'entonnoir de l'Elster et
de la Pleisse.

b. Vers *Zœbiger,* leur réserve formée de trois divisions
de cuirassiers.

c. Plus à gauche, au-delà de l'Elster, vers *Zschœcher,*
le corps de Giulay menaçant la route de Lutzen.

d. Vers *Marck-Kleeberg,* à droite de la Pleisse , le
corps russo-prussien de Kleist.

e, f, g. De *Wachau* à *Libertwolkowitz,* le corps d'Eugène de Würtemberg, la cavalerie de Pahlen
et le corps de Gortschakoff sous le commandement supérieur de Wittgenstei.ı.

h. Plus à droite Klénau.

i. Derrière ces quatre corps, réserves de cavalerie.

k. Vers *Magdeborn,* réserve des grenadiers de Miloradowich, des gardes à pied et de trois divisions
de cuirassiers.

l. Vers *Grœbern,* Kleist refoulé de Kleberg par Poniatowsky, etc., et s'apprêtant à y rentrer.

m. A la bergerie d'*Auenheim,* Eugène se maintenant
avec peine contre Victor.

n. n. n. Vers *Gossa,* Gortschakoff ramené par Lauriston et Mortier, puis serré par Latour-Maubourg.

o. Vers *Seiffertshayn,* Klénau également refoulé par
Mortier et Macdonald.

p. Vers la Pleisse, entre *Ruschwitz* et *Dœlitz,* Merfeldt
tentant de déboucher sur ce dernier point.

q. Vers *Lindenau,* Giulay attaquant Arrighi.

r. Vers *Garschwitz,* sur la Pleisse, les réserves des
cuirassiers autrichiens s'avançant de *b* pour passer la Pleisse.

s. Vers *Grœbern* ces réserves accablant Kellermann
et arrivant jusqu'à la jeune garde.

t. Vers *Magdeborn*, division de cuirassiers russes accourant à l'appui de Klénau.

u. Vers *Magdeborn*, à gauche de la précédente, réserve de cuirassiers russes allant dégager Wittgenstein à Gossa.

v. Entre *Deuben* et *Grœbern*, grenadiers de Bianchi passant tardivement sur la droite de la Pleisse et venant arrêter les efforts des Français à la bergerie d'Auenheim.

A a. Au nord de Leipzig, vers *Lindenthal*, l'armée de Blücher s'avançant contre Marmont.

A b. Vers *Lindenthal*, les corps de Langeron et de Sacken.

A c. A *Mœckern*, attaque de York soutenu par Wassilitschof.

A d. A e. A *Widderitsch*, attaque des Russes de Langeron.

A f. Plus en arrière, le corps de St-Priest.

A g. De *Widderitsch* à *Poddelwitz*, masses de cavalerie.

PAPILLON (**18** et **19** octobre.

(**18** octobre).

FRANÇAIS

40. De *Kleberg* à *Zuckelhausen*, Poniatowsky, Oudinot et Victor formant la droite.

41. Vers *Holzhausen* et *Engelsdorf*, le centre sous Lauriston et Macdonald.

42. A *Paunsdorf*, le corps de Reynier.

43. Vers *Sellershausen* et *Schœnfeld*, la gauche sous Marmont et Souham.

44. Vers *Lœffnig* et *Connewitz*, Poniatowsky et Oudinot, repliés de la position 40.

45. Plus à gauche, Victor défend la *droite de Probstheyda*.

46. Plus à gauche, Lauriston lié au précédent par l'artillerie de Drouot.

47. Entre *Probstheyda* et *Stetteritz*, réserve d'une division de vieille garde et de deux de jeune.

48. Vers *Stüntz*, Sébastiani et Macdonald.

49. Vers *Anger*, Ney qui s'est élancé sur *Paunsdorf* pour soutenir Durutte après la défection des Saxons, mais qui est refoulé par Bernadotte, malgré l'appui de la cavalerie Nansouty, amenée par Napoléon.

50 et 51. Vers *Schœnfeld*, Marmont, appuyé par Souham, engagé contre Blücher conduisant le corps de Langeron.

53, 54, 55. *En arrière de Probstheyda*, corps et réserves de cavalerie.

56. *Au nord de Leipzig*, détachements d'Arrighi défendant les faubourgs.

57. Sur la route de *Lindenau* à *Weissenfels*, Bertrand déblayant des détachements ennemis la ligne de retraite.

ALLIÉS

A. Vers *Kleberg*, en face de Poniatowsky et Oudinot, le prince de Hesse, Colloredo et Bianchi.

A a. Plus à gauche, détachements de Giulay.

B. C. Plus à droite, les corps de Kleist et de Wittgenstein, attaquant *Probstheyda*.

D. Plus à droite, Klénau tournant le village.

E. A *Zuckelhausen*, réserves des gardes russes.

F. A *Melkau* et *Zweinaundorf*, attaques du corps de
  Benningsen.
G. H. Plus à droite, le corps de Bulow et les Suédois
  enlevant Paunsdorf et Sellershausen, et se-
  condant Benningsen.
J. A *Schœnfeld*, le corps de Langeron, sous Blücher,
  refoulant Marmont.
L. De l'autre côté de la Partha, les corps de Sacken
  et de York s'efforçant d'enlever les faubourgs
  retranchés de Leipzig.

(19 octobre).

FRANÇAIS

60. Devant Leipzig, au *faubourg de Connewitz*, Poniatowsky et Lauriston repliés de la position **44**.
61. Aux *faubourgs de Grimma et de Reudnitz*, Macdonald et l'arrière-garde de Souham.
62. Au *faubourg du nord*, Reynier avec Durutte et
  les Wurtembergeois.
63, 64, 65. De *Leipzig* à *Lindenau*, gros de l'armée
  française en retraite au milieu d'un grand
  encombrement.
66. Au *pont de Lindenau*, arrière-garde faisant sauter le pont trop tôt, tandis que Macdonald, Poniatowsky, Lauriston et Reynier sont encore
  au-delà de l'Elster. Le premier seul parvient à
  s'échapper.

ALLIÉS

M. De *Strassenhaüser* à la *Pleisse*, la gauche autrichienne avancée de la position *A*.

N, O, P. Plus à droite au centre, Wittgenstein, Klénau et Benningsen resserrant de plus en plus Leipzig.

R. *Vers la Partha*, Bernadotte.

S. *Au côté nord*, Blücher avec les corps de Langeron et de Sacken attaquant la porte de Halle.

T. Vers le pont de *Lindenau*, Langeron se prolongeant vers sa droite pour inquiéter la retraite des Français, tandis que York, dans le même but, a été détaché sur *Merseburg*.

U. *Dans la ville de Leipzig*, colonnes alliées y pénétrant de toutes parts.

REVUE MILITAIRE SUISSE

paraît à Lausanne le 15 de chaque mois, par livraisons d'au moins 48 pages. La collection complète de l'année forme un volume d'environ 600 pages, avec de nombreuses planches, cartes et croquis.

Prix de l'abonnement :

Pour la Suisse, par an . . . . . Fr. **7 50**

Pour les pays de l'Union postale . . » **10** -

Tout ce qui concerne la rédaction et l'administration doit être adressé au *Bureau de la Revue militaire suisse*, imprimerie Borgeaud, Cité-Derrière, 26, à Lausanne. — Directeur: colonel fédéral F. LECOMTE. — Gérant : 1er lieutenant B. KRAÜTLER, à Lausanne. — Président du Comité de contrôle : G. SARASIN, lieutenant-colonel d'artillerie, à Genève.

LA NOUVELLE REVUE

POLITIQUE, ECONOMIQUE, SCIENTIFIQUE ET LITTÉRAIRE

paraissant le 1 et le 15 de chaque mois par livraisons
de 250 à 260 pages.

PRIX D'ABONNEMENTS :

	1 an.	6 mois.	3 mois.
Paris	fr. 50	fr. 26	fr. 14
Départements et Alsace-Lorraine .	» 56	» 28	» 15
Etranger *(Première zone)*	» 62	» 34	» 18

PRIX DU NUMÉRO A PARIS : **2** FR. **50** C.

Adresser les demandes d'abonnements et de numéros à Paris, aux bureaux de la *Nouvelle Revue*, 23, boulevard Poissonnière; à Lausanne, chez B. Benda, libraire, et Imer et Payot, libraires, correspondants de la *Nouvelle Revue*.

OUVRAGES

DE

FERDINAND LECOMTE

Colonel fédéral suisse.

En vente à la même librairie

et à la

librairie militaire TANERA, 6, rue de Savoie, Paris:

Relation historique et critique de la campagne d'Italie en 1859. 2ᵉ édition. 1860. 2 vol. in-8º, avec un atlas in-4º . . . . 15 fr.

L'Italie en 1860. Esquisse des événements militaires et politiques. 1861. 1 vol. grand in-8º, avec planches . . . . 8 fr.

Guerre des Etats-Unis d'Amérique. Rapport au Département militaire suisse. 1863. 1 vol. grand in-8º, avec cartes . . . . 6 fr.

Campagne de Virginie et de Maryland en 1862. Documents officiels soumis au congrès ; traduit de l'anglais, avec introduction et annotations. 1863. 1 vol. in-8º, avec cartes . . . . 5 fr.

Guerre de la Sécession. Esquisse des événements militaires et politiques des Etats-Unis de 1861 à 1865. 3 vol. in-8º, avec cartes et plans . . . . 15 fr.

Guerre du Danemark en 1864. Esquisse politique et militaire. 1864. 1 vol. grand in-8º, avec cartes . . . . 12 fr.

Guerre de la Prusse et de l'Italie contre l'Autriche et la Confédération germanique en 1866. Relation historique et critique. 1868. 2 vol. grand in-8º, avec cartes . . . . 20 fr.

Le général Jomini, sa vie et ses écrits. Esquisse biographique et stratégique. 2ᵉ édition. 1869. 1 vol. in-8º, avec atlas . . . . 12 fr.

Le même ouvrage sans l'atlas . . . . 7 fr.

Etudes d'histoire militaire. Antiquité et Moyen-âge. — Temps modernes jusqu'à fin Louis XIV. 2ᵉ édition, avec avant-propos sur la guerre de 1870. 1869-1870. 2 vol. in-8º . . . . 10 fr.

Relation historique et critique de la guerre franco-allemande en 1870-1871. 4 vol. grand in-8º, avec cartes . . . . 40 fr.

Guerre d'Orient 1876-1877. 2 vol. in-8º, avec cartes . . . . 12 fr.